杨义先趣谈科学

杨义先 钮心忻 著

中国古代科学家列传

壹

人民邮电出版社
北京

图书在版编目（CIP）数据

中国古代科学家列传. 壹 / 杨义先，钮心忻著. --
北京 : 人民邮电出版社，2021.5
（杨义先趣谈科学）
ISBN 978-7-115-55584-7

Ⅰ. ①中… Ⅱ. ①杨… ②钮… Ⅲ. ①科学家一列传
一中国一古代 Ⅳ. ①K826.1

中国版本图书馆CIP数据核字(2020)第249337号

内容提要

《中国古代科学家列传》分两册，以章回体的形式，从全新的视角，在天文学、数学、农学、医学、地理学、博物学、物理、化学、技术等领域重现中国古代顶级科学家的风貌。其中，第一册主要涉及天文学、数学、农学和医学，第二册主要涉及地理学、博物学、物理、化学、技术等。本套图书的编写目的不仅是让读者全面了解真实的科学家，而且是想激励相关读者，特别是青少年读者立志成为科学家。

与以往大家熟悉的“科学家故事”和“科学家传”不同的是，本套书绝不做任何简单机械的素材堆积，不出现公式、图表等过于专业的内容，而是以时间为轴线，通过科学家们的人生轨迹展现科学发展的里程碑和中国古代科学家成长的环境。本套图书特别注意把握严肃与活泼之间的界限：科学内容务必严谨，而在介绍科学家的生平事迹等方面则尽量活泼，让读者充分享受阅读的乐趣。

◆ 著　　　杨义先　钮心忻
责任编辑　刘　朋
责任印制　王　郁　陈　犇
◆ 人民邮电出版社出版发行　北京市丰台区成寿寺路 11 号
邮编　100164　电子邮件　315@ptpress.com.cn
网址　https://www.ptpress.com.cn
固安县铭成印刷有限公司印刷
◆ 开本：720×960　1/16
印张：19.5　　2021 年 5 月第 1 版
字数：323 千字　　2025 年 7 月河北第 3 次印刷

定价：59.80 元

读者服务热线：(010)81055410　印装质量热线：(010)81055316
反盗版热线：(010)81055315

前言

伙计，这套《中国古代科学家列传》可不是千篇一律的科学家传哟，更不是堆砌式的科学家故事集！

一方面，本套图书以时间为轴线，按学科进行分类，根据中国古代顶级科学家的成果和整体特色，分别在天文学、数学、医学、农学、地理学、博物学、物理、化学、技术等方面打造一个个生动活泼的里程碑，使读者在穿越历史的过程中仅仅通过阅读这些内容就可以看清中国古代各学科的发展轨迹。另一方面，通过若干具体案例，适时回答一些与科技相关的问题，比如科研的动力从哪里来，科学流派有哪些，科学家的特质是什么，科技进步与外界环境之间的关系如何，文化和政策因素会对科技产生什么影响，等等。当然，由于历史资料太少，本套图书实在无法包含某些著名科学家（比如边冈等）。这肯定会在一定程度上影响上述“轨迹”的清晰度。对此，我们只能表示万分遗憾了，毕竟在科技方面，本套图书属于严肃著作，尽量不采用根据不够充分的传说。

与以往介绍科学家的书籍不同的是，本套图书将更加忠实于历史事实，比如并不回避科学家本人的某些负面内容，但同时尽量略去错误的“科学结论”，以免混淆视听。这样做的目的就是要让读者明确意识到：科学家也是人，而不是神；科学家并非高不可攀，人人都有成为科学家的潜力。本套图书采用章回体小说的形式，把评书、相声和喜剧等元素融入其中，一改过去此类图书的呆板模式，把科学家描述成为正常人，而非不食人间烟火的异类和完美无瑕的榜样。我们笔下的科学家都将是普通人能够接近、学习甚至超越的凡人。

有人说科学是这样的一门学问，它能使当代傻瓜超越上代天才，但是本套图书绝不只是想让“当代傻瓜”超越上代天才，而且想让当代天才成为当代科学家，成为被“后代傻瓜”努力超越的天才。所以，我们的重点不在于介绍科学家们都干过什么，而是要深入分析他们是如何干的，有哪些研究方法和思路值得我们借鉴，有哪些成功的方面值得我们学习，以及有哪些失败的教训需要我们吸取，等等。换句话说，如果伽利略的名言“你无法教会别人任何东西，你只能帮助别人发现一些东西”正确的话，那么本套图书其实主要想帮助你发现一些东西。当然，最好能帮助你发现科研成功的共性。

本套图书特别注意把握严肃与活泼之间的界限。在具体的科学内容方面，我们将力求严谨，尽量不介绍过时的和有误的科研成果，如果确有必要涉及这些内容，我们也会予以纠正。在科学家的生平事迹等其他非科学方面，我们将尽量写得活泼、风趣、幽默，让读者可以尽情享受欢乐，在笑声中轻松了解中国古代科学发展的脉络。

在人物选取方面，本套图书既尊重同类书籍中出现的名单，比如各种版本的“中国古代100位科学家的故事”等，又特别重视历史的连续性，避免留下太长时间的历史空白；否则，中国古代科技的发展轨迹就会显得不清晰，连贯性就会受到影响。

在介绍中国古代科学家首创的科学成果方面，我们摒弃了以往的许多惯用写法，比如某位中国人发明了某物，而此物又在多少年后才由某位外国人发明，等等。我们希望大家能一视同仁地看待科技界的外国人和中国人，既不自卑也不自吹，要努力用实力构建我们的自信。别忘了，与全球顶级科学家相比，中国的墨子、张衡、沈括等一点儿也不弱。各位读者朋友，你当然也有机会成为下一个墨子、张衡或沈括嘛！伙计加油，我看好你哟！

我们在编写本套图书时争取不引用任何一个公式和图表，而且在介绍相关科技成果时采用严谨的科普语言，以使读者朋友们既能轻松享受阅读的乐趣，又能正确地认识科学。由于作者水平有限，书中难免有不当之处，欢迎大家批评指正，谢谢！

杨义先　钮心忻

2020年12月于北京

目录

目录

天文学篇

甘　德　　石　申　　刘　洪　　何承天　　张子信　　刘　焯

李淳风　　袁天罡　　僧一行　　赵友钦　　王锡阐

第一回

斗转星移测吉凶，歪打正着立大功

“啪！”惊堂木一响，各位看官，《中国古代科学家列传》开讲！

从哪里说起呢？嘿嘿，当然是天文学嘛！因为从时间上看，我国古代的科学成果最早都扎堆儿于天文观测；更准确地说，主要归功于所谓的占星术或星象学，古人试图用天体的相对位置和运动来预测吉凶。虽然现在看来星象学压根儿就不靠谱，但它的影响一直延续至今。比如，不管是不是开玩笑，当某人的学习成绩特别好时，大家就会说他是“文曲星下凡”。

无论占星术是否灵验，但有一点不可否认，那就是埃及、印度、中国、希腊以及阿拉伯地区等长期拥有自己的占星术，而且占星术在事实上直接或间接地推动了科技的发展。早在公元前5世纪，美索不达米亚平原上的古巴比伦人就已将黄道划分为12个跨度为30度的宫位。到了公元前3世纪，古埃及人借助自己的天文学知识，将其科学和哲学推上了新高峰。在追捧了近2000年后，直至17世纪，人们才终于认定占星术只是一种迷信，从此占星术便与天文学彻底脱钩，分道扬镳了。

在古代中国，由于受天人感应思想的影响，占星术一直颇受重视，但到了明朝戛然而止。原来，叫花子出身的皇帝朱元璋在多次体验了刘伯温的神机妙算后，担心占星术太诡异，害怕星象学家威胁到自己的皇权，于是下令严禁民间传授占星术，违者问斩！该禁令意外导致了历法的紊乱不堪，农业生产大受影响。这就从反面彰显了占星术的另一个实实在在的应用，那就是天文历法。实际上，若想占星，首先就得观星，即观测各个星体的位置和运动情况。这不但在无意中揭开了天文学发展的序幕，而且启发人类根据天象来计算时间，即编制历法。若想使得历法更准确，除了精细的天文观测外，还需大量的计算，于是这又促进了数学的发展。这便是许多天文学家同时也是数学家的原因。

作为农业大国，中国历来非常重视历法。传说20岁的黄帝在打败蚩尤统一天下后，便下令制定了《黄帝历》，以黄帝的登基之年（公元前2698年）为元年。无论有关黄帝的传说是否可靠，但《黄帝历》所产生的深远影响是千真万确的，后来的农历和道教历等均始于黄帝纪年，史称开元年或轩辕年。到了夏朝，《黄帝历》又被替换成了《夏历》。虽然《夏历》的细节早已失传，但从一些古籍上大概可知：夏历以月球绕行地球一周为一个月，每月初一为朔日，十五为望日，每月的长度是月相盈亏的平均周期。到了商朝，《夏历》又被替换成了《殷历》，后者是一种阴阳合历，以商朝的公元前1567年（历书《殷历》的成书时间）为纪元，每年分为春秋两季，大月30天，小月29天，闰月置于年末，称为“十三月”。到了周朝，《殷历》再被替换成了《周历》，它以冬季十一月为正月。总之，历法及相应的星象观测不只涉及经济发展，甚至已演变成了帝国象征的政治问题，每次改朝换代后的头等大事之一便是制定新的历法。同时，历法的统一也成了中央集权的最重要的标志之一。果然，到了春秋战国时期，由于周天子早已名存实亡，所以，各路诸侯便开始制定自己的历法。比如，鲁国使用了一种阴阳合历《鲁历》。总之，诸侯割据导致了历法并出，历法并出又导致了星象观测的兴起。于是，一大批有名有姓的天文学家（当然，他们同时也是星象学家、历法专家和数学家）陆续登场了。《晋书·天文志》记载，战国时期，“鲁有梓慎，晋有卜偃，郑有裨灶，宋有子韦，齐有甘德，楚有唐眛，赵有尹皋，魏有石申夫”。各主要诸侯国都设有自己的首席星象学家。他们根据各自的天文观测，运用各自的数学手段，创立各自的星象学说，当然也制定各自的历法。其中，齐国的甘德和魏国的石申（又名石申夫）便是这首批天文学家中的佼佼者，也是本回的两位主角。

黄帝

为什么直到战国时期中国才出现了首批有名有姓的天文学家呢？因为此前历朝历代的星象学家都只有一个共同的名字，那就是“巫咸”，别名大巫，意指神巫。有关巫咸的传说很多，有的说他是黄帝时期天宫在人间的事务代理人；有的说他是尧帝时期的巫医，不但能治病，而且法力无边，既能赐人洪福又能“咒树树枯，咒鸟鸟坠”；有的说他是商帝祖乙的宰相；有的说他是甲骨文中出现的那个“咸戊”；有的说他是鼓和筮卜的发明者；等等。无论这些传说是否真实，本回只采信这样一个事实，那就是在战国之前中国历朝历代的天文学家们（暂且将他们统称为巫咸）已经知道天上密密麻麻的星点虽然也会像太阳、月亮那样东升西落，但它们彼此之间的相对位置始终不变，故称之为恒星；而且当时已经发现了十余个由许多恒星组成的星座，知道恒星可用来确定方向、季节和时刻等。

好了，现在有请巫咸的战国传人、本回的主角甘德和石申闪亮登场。但是，让我们尴尬的场面很快就出现了，而且这样的场面在本书中还会多次出现，那就是不知该如何介绍主人公。因为他们的生卒时间不详，生平事迹不详，家庭情况不详。总之，为他们撰写传记所需的基本材料几乎都不知道！咋办呢？总不能凭空杜撰吧！更不能因此就放弃写他们的传记吧，哪怕是无米之炊也得硬着头皮做呀！还好，至少这比解决科研难题容易一些，下面我们就来努力做一碗无米之炊，请大家品尝。

其实，甘德和石申是战国时期的两位半仙，他们笃信道教，大约生活在公元前4世纪中期。其中，甘德也许年长一些，他所服务的君王可能是齐威王或齐宣王。与其他道士一样，甘德和石申的人生目标主要是悟道成仙和长生不老，所以，他们对于诸如青史留名等人间俗事，当然也就不屑一顾了，更没兴趣刻意留下自己的个人信息。就甘德来说，甚至连他到底是哪国人都还存疑。司马迁在《史记·天官书》中说他是齐国人，而裴骃在《史记集解》中说他是鲁国人，张守节在《史记正义》中则说他是楚国人。这是咋回事儿呢？经过一番大数据搜索后，我们终于明白了。原来甘德本来是鲁国人，但他在齐国工作，他的天文学成就主要是在齐国取得的。后来鲁国又被楚国吞并了，故又可以说他是楚国人。关于另一主角开封人石申，情况就更夸张了，我们至今甚至连他的准确名字都搞不清楚。人们一会儿说他叫石申父，一会儿说他叫石申夫，一会儿又说他叫石申甫。南北朝以后，他的名字演变成了石申。由于国际月面地名命名委员会把月球背面的一座环形山命名为“石申环形山”，所以下面我们也用“石申”来称呼这第二位半仙。据说，能与石申同享此等殊荣的中国古代科学家还有另外5位，他们分别是祖冲之、张衡、郭守敬、万户和高均。可见，石申的贡献确实不小。

甘德和石申虽没留下任何俗事信息，但是幸运的是他们留下了各自的星象学成果。石申留下了8卷本的占星著作《天文》，甘德也留下了8卷本的《天文星占》以及《岁星经》《甘氏四七法》等著作。没证据显示甘德和石申曾见过面或知道彼此的存在，毕竟他们分别服务于齐国和魏国，后人却将他俩的天文学成果合并成了一部名叫《甘石星经》的著作，这也是人类历史上最早的天文学著作。从此，他俩就成了中国天文学的共同始祖，下面简称为甘石。

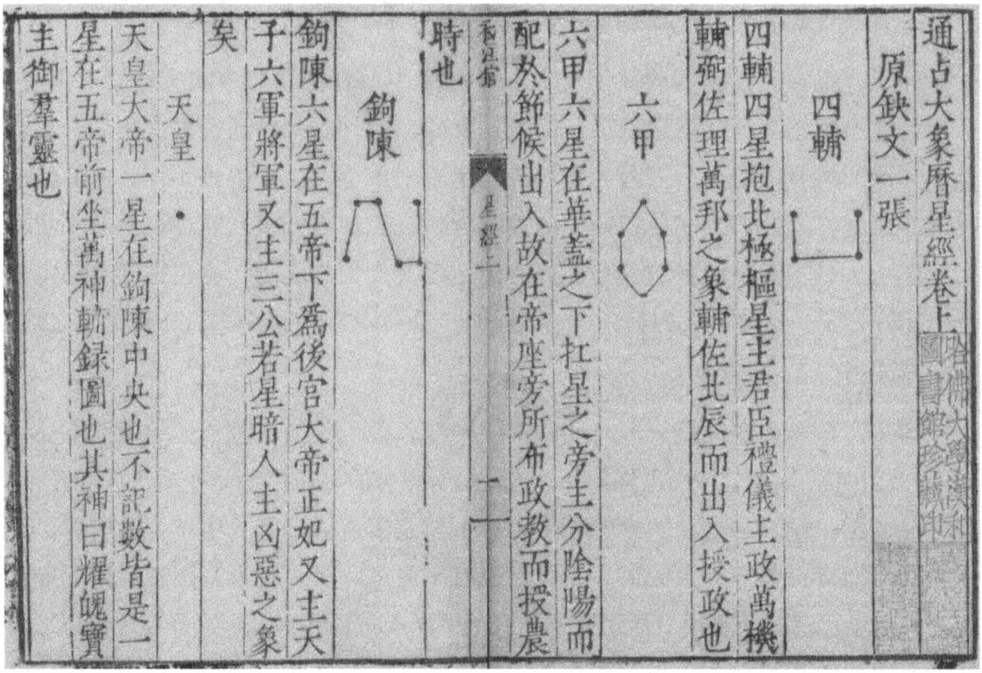
通占大象曆星經卷上
原鈌文一張
四輔
四輔四星抱北極樞星主君臣禮儀主政萬機輔弼佐理萬邦之象輔佐北辰而出入授政也
六甲
六甲六星在華蓋之下扛星之旁主分陰陽而配於節候出入故在帝座旁所布政教而授農時也
鉤陳
鉤陳六星在五帝下爲後宮大帝正妃又主天子六軍將軍又主三公若星暗人主凶惡之象矣
天皇
天皇大帝一星在鉤陳中央也不記數皆是一星在五帝前坐萬神輔錄圖也其神曰耀魄寶主御羣靈也

据传为甘德、石申著作的《甘石星经》的部分内容

与前面的无米之炊相反，面对甘石留下的众多天文学成果，我们遇到了另一种“米太多之炊”的尴尬场面，那就是到底该如何介绍他们的科学成就。若按常规做法将其成果逐一罗列，那么毫无疑问，读者马上就会跟我们说“拜拜”。下面试着将前面的“无米之炊”和“米太多之炊”融合起来，争取做出一碗“香米之炊”。希望这里对相关成果的介绍能帮助读者了解科研的某些重要技巧和科学家的某些基本素质。

甘石的第一项成果可概括为“巧设坐标，恒星归档”。科学研究的基本技巧之一便是“大事化小，小事化了”，即把困难的大问题分解成若干个不太困难的小问题，然后分别将这些小问题逐一解决，从而最终解决那个大问题。比如，面对浩如烟海的满天星星，如何着手观测，如何发现星体的运行规律呢？这显然是一个丈二金刚摸不着头脑的大难题！于是，甘石不约而同地开始了“大事化小”。他们先将浩渺的夜空划分成若干个较小的区块（当时的行话叫“星官”，现在的行话叫“星座”），然后“小事化了”，从某个星座开始“深耕细作”，对该星座中的所有恒星进行仔细观察（这当然不难，不过需要足够的毅力），并认真标记出各个恒星的位置坐标，至少要数清其中恒星的数量。从理论上看，若能标完所有星座中的恒星的位置（当然，这是一个相当艰巨的任务，需要若干代人前赴后继），那么就能标完满天恒星；若能在不同的时间点比较同一星座中同一星体的位置坐标，那么就能发现该星体的运行规律。由于天上的恒星实在太多，而且甘石各自划分的星座不相同，他们分别研究的星座也不相同，所以，事实上他俩终生独自标记的恒星竟然没重复。具体来说，甘德测定了146个星座中的511颗恒星，而石申测定了118个星座中的810颗恒星，他们得到了世界上最早的恒星表。后来，到了三国时期，当时吴国的“国家天文台台长”陈卓总结了甘石和巫咸所记录的283个星座中的1464颗恒星（其中121颗恒星的位置已被测定）和天区切分法，综合出了一套完整的恒星划分系统。该系统成为中国古代天区划分的标准，一直被沿用到清末。

甘石的第二项成果可以概括为“发现逆行，确定周期”。科学家要想成功，就必须耐得住寂寞，忍得住乏味，且要真心喜欢所做的事情。在这方面，甘石又树立了一个好榜样。想想看，偶尔欣赏一下夜空，无疑是惬意的享受；但若每晚都得死盯着毫无生气的夜空，还得完成看似全无技术含量的重复性记录工作，那该有多无聊呀！其实，早年的巫咸已发现，在天空中除了大量恒星外，还有5颗分别称为金星、木星、水星、火星、土星的游荡星体（现在人们称之为行星）。这些行星到底是怎么游荡的呢？过去人们都以为它们与太阳和月亮一样，永远只向一个方向运行，但怀着满腔热忱的甘石发现金星和火星在某些特殊的时段会出现逆行现象，其轨迹会形成“勾”形或“已”形，而且行星的运行还有其周期性，比如木星的会合周期是400天，这已非常接近今天测定的398.9天了。

甘石的第三项成果可概括为“细心观察，发现木卫”。细心观察是做好科研的必备条件，否则就不能发现某些非常微小而又很重要的变化。在这方面，甘石仍是好榜样。石申极其细心，他掌握了日食和月食的规律，知道了日食是月亮遮挡太阳所致，还发现了月亮运行速度的细微变化。而甘德的细心程度更是惊人，他竟然在木星旁边发现了一颗以往人们从未记录过的暗红色小星星，并称之为木星的“同盟”（它实际上就是木卫三）。甘德的这一发现到底有多厉害呢？这样说吧，大约2000年后，大名鼎鼎的伽利略才借助高倍望远镜在1610年发现了木星的另一颗卫星——木卫四，从而为否定“地心说”找到了最确凿的证据。换句话说，若西方世界早一点知道甘德的这项成果，也许就不会出现“地心说”，也许布鲁诺就不会被烧死，也许伽利略就不会受到迫害。可惜，现实中没有“也许”！

第二回 珠算之父观嫦娥，月动理论赛诸葛

甘德和石申之后约500年，中国天文学的第二个里程碑式人物终于诞生了。他就是东汉开国皇帝刘秀的侄子鲁王刘兴的后代，此人姓刘名洪，字元卓，东汉泰山郡蒙阴县（现属山东临沂）人。换句话说，他是诸葛亮的同时代老乡，在夜观天象方面甚至比诸葛亮更牛。关于此兄的生平事迹也基本上是一笔糊涂账。他大约生于公元129年，也许死于赤壁之战后的第二年（即公元210年）。他可能自幼受到了良好的教育，没准儿既聪慧又勤奋，大概学识很渊博，估计精通“礼、乐、射、御、书、数”。在这一大堆模棱两可的描述之后，咱们的主人公就“嗖”地一下子度过了童年，越过了青年，在刘备刚刚出生时就逼近了而立之年。为啥这么快呢？唉，没办法，没史料不能瞎编呀！幸好，此后的内容就相对靠谱了。从刘洪作为科学家的角度看，他的一生大致可分为4个阶段，分别是官员刘洪、数学家刘洪、历法家刘洪和天文学家刘洪。下面就来分别介绍这些不同的刘洪。

首先，看看官员刘洪。作为皇亲国戚，他的就业问题肯定不难解决。实际上，他终生几乎都在做官，但都不是啥大官，毕竟到了东汉的中后期，连皇叔刘备都沦落到卖草鞋的地步，刘洪能有一官半职就已相当不错了。由于历史变迁，再加上刘洪担任过的官职实在太多，所以，除非其官职与科研成果密切相关，否则本回要么略去某些“官历”，要么只直述官名而不加解释。

信史记载，大约公元160年，校尉刘洪被调往京城洛阳担任第一个与科研相关的官职——太史部郎中，主要从事相当烦琐的天文观测工作，比如观测二十四节气时太阳的位置、正午时物体的影长、昼夜的长度等。这些重复性的工作虽没啥技术含量，但刘洪一丝不苟，而且一干就是十余年。更意外的是，他竟从这些无聊的平凡工作中发现了惊奇，让他的老板蔡邕刮目相看。原来，他将这些枯燥的观测数据编制成表格，再用自己擅长的某种数学方法，轻松计算出了当时官方历法《四分历》的某些重要天文量。从此，刘洪的这种方法成了后来中国古代历法的传统内容。当然，与他随后的成就相比，此时的刘洪只是“小荷才露尖尖角”而已。

大约在公元174年，刘洪被调离洛阳，出任常山国（今河北元氏）的长史。在此期间，他“清正廉洁”“吏民皆畏敬之”。不过，他一边当官，一边利用业余时间潜心研究数学和天文历算，还给朝廷献上了自己的星体预测著作《七曜术》和《八元术》，引起了汉灵帝的高度重视。可惜，这些著作没能经受住实践的检验，因为它们在预报一次日食时惨遭失败。这也算是刘洪的一次重大科研事故吧。不过，刘洪并未因此而气馁，他继续改进自己的理论（即后来的月动理论）。公元175—177年，他在为父亲守孝期间恶补了数学知识，甚至对以难懂著称的数学名著《九章算术》进行了详细评注。这使得他以通晓算术而知名。在守孝期满后，刘洪被任命为主管财政事务的官员“上计掾”（相当于朝廷的总会计师），从而进入了人生的第二阶段。

其次，再看看数学家刘洪。据说，刚刚上任的总会计师刘洪不巧赶上了一个急活儿，皇帝想马上知道全国各州县的人丁、地亩、赋税等数据。天哪，在毫无准备的情况下，这几乎是一件不可能完成的任务！须知当时最强大的计算工具是笨拙的算筹。这其实就是一堆小棍子。计算时，会计们将这些小棍子放在桌上不断摆弄，时而横放，时而竖移，挪来挪去，老半天才能算出一个结果；若稍微走神，便会算错，不得不返工。咋办呢？最直接的办法当然是增加人手。可是，当时会筹算的人本来就不多，而且京城里各行各业的会计都已被全部动员起来了。刘洪自己也昼夜加班加点，但进展仍不理想。眼见皇帝限定的交工日期越来越近了，如果延误工期的话，就可能招来杀身之祸。情急之下，刘洪做出了一个大胆的决策：全力以赴，想办法简化筹算过程，以提高运算速度。

凭借自己的超强数学功底，经过连续数日的冥思苦想，刘洪真的创造了人间奇迹。他发明了十余首简化现行筹算过程的新口诀，会计们背熟后大大提高了运算速度，减少了重复性工作。更绝的是，他还发明了现在称为算盘的东西，从而造出了当时全球最先进的计算器。他指导木匠做了一块类似搓衣板的带槽木板，其中若干纵向的小槽被一根横向的木条分隔成上下两段，槽中放有若干核桃。上段槽中的每个核桃代表5，下段槽中的每个核桃代表1，右起第一个纵槽代表个位数，第二个纵槽代表十位数，第三个纵槽代表百位数，依次类推。更重要的是，从软件上看，刘洪发明了这种算盘的加减乘除运算口诀。与过去的筹算相比，算盘不但操作简单，而且速度大幅提高。终于，刘洪如期完成了皇帝交代的任务。

如今看来，算盘的发明显然意义重大，甚至有人称它为继中国古代四大发明之后的第五大发明，刘洪也因此被称为“珠算之父”。出人意料的是，当刘洪将自己的这项高科技发明报告给朝廷时，他竟然被许多“爱国”大臣痛批为“篡改国术”。若非蔡邕力保，刘洪甚至可能被问罪。看来，前老板蔡邕还真是刘洪的贵人呀！公元178年，经蔡邕举荐，刘洪又被调到蔡邕手下，两人一同编撰《东汉律历志》。蔡邕善著文、通音律，刘洪则精通历理、善于计算。二人优势互补，密切合作，很快就出色地完成了任务。由此，刘洪也进入了自己人生的第三阶段。

再次，来看看历法家刘洪。其实，经过“篡改国术”那场虚惊后，从表面上看，已到“知天命”之年的刘洪基本上就只是安心当官了。但实际上，他仍在业余时间里从事天文和历算方面的研究。如果翻看此后刘洪的简历，就会发现他曾担任过的官职非常好玩，简直就像一出过山车式的滑稽剧。公元179年，年已五十的刘洪被任命为谒者，即皇帝身边跑腿的奴仆；不久，他又被安排去当看门人，专守洛阳的12个城门中的正北门。公元184年，刘洪再次被调离京城，出任会稽郡（今浙江绍兴）东部都尉。也正是在此任内的公元187年左右，刘洪初步完成并向朝廷献上了自己的历法新成果《乾象历》。由于具有明显的优越性和较高的可靠性，《乾象历》当即被采纳，并取代了东汉《四分历》中的月行术。两年后，汉灵帝特召刘洪回京，要与他共议历法改革之事。受宠若惊的刘洪一接到圣旨就马上离任，急急忙忙赶往京城履新。可是，刚走到半路就“哗”的一声，被猛泼了一盆凉水——汉灵帝驾崩了，紧接着董卓造反了，“三国演义”即将上演了。时局骤变，朝廷哪还有心思考虑啥历法改革哟。于是，当时“上不沾天，下不着地”的刘洪草草地就近改任山阳郡（今山东金乡）太守。此后十余年，刘洪一边努力料理繁重的政务，一边继续研究、检验、充实、改善《乾象历》，尽可能培养更多的弟子，希望他们能继承并发扬光大自己的天文、历法和数学成就。后来的事实表明，刘洪的这些弟子确实很给力，特别是郑玄、徐岳、杨伟、韩翊等成了著名学者。郑玄和徐岳分别对《乾象历》和珠算的推广起到了关键作用。至此，刘洪的官戏还没完呢。他离任山阳郡太守后，又担任了曲城（今山东掖县）侯相等职。总之，作为一名无所不能的官员，刘洪整体上还是称职的。据说，他赏罚分明，重教化，移风易俗，始终都是既有威望又有政绩的好官。

公元206年，刘洪最后一次审定了他为之付出数十年心力的《乾象历》。可惜，直至公元210年去世时，刘洪也没能看到《乾象历》被朝廷正式颁用。值得欣慰的是，刘洪的心血并未白费。经过他的徒孙阚泽等人的不懈努力，《乾象历》终于被东吴政权正式颁用了，而且一用就是近半个世纪，即从公元232年至公元280年。更重要的是，《乾象历》以其众多创新使中国的传统历法上了一个大台阶，对后世的各种历法产生了重大影响，谱写了中国古代历法史上的光辉篇章。根据《乾象历》计算出的每个朔望月的长度为$29\frac{773}{1457}$天，其误差从以往历法的20多秒骤减到4秒左右。

最后，再来看看天文学家刘洪。其实，从今天的角度来看，以月动理论为代表的天文学成就才是刘洪的最高学术成就，但谁也说不清这些成就到底是他在何时何地以何种方式取得的。也许他终生都在从事相关研究，在晚年才将它们汇入了《乾象历》。但有一点是可以肯定的，那就是这些成果既需要高超的数学推演，又需要长期精细的天文观测。月动理论的第一项成果就是发现了月球不均匀运动的规律。其实，早在刘洪之前500年，石申就发现了月球运动的速度并不均匀；早在刘洪之前100年，更有人进一步发现月球运动的最快点（即今天所称的近地点）的位置让人捉摸不定。而刘洪发现在月球运行的一个周期内，最快点其实是相对稳定的，两个最快点之间的时间间隔为$27\frac{3303}{5969}$天（该值与今天的测定值仅相差1分44秒）。此外，他发现在月球的运行轨道上，最快点会沿月球的运行方向匀速前移，每转一圈将前移约3.1度。这些精确的数据在后人计算和验证月球运行的椭圆轨迹时发挥了重大作用。当然，今人在知道了月球的椭圆运行规律后再回过头去理解这些非均匀性时就豁然开朗了。

月动理论的另一个重大贡献是发现了白道（用今天的话来说就是月球绕地球运行的轨迹）。此前，人们已经知道了黄道（用今天的话来说就是地球绕太阳运行的轨迹），而且知道黄道面与赤道面之间有一个23.5度的夹角，还知道月球并不在黄道上运行，它忽南忽北，好像全无规律。所以，人们很难准确预报日食和月食。但刘洪发现月球的运行其实也有一个类似于黄道的白道，并且黄道和白道之间存在6.1度的夹角（该测量值相当精确，只与今天的测量值相差0.62度）。此外，黄道与白道之间的交点也会每天慢慢移动0.054度。从此以后，日食和月食的预测精度就大大提高了。其实，刘洪还差一点就发现了太阳运行的不均匀性，只可惜错失良机，才让300多年后的另一位天文学家张子信得以青史留名。

总之，作为官员的刘洪几乎可以忽略不计；作为历法家的刘洪编制的《乾象历》对中国历法界的影响长达数百年之久；作为数学家的刘洪发明的算盘更是影响中国和东南亚长达上千年，至今仍然能够看见；作为天文学家的刘洪创立的月动理论可以说是献给全人类的一份厚礼，将永远与日月同辉。刘洪的事迹再一次表明：数学家可以不懂天文学，但成功的天文学家必须懂数学！

第三回 学海遨游智商高，乱世沉浮情商糟

普通读者在阅读外国书籍时常被千奇百怪的人名搞得眼花缭乱。老外的名字怎么看都是“似曾相识又面生”，就算你强行记住了主角的全名，但结果发现主角与他的长辈或子孙的名字竟然完全相同。唉，真没办法！阅读中国古籍时，人们也常被各种官名搞得稀里糊涂。不同朝代有不同的官名，同一官名在不同朝代的级别和职责也许不同，而不同的官名可能有类似的职责。更麻烦的是，中国古代科学家的第一职业几乎都是官员，而且其官职还像布朗运动似的不断变换。既然本书的内容是科学家传，所以，当官职的精准性和可读性发生矛盾时，我们将选择后者，这在本回中表现得尤为突出。

阅读中国古籍的另一困难就是有某些很容易被混淆的国号，同一个国号可能指的是完全不同的朝代，它们可能相差上千年，而且彼此间没啥关系。本章所介绍的故事就发生在这样一个容易被混淆的朝代“宋”，因此，事先申明，本回的“宋”是南北朝时期的那个很不起眼的“宋”。为避免混淆，也称其为“刘宋”。它既不是此前1000多年春秋时期宋襄公治下的“宋”，也不是500多年后赵匡胤所建立的那个“宋”。此处为啥要做这些铺垫呢？因为本回的主角是南北朝时期著名的天文学家、数学家、思想家、史学家、文学家、音乐学家和考古学家何承天，他所生活的时代正是中国历史上最乱的时代。到底有多乱呢？这样说吧，在何承天出生时的公元370年，中国已分裂成了一地鸡毛的16大块，史称“东晋十六国”。你若想体会一下混乱的程度到底有多高，则只需浏览一下当时的众多国名和民族就行了。这些国名和民族分别是前赵（匈奴）、后赵（羯）、前燕（鲜卑）、前凉（汉）、前秦（氐）、后秦（羌）、后燕（鲜卑）、西秦（鲜卑）、后凉（氐）、南凉（鲜卑）、西凉（汉）、北凉（匈奴的别支卢水胡）、南燕（鲜卑）、北燕（汉）、夏（匈奴）、成汉（巴氐）。史学家将这十六国归纳为“五凉、四燕、三秦、二赵，并成、夏”。即使这样，普通读者仍然见之头皮发麻。

何承天成年后，中国的分裂情况虽有好转，只被分成了南方和北方两大块，但整体上仍然乱似一锅粥。在短短的100多年时间里，南方历经了刘宋、南齐、南梁、南陈4个朝代，北方也经历了北魏、东魏、西魏、北齐和北周5个朝代。在此期间，不但南北双方的朝廷“频繁变换大王旗”，而且南北双方之间长期处于对峙状态，今天你打我，明天我攻你。总之，无论是谁，无论他的情商有多高，只要身处如此乱世，恐怕都很难如鱼得水，更不用说像本回主角这样的书呆子了。虽然史书上常用“刚正不阿、为人耿直”来褒扬何承天，但实际上他的宦海生涯相当不顺。不过，现在看来，还真多亏了他的官场失意，否则就没有学海得志了。他的几乎所有学术成就都出自他数次被挤出官场坐冷板凳期间。

由于何承天的学术成就太多，涉及面太广，此处只能挂一漏万。比如，作为天文学家和历法家，他一针见血地指出了当时官方历法的一些致命缺点，并基于他舅舅生前对金星、木星、水星、火星、土星、日、月的众多天文观测资料，以及自己40多年来的细心观察和校核，特别是高超的数学推导，竟以一己之力，利用业余时间创立了更精密的新历法《元嘉历》，朝廷当即颁行了这部历法。其中的许多天文观测技巧被后世长期使用，甚至一直影响到500多年后的唐宋时期。作为数学家，他发明了“何承天调日法”。该方法不但是计算历法参量的有力工具，而且是计算圆周率的利器。比如，他由此推演出的圆周率约为3.1429。据说，他曾将该方法面授给比自己年轻50岁的祖冲之，帮助后者成了当时计算圆周率的世界冠军。作为音乐学家，他首先发现了一种接近十二平均律的“新律”，为现代音乐理论奠定了早期基础，堪称中国乐制史上的一大革命。作为文学家，各位只需上网搜一搜，至今还能找到他的许多诗文，仅《隋书·经籍志》就记载了他的20多卷作品名录。作为军事家和政治家，他针对当时的主要敌国北魏，为朝廷量身定制了一部战略兵书《安边论》，事实证明相当成功。作为思想家，他在无神论方面提出了若干富有哲理性的见解，其《达性论》和《报应问》等著作在中国思想史上产生了较大的影响。作为考古学家，他是当时的绝对权威，以至宋文帝但凡淘到啥稀奇古玩，都要首先向他请教，咨询其历史背景和价值等。作为史学家，他曾将《礼论》800卷删减合并为300卷，并著有《礼论》和《孝经注》等16种典籍。总之，何承天在学术上无疑是相当成功的。但是，他到底是一个啥样的人呢？这就得从他的幼年说起了。

若用今天的话来说，何承天既没输在起跑线上，也没赢在起跑线上。他出生于官宦世家，妈妈徐氏是大家闺秀，既善良聪明又博学多才。叔伯祖父何伦是西晋时期的右卫将军，叔父何月兮是刘宋时期的益阳县令。舅舅徐广更是东晋著名史学家、天文学家，曾担任辅国府参军、浔阳太守等，而且对天文历法很有研究。可是，正当何承天奔过起跑线时，“轰隆”一声，天塌地陷了。原来，在他5岁那年，他的父亲突然去世了。于是，单亲妈妈只好带着儿子投奔他的叔父何月兮，博览群书的舅舅也成了何承天的老师。由于舅舅是当时的皇家图书馆典籍校对员，所以何承天能接触到众多图书。由于如此良好的家境，再加上他本人聪明好学，小书虫何承天从小就接受了良好的教育，经史子集、诸子百家无不涉猎，各种知识融会贯通。他很早就能训释经典，为日后成才打下了坚实的基础。何承天还有一个独特的优势，那就是他可以将从舅舅那里学到的书本知识立即用于衙门实践，因为他很早就开始担任作为县令的叔父的助手。

可是，何承天的一身本领始终没有找到用武之地。直到30岁那年，他才首次被南蛮校尉桓伟任命为参军。但还没来得及庆幸自己总算遇到了知音，他突然发现这位知音的弟弟桓玄竟然举兵反了朝廷。何承天吓得赶紧连夜逃回了老家，毕竟秀才哪有这包天大胆。长沙公陶延寿听说此事后，对何承天的这种勇敢的逃跑行为非常赞赏，马上将他挖到身边，任命为辅国参军，还在当时的大军阀、后来的宋高祖刘裕面前把何承天夸得天花乱坠，力荐他出任浏阳县令。可这位何县令的屁股还没坐热，造反的桓玄就把皇帝拉下了马，自己毫不客气地坐上了龙椅，吓得何承天又赶紧辞职回到了老家。喘息未定之际，大军阀刘裕已联合刘毅等将军，迅速将桓玄的脑袋挂在了城门上，动荡的局势再次暂时得以稳定。于是，33岁的何承天又受到重用，被另一个军阀刘毅聘为参军。

按理说，经受了这次患难考验的何承天应该是光复朝廷的红人了。结果，他自己“不争气”，竟然咬定一根筋又得罪了刘毅。原来，一位名叫陈满的小吏外出打猎时，明明瞄准了一只芦花鸡，但不知何故，开弓后竟射穿了一位巡逻官的屁股。本来就骄横跋扈的刘毅勃然大怒，要立即处死陈满并将其弃尸街头。何承天这位书呆子却胆大包天，居然跳出来为被告辩护。更要命的是，他还因找到了一个历史判例而打赢了这场官司。最后，陈满只被刑拘了三年。当然，何承天也为此付出了沉重的代价，很快就被刘毅晾到了一边。可怜的何承天不仅官场失意，而且被夹在刘毅和刘裕之间两头受气。后来，这两位大军阀越来越互相敌对，何承天只好故伎重演，再次辞职回了老家。

大约9年后，刘裕终于借东晋傀儡皇帝之名，开始大举讨伐与之势均力敌的刘毅。一时间，各方投机势力不知所措，纷纷前来求教闲居在家的何承天，寻问到底该押宝于何方。何承天掐指一算，胸有成竹地断言道：刘裕赢！果然，一个月后，刘毅兵败自缢而死，尸体被拖到江陵二次斩首，其亲族男丁也被砍了个精光。野心膨胀的刘裕听说了何承天的预言后，马上把他提拔为太学博士。随后，他又连升数级，先任世子征虏参军，后升任郎中参军，再改任钱塘县令。就在何承天50岁那年，大军阀刘裕连杀了两位皇帝，建立了宋，自己当上了新皇帝，即宋高祖。

当然，何承天也自然成为了新皇重臣，出任尚书祠部郎，负责制定新朝廷的礼仪制度。后因工作出色，他很快又升任南台御史，并被镇守江陵的谢晦拜为南蛮长史。各位，这位谢晦可不是一般人物哟，他甚至被宋高祖指定为四大托孤重臣之一。

已到知天命之年的何承天既然能被谢晦如此重用，这下子该官运亨通了吧？非也！原来，他的驴脾气又犯了。一方面，他得罪了谢晦，因为他经常顶撞谢晦，全然不把老板放在眼里；另一方面，他又得罪了刚刚继位的宋文帝。原来宋高祖托孤的对象本来是皇太子刘义符，可是这位“阿斗”实在扶不起来。于是，4位托孤重臣一商量，干脆另立了一位新君刘义隆，即宋文帝。这位新皇帝刚刚登基时，当然非常高兴，对4位大臣千恩万谢。可待到坐稳龙椅后，宋文帝才回过味来了。妈呀，这四大金刚太恐怖了，必须清除，否则皇位有患。被夹在谢晦和宋文帝之间的何承天该怎么办？这次他没选择辞职归田，错误地站在了谢晦一边。结果，朝廷大胜，谢晦逃亡。何承天自知天网恢恢，干脆负荆请罪，准备被判死刑。可哪知剿匪将军彦之不但没追究其罪责，反而推荐他改任南蛮府事。4年后，彦之又聘60岁的何承天为右军录事，并带他一同出师，北伐北魏。毫无疑问，何承天又没把彦之放在眼里，又辜负了老板的殷切期望。可就在何承天即将倒霉之际，常胜将军彦之北伐惨遭失败，被撤职下狱。何承天再一次因祸得福，不但没受败仗的牵连，而且被宋文帝重用为尚书殿中郎兼左丞。

年过花甲的何承天始终都改不了自己的老毛病，总喜欢我行我素，拿自己的长处去藐视别人的短处，见谁怼谁。上司他怼，下级他更怼；同事他怼，邻居也怼；有理时怼，无理时也怼；甚至连皇帝也敢怼。有一次，宋文帝知道他喜欢下棋和弹筝，就奖励给他一副精美的棋具和银饰筝，结果这老家伙却不领情，反而责怪皇帝为啥不像对待其他大臣那样，也奖些金银。幸好，宋文帝很了解他，也很欣赏他，以至每次派人来请他进宫时都会告诫使者，注意观察其脸色，若他不高兴，就别乱说话。如此刺儿头，他当然没啥朋友，也可能被别人抓住小辫。果然在74岁那年，他因经济问题被人举报，被判入狱。幸好，两年后赶上天下大赦，他才总算出狱，再一次闲居在家。

77岁那年，宋文帝又想起了这位老专家，并打算委以重任。可哪知何承天按捺不住内心的激动，在圣旨正式颁布前就匆匆先行大肆庆贺。结果，朝廷一怒之下，以泄密为由再次把他赶回了老家，并宣布永不叙用。一年后，何承天这位伟大的科学家孤独地病逝于家中，享年78岁。对了，后来何承天的曾孙何逊也成了一位著名诗人，深为杜甫所崇拜。

本回为啥没像过去的常规做法那样，千方百计地粉饰科学家的形象，甚至将其缺点都美化为优点呢？我们认为，科学家也是人，其缺点不该回避。一般说来，在智商方面，科学家肯定有相当的优势；但在情商方面，有些科学家可能还不如常人。因此，全社会应该对他们多一些理解，毕竟他们把主要精力都用在了为全人类服务的大事上。当然，但愿你能成为一位智商和情商都很高的科学家。

第四回

北朝半仙泄天机，隋代狂人创奇迹

本回有两位主角，他们其实并未见过面。男一号张子信生活在北朝，男二号刘焯生活在隋代。那么，为啥将他俩放在一起讲呢？因为他俩的代表性成果一脉相承，前者发现了若干天象机密，后者借此编出了影响深远的新历法，撰写了天文学经典名著。

好了，闲话少说，首先请男一号闪亮登场！

此君很神秘，一方面，他的名声震天，连《隋书·天文志》也盛赞他"学艺博通，尤精历数"，以至从北魏到北齐两朝的统治者都对他求之若渴，尊他为饱学之士，并纷纷伸出橄榄枝；另一方面，他却始终神龙见首不见尾，几乎与世隔绝地隐居了30多年，让外界至今连他的生卒年月都不知道，更别说生平事迹了。他是河北清河人，大约生活在公元6世纪20年代到60年代。如今人们虽称他为天文学家，但在当时他只是典型的半仙，成天乐于"采菊东篱下，悠然见南山"或"观星苍穹下，悠然寰宇间"。

这是咋回事儿呢？其实，男一号本来是标准的凡人，名叫张子信，既喜欢清净，又喜爱文学，还乐于游山玩水和寻仙访道。他的祖父"通天文，知历法"，曾在南朝梁代朝廷任职，还撰写过30卷的《天文录》。在祖父的熏陶下，张子信从小就醉心于天文观测，但后来阴差阳错地成为了一名医生，还是颇有名气的医生，以至《北史·艺术列传》都说张子信"少以医术知名，又善易筮及风角之术"。看来，张子信不但能治病，而且会算命呢。在公元526年左右，北魏又一次爆发了声势浩大、震动朝野的大规模农民起义。本来就已厌世的张子信为躲避这次战乱，干脆带领随从悄悄地来到某个人迹罕至的仙岛，捡起了儿时的兴趣。他自己搭建了浑仪、圭表和日晷等天文观测仪器，然后心无旁骛地开始测量和推演金星、木星、水星、火星、土星、日、月的运行规律。3年后，虽然暴乱被平定了，但张子信爱上了仙岛，再也不愿回凡尘了，从此隐匿在此。幸好，后人还可从相关史料中找到他的一些蛛丝马迹。在公元560年左右，北齐的武成帝在打听到他的仙踪后，曾专门派人请他"下凡"，担任北齐"卫生部长"，可被他拒绝了。武成帝的继任者、后主高纬也曾想招他入朝为官，也被拒绝。据说，大约在北齐灭亡时，张子信也去世了。

好了，下面再请男二号闪亮登场！

这次出来的人虽非半仙，但他是个奇人。他到底有多奇呢？这样说吧，一方面，他的智商高得出奇，王侯将相都对他趋之若鹜，想将他揽入门下；另一方面，他的情商却低得出奇，他很难与他人相处，是典型的恃才傲物之士，以至于在职场上处处受排挤，数次被贬谪，其学术成就也备受连累。

刘焯

男二号姓刘名焯，字士元，河北冀县（现属河北衡水）人，生于公元544年。少年时代，刘焯先后跟随多位老师学习《诗经》《左传》《仪礼》等。聪明绝顶的他很快就把老师们远远地甩在了后面。既然无师能教，刘焯只好像当年首次离开花果山的孙猴子那样，与其铁哥们刘炫一起四处寻师求学，拜访高人。终于，在访遍千山万水之后，他们总算找到了“菩提老祖”——经学大师刘智海。于是，他们如饥似渴，全身心地跟着老师整理典籍。即使穷困潦倒，缺衣少食，他们也苦读不辍。终于，十年寒窗后，他俩掌握了“十八般武艺”，成了远近闻名的儒者，并被称为“二刘”，还受聘为州博士。

隋文帝开皇初年，朝廷广揽人才，刘焯自然被选中。他不但被举为秀才，而且被州刺史赵炬拜为员外将军，然后被推荐进京，从事撰写国史、议定乐律和研究天文历法等重要工作。才华横溢的他刚到京城就在学术界引起了轰动。每当与大家讨论古今学问时，他都有令人脑洞大开的高论，让众人佩服得五体投地，无不羡慕其学识渊博。京城学子但凡遇到疑难问题就会来向他请教，外地学子更是以他为偶像，甚至不远千里前来追星。当时学界甚至流传着这样的说法：若论儒学之精通，几百年来舍他其谁也！

强劲的“刘旋风”不但刮得学界沸沸扬扬，而且把刘焯自己也刮得找不到北。他经常口出狂言，目中无人，这自然会让许多同行醋劲儿大发。开皇六年，隋文帝紧急召集大儒们进宫辨认一尊石碑。该碑多有磨损，文字模糊不清。正当众人面面相觑时，骄傲成性的刘焯哪能放过此等难得的显摆机会。只见他撸起袖子就冲上前来，“嘚巴嘚巴”一通神侃。嘿，他还真就把碑文给全部破解出来了。当然，像往常一样，刘焯又少不了借机将在场的群儒羞辱了一番，再一次为自己树立了更多的敌人。还有一次在国子监的经学辩论中，刘焯又得理不饶人，再一次力挫群儒，让大家颜面扫地。终于，在46岁那年，刘焯第一次为自己的狂妄付出了代价。他遭人诽谤，被莫名其妙地革了职。

隋文帝舍不得浪费人才，便安排刘焯到蜀王杨熹府下做些事情，结果却被他直挺挺地给硬顶了回来。当蜀王杨熹得知刘焯竟然瞧不起自己时勃然大怒，毫不犹豫地把他发配到边疆充军去了。这算是刘焯第二次为自己的低情商付出了代价。后来，杨熹犯事，其蜀王封号也随之被废，刘焯才重新得到启用，并在朝中做了云骑尉。结果，过于耿直的他仍然本性难改，甚至变本加厉地抨击时政。他终为朝廷所不容，第三次被罢职回乡。如此“捉放曹”上演多次后，心灰意冷的刘焯终于老老实实地回家“闭关”，开始专心从事教育和科研事业，并打算再也不过问政事了。

刘焯就是刘焯，凭借其无与伦比的顶级智商，他几乎干啥就能成啥。他很快就把自己的教育事业做得风生水起，名声大振，门生弟子遍布天下，其中不乏名流大腕。比如，他的得意弟子孔盖后来成了唐初的经学大师。但非常遗憾，他的低情商老毛病又犯了。由于心胸狭窄，贪财吝啬，他竟有意或无意地把学问做成了生意！比如，不送或少送见面礼的学员都得不到其真心教诲。于是，许多粉丝开始失望，甚至看不起他，以至最终门庭冷落，其教育事业以失败收场。在科研方面，他更是不得了。但是，在介绍他的惊人科研成就前，先得看看男一号都为他做了些啥铺垫。

简单说来，在三十年如一日的天文观测中，男一号张子信取得了三大重要发现。第一，在公元565年左右，张子信发现了太阳运动的不均匀性（最近有史学家发现，其实早在公元前2世纪，古希腊天文学家依巴谷就已发现了太阳视运动的不均匀现象，因此，严格地讲，只能说张子信再次独立地发现了这种现象）。第二，他随后又发现金、木、水、火、土五星的运动也不均匀。第三，他发现月亮的视差竟能影响日食。我们不知这些成果到底是如何取得的，特别是太阳的运动情况，毕竟我们不能肉眼直视太阳，更何况还要发现太阳运动的那一点细微的不均匀性。这些成果在中国古代天文史上具有划时代意义，它们把古人对日食、月食及太阳和五星的运动的认识推上了一个新台阶，大大提高了相关天文演算的精度，为随后一系列历法计算的突破性进展开拓了道路。据不完全统计，在随后的数百年中，张子信的成果影响了后世的众多历法，包括但不限于《孟宾历》《孝孙历》《皇极历》

和《大业历》等著名历法。

当然，对张子信的成果使用和推广得最成功的人非本回男二号刘焯莫属。实际上，男一号当年取得的天体运动不均匀性结果都只是定性的，所以很难被量化和应用。在被赶回老家的若干年中，刘焯创立了一种新的数学方法，即等间距二次内插法。他能借助少量的数据表格，推算出任何时刻日月和五大行星的精确位置以及日食和月食的精确数据，从而为随后的历法应用奠定了基础。比如，在过去编制历法时，人们在推算二十四节气时都事先假定太阳的运行是均匀的，故把一年的时间平分为24份；而从刘焯开始的所有历法中，虽然也把太阳的运行路线分成24份，但每一份的长度并不相同，从而使得历法更精确，对农业生产的指导意义更大。书说简短，刘焯将他的代表性成果写成了不朽名著《历书》以及《稽极》和《五经述议》等多部专著。在公元600年左右，他编制出了当时最精准的历法《皇极历》，然后将它献给了朝廷，接着就像姜太公钓鱼那样，坐等朝廷君王前来求贤。

果然，隋炀帝杨广即位后，刘焯又被重新启用，任太学博士。由于多年的“闭关”修炼，这时的刘焯早已今非昔比。再加上对《皇极历》的极度自信，他更不把满朝文武放在眼里。刚刚入职，他就呈上了长篇大论，把当时的官方历法《开皇历》贬得一塌糊涂，说它“思想落后，数据粗疏，算法简陋，差错众多”，这让《开皇历》的编制者们情何以堪！其实，当时皇帝本来就有意修改历法，而且大家都心知肚明，刘焯的《皇极历》确实远胜于现行历法。因此，即使刘焯不做任何自荐，他的《皇极历》也会毫无悬念地被选为官方新历法。可是，经刘焯一番画蛇添足式的自吹自擂，特别是对他人工作的一通猛贬后，朝廷历法官员们被惹急了，无论如何也要把刘焯及其《皇极历》拉下马。终于，刘焯的政敌们合力罗织出了“非毁天历”“惑乱世人”“民愤太大”等罪名，朝廷又把他革了职，流放到蜀地充军去了。

两年后，充军结束的刘焯总算又回到了京师。这时的官方历法已更换为《大业历》了。不长记性的刘焯仍然不服，一口气又罗列了《大业历》的多达536处谬误，并强烈建议朝廷改用他的《皇极历》。这自然又遭到了众多官员的“群殴”。直到公元610年刘焯在66岁去世时，他的《皇极历》仍未被采用。后来由于隋朝的灭亡，《皇极历》更不可能被朝廷采用了，毕竟历法问题不仅是经济问题，更是标志朝代的政治问题。但事实证明，《皇极历》在当时确实是相当先进的，以至唐朝的另一位著名天文学家李淳风（即下一回的主角）在公元665年制定《麟德历》

时充分借鉴了刘焯的《皇极历》。

与《皇极历》的命运类似，刘焯的天文学名著《历书》在当时也遭到了全面彻底的封杀。隋朝灭亡后，中国天文学界出现了这样一个怪现象：大家都在争相阅读《历书》，并为其精彩的思想和算法叫好，但几乎无人知道该书的作者是谁，甚至隋朝的史书也很少谈及《历书》的作者。在很长的一段时间内，后人还以为《历书》是集体智慧的结晶呢。幸好，唐朝以后的许多著名学者都对刘焯给出了客观公正的评价。唐朝魏征在《隋书》的“儒林”中介绍刘焯说“数百年以来，博学通儒，无能出其右者”。清朝马国翰在《玉函山房辑佚书》中特别为刘焯写了一个专集《尚书刘氏义疏》。现代历史学家范文澜在《中国通史简编》第三册中也说“隋朝最著名的儒生只有刘焯、刘炫二人”。

唉，刘焯这样伟大的科学家，《历书》这样伟大的学术著作，却遭受了如此令人唏嘘的待遇，这该怪谁呢？外界的嫉贤妒能固然是原因之一，但不善为人处世的刘焯恐怕也该好好反省一下吧。隋朝皇帝本来非常欣赏他，甚至当他生前唯一的好友刘炫向皇帝为他请赐谥号时，皇帝差点就同意了，结果群臣反对，竟没有一个大臣为他说好话，最后只好作罢。

唉，可惜了！

第五回

捕风捉影究天文，师徒双仙走凡尘

哈哈，本回又是“神仙”的故事，并且这次不止一个“神仙”，而是师徒俩！没办法，按照当事者的出生时间排序，就该轮到他们了。即使去掉他们的“神仙”标签后，他们在欧洲仍处于“黑暗中世纪”期间确实也够得上当时全球顶级科学家的称号，具体来说是数学家、天文学家等。即使是在“神仙界”，这两位也算是传奇人物。一般的道士都隐居在深山中，与老虎为伍；而他们俩虽也每天“伴虎”，但主要指在皇宫里伴君，一伴就是40多年，一伴就是祖孙三代皇帝，竟然还没被唐朝的李渊、李世民和李治这三只“大老虎”吃掉。他们备受重用和提拔，其中一位在死后被李治追封为太史令。后来，皇帝还让这位太史令的儿子李谚接班也当了太史令，其孙子李仙宗也成了太史令。好像皇帝李家要永固江山，而“神仙”李家就要永远承包太史令之职一样。

其实，本回的男一号本来应该是师傅，但是由于他太像神仙，始终神龙见首不见尾，甚至连生卒年月都未知，生平事迹都是铺天盖地的传说，所以没办法，只好临时改剧本，把主人公换成了徒弟。不过，他们俩的许多非神仙成果（比如《晋书》《天文志》《律历志》和《五行志》）都是共同署名的，而且师徒如父子，各位就当他们是一位神仙的两个化身吧。

伙计，你也许已猜出他们是谁了吧！其实他们的形象经常一起出现在许多影

李淳风与袁天罡

视节目中，比如1984 年电视剧《武则天》、2003 年电视剧《至尊红颜》、2004 年电视剧《神探狄仁杰》系列、2007 年电视剧《天机算》和《贞观之治》、2011 年电视剧《卜案》、2012年电影《袁天罡之夺命天敌》、2013 年电视剧《梦回唐朝》和《隋唐演义》、2014 年电视剧《武媚娘传奇》、2014 年三维动画武侠连续剧集《画江湖之不良人》、2016 年真人版网络剧《画江湖之不良人》等。如果你还没猜出他们是谁的话，那么我就直接告诉你吧，他们就是玄学奇书《推背图》的共同作者袁天罡和李淳风师徒俩。

由于本书是科学家小传，所以不宜讨论堪称“其创作之严谨、思维之缜密、应验之神奇，均全面超越西方诺查丹玛斯的大预言《诸世纪》”的中华道家预言第一奇书《推背图》这样的玄著。但是，建议有兴趣者同时关注以下两个方面：一方面，请读乾隆年间金圣叹评批的《推背图》，你可能会惊掉下巴；另一方面，如果在了解一点心理学中的自我暗示原理之后再去重读金圣叹的评批，你将会对《推背图》有另一番茅塞顿开之感。其实，“事后诸葛亮”也是需要超凡本事的。什么是自我暗示呢？当溶洞中的导游指着乱石告诉你说这是猪八戒背媳妇时，你几乎马上就会惊叹：哇，真像呢！当著名艺术家指着一幅抽象画连声叫好时，你也许真的就看出了其中的美。有意深入了解自我暗示的朋友，可阅读本书作者的《黑客心理学》一书。

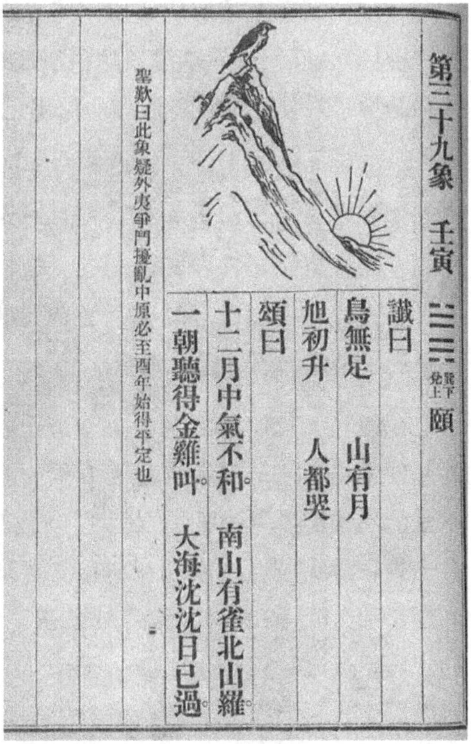
第三十九象　壬寅　頤
讖曰
鳥無足　山有月
旭初升　人都哭
頌曰
十二月中氣不和。南山有雀北山羅。
一朝聽得金雞叫。大海沈沈日已過。
聖歎曰此象疑外夷爭鬥擾亂中原必至酉年始得平定也

《推背图》部分内容

好了，闲话少说，书归正传！

李淳风出生于今宝鸡市的一个“道二代”之家，父亲李播本来是隋朝的县衙小吏，但始终官场不得志，于是干脆辞职当了道士。所以，淳风幼小的心灵里很早就播下了“当神仙”的种子，只待时机成熟时生根发芽。从小就被誉为神童的李淳风博览群书，尤其钟情天文、地理、道家、阴阳之学等。他在 9 岁那年迫不及待地远赴南坨山静云观，拜至元道长为师。17 岁时，刚回乡的道童李淳风（道号黄冠子）就被刚封为秦王的李世民看中，成了秦王府的记室参军，加入了“反隋兴唐”运动。25 岁时，李参军针对当时全国正在使用的《戊寅元历》提出了 18 条意见并引起了轰动，因为其中竟有 7 条意见被采纳了。于是，刚刚登上皇位的李世民便提升他为将仕郎（相当于现在的科级干部），并让他进入太史局（相当于现在的国家资料馆）从事天文、地理、制历、修史等方面的工作，从而为他随后的事业腾飞打下了坚实的基础。当然，后来的事实也证明，李科长从此死心塌地为唐王朝服务了 40 多年，再也没跳过槽了。后来，李科长又多次向皇帝申请并主持了数个“国家级重点项目”。比如，他在31 岁时制成了新浑仪并完成了天文观测和历算著作《法象志》（7 卷）；39 岁时，他与师傅袁天罡等合作完成《晋书》《天文》《律历》《五行》等著作；54 岁时，他完成了唐朝的“全国数学教科书”算经十书等的编审工作；63 岁时，他建议废除当时使用的《戊寅元历》，并完成了新的历法《麟德历》的编制。69 岁时，为唐王朝打工一辈子的李淳风无疾而终。这一年是公元 670 年，唐朝大将军薛仁贵率十万大军气势汹汹地讨伐吐蕃，结果被打得满地找牙，几乎全军覆灭。

各位，别看上述履历好像平淡无奇，其实具体内容精彩着呢！即使剔除相关的“神仙元素”，单看李淳风的科研成果也相当出人意料。因为除了阴阳家、道学家和易学家之外，你还将看到一位出色的天文学家、数学家和历法专家等。

李淳风的数学贡献主要是将过去的数学专著改编为唐代的首套“高考教材”。这其实并不容易，因为专著几乎只要求正确性和创新性，而教材最需要的是系统性、全面性、逻辑性和循序渐进。教材特别重视预备知识，而专著对此则可忽略不计，因为其读者已经是专家了。更难能可贵的是，李淳风在改编教材的过程中还发现了前人的若干重大错误。

在注释《周髀算经》时，李道士发现了三个错误：一是前人的“地差算法”的基础脱离实际；二是前人用“等差级数插值法”求出的结果与实际测量值不符；三是前人误解了“勾股圆方图说”。他对这些错误不但逐条加以校正，而且提出了自己的正确见解，特别是在纠正上述第一个错误时竟然意外地发展了魏晋数学家刘徽（约公元 225—约295）的“重差理论”，使得“盖天说”的数学模型在当时的观念下接近“完善”。此方法还在若干年后派上了大用场，被“李神仙”用于制定新历法《麟德历》。

在注释《九章算术》时，李淳风等引用了祖暅的球体积计算公式，介绍了球体积计算公式的理论基础，即“祖暅原理”。此举看似无奇，但立大功啦！若祖冲之父子的这一出色研究成果无此处的征引，很可能就早已与《缀术》一起失传了。

在注释《海岛算经》时，由于刘徽的这本著作的文字和解题方法等都非常简略，颇难理解，所以，李道士等人详细列出了演算步骤，从而为初学者大开方便之门。其实，此举的难度很大，因为几乎任何人都能把简单的问题讲复杂，而若想把复杂的问题讲简单，就需要真正的大专家了！

据说李淳风等编撰的这套数学教科书是世界上最早的数学教材，对唐朝及以后的数学发展产生了重大影响，被日本、朝鲜、越南等国长期使用，特别是它为宋元时期数学的迅速发展创造了条件。据不完全统计，随后唐朝的《韩延算术》、宋朝贾宪的《黄帝九章算法细草》、杨辉的《详解九章算术》“纂类”卷、秦九韶的《数书九章》等都引用了“李神仙”的这套教材，并在此基础上发展出了新的数学理论和方法。对于这些出色的注释工作，李约瑟博士给予了高度评价，说“他大概是整个中国历史上最伟大的数学著作注释家”。但愿这位“洋老李”没偏袒其本家“土老李”。

在天文学方面，李淳风等的贡献就更多了。

（1）以全新的思路制定了新历法《麟德历》。具体说来，李淳风首先指出了当时所用历法《戊寅元历》的若干问题，包括对日食和月食屡次预报不准，多处计算粗糙，“合朔”时刻较实际提前，等等。总之，《戊寅元历》已不能在小修小补的基础上继续使用了，必须制定新的历法来替换。接着，“李神仙”根据他对历法的多年研究和长期的天文观测积累，终于编成了新的历法并被唐高宗下诏颁行，命名为《麟德历》。概括来说，李道士总结了前朝历法专家刘焯的“内插公式”，并用它来推算月行迟疾、日行盈缩的校正数，从而推算出了“定朔”时刻的校正数。为了避免历法上出现连续4个大月的现象，他还创造了“进朔迁就”等方法。事实证明，《麟德历》是唐代的优秀历法之一，其使用时间长达 64 年之久。该历法还东传日本，并于天武天皇五年被日本采用，改名为《仪凤历》。

（2）设计制作了新浑仪。浑仪是古代观测天体位置和运动状态的重要仪器，中国最迟在公元前360 年就已制成先秦浑仪。但是，当时使用的浑仪不够精确，于是李淳风在总结历史经验和现实问题的基础上，增加了黄道、赤道和白道三环，并按在黄道观测日、月，以及金、木、水、火、土五星运行的结果来制造浑仪，从而既简便又精确地算出了朔的时刻和回归年长度等重要数据。他首次把浑仪分为六合仪、三辰仪和四游仪三重，此举的影响相当深远。400多年后，到了公元1096年，在北宋末年的浑仪、浑象、报时装置等天文仪器中，许多部分仍然沿用了“李神仙”的思路。

（3）完成了《乙巳占》（10卷）。此套书本是李道士等人的一部重要的占星学著作，它全面总结了唐贞观年间以前各派的占星学说，经综合之后保留了各派较一致的占星术，摈弃了相互矛盾的部分，建立了一个非常系统的占星体系，对唐代及以后的占星学产生了很大的影响。但是，如果仔细剥离的话，你将发现其科学价值也不容小觑。从科学史料的角度来看，此书中包含许多科学内容，比如天象的记录、天象的描述、星体的位置、浑仪的部件和结构、岁差的计算值，以及关于天球的度数、黄道的位置、赤道的位置、地理纬度的计算公式等。此外，该书还包括许多重要的历法数据，如李淳风早年撰写的《乙巳元历》和《历象志》等。从记录奇异天象的角度来看，此书的描述也很有特色，明确指出了飞星和流星的区别（有尾迹者为流星，无尾迹者为飞星，至地者为坠星），明确区分了“彗”和“孛”（即彗星状如帚，孛星圆如粉絮）。飞流与彗孛虽分别是流星与彗星，但一字之差道出了其形态之别，对于人们了解流星、彗星的运动方向和物理状态很有参考价值。

《乙巳占》还记载了许多重要的天气现象和观测工具。比如，此书中详细介绍了两种风向器：一种是在高处立一根5丈长竿，以鸡毛悬于竿上，以此观风和测风；另一种是更具艺术美感的三脚鸡风动标，即高竿尖端站立一只神鸡，其口中衔一朵羽质花，起风时那朵花便会转动，鸡头也会回望。“李神仙”本来希望用此“捕风”之法来实现占卜之术，结果却歪打正着，自己竟成了世界上给风定级的第一人！书中关于风的观测的记述非常详细。在风向方面，由以往的4个方位发展到了8个方位，故有八风之名，甚至更细致地分为24个方位。在风的强度方面，根据树木受风影响而产生的变化和损坏程度，创制了8级风力标准：第一级，动叶；第二级，鸣条；第三级，摇枝；第四级，堕叶；第五级，折小枝；第六级，折大枝；第七级，折木、飞沙石；第八级，拔大树和根。“李神仙”给风定级的做法无疑是世界气象史上的一个重要里程碑，1000多年后英国人蒲福才于公元1805年把风力定为更精细的12级。后来又几经修改，风力等级自1946年以来已增加到18级。在如今的台风预报中，风力等级已成为最重要的参数了。

更令人意外的是，李淳风师徒的历史学著作《隋书》竟然也颇具数学价值和天文学价值。具体说来，在此书中，“李神仙”师徒对魏晋至隋朝这个时期的重要天文、历法与数学成就做了较全面的搜集和整理。

《隋书·律历志上·备数》中记载了祖冲之算出的圆周率（介于3.1415926和3.1415927之间，称为祖率），若无此举，祖率就早已与《缀术》一起失传了。

《晋书·律历志》中详细记述了刘洪（约公元 129—210，珠算奠基人）撰写的《乾象历》，包括月行迟疾率的实测、推算定朔和定望的“函数内插公式”、黄白交角（约为 5 度）的测量、近点月的测定（约为 27.55336 日，与今天的测量值很接近）等。但是，前人出于偏见，对刘洪的这些天文学成就只字未提。若非李道士等的记录，刘洪这位伟大的天文学家和“算圣”很可能就被历史遗忘了。

《隋书·律历志》里还详细记载了隋朝刘焯（公元 544—610）的《皇极历》，包括刘焯的“二次函数内插公式”、黄道岁差的概念、相当精确的黄道岁差数据、定气法、定朔法、推算日食和月食位置的方法、推算五星的更精密的结果等。其实，刘焯的《皇极历》本来是一部优良的历法，但由于种种非技术原因而未被颁用。正是因为“李神仙”的准确记录，《皇极历》才成了中国历法史上唯一被正史记载而未颁行的历法。在《隋书·天文志》中，李淳风师徒全面论述了以往的天文学成就，说明了天文学的重要性和历代传统，介绍了各种天地结构理论、天文仪器、恒星及其测量方法、天象记事等。在介绍过程中，他们尽量引用原话而不转述；若有争议，也尽量写明争议各方的姓名、观点等相关细节，从而使得后人能清晰地了解人们认识天地结构的历史沿革等重要信息。今人正是从该书中才知道：哦，原来早在北齐时，天文学家张子信就发现了太阳与五星视运动不均匀现象。因此，“李神仙”师徒为中国天文学又保存了一个具有划时代意义的重大成果。此外，通过对前人成果的统计分析，“李神仙”还首次发现了彗尾指向的一个重要规律，即“夕见则东指，晨见则西指”。这句话翻译成白话就是彗尾常背向太阳。

《隋书·天文志》中首次记述了前赵（公元 304—329）史官丞孔挺制作的浑仪及其结构和用途，后秦（公元 384—417）天文学家姜岌（《三纪甲子元历》和《浑天论》的作者）关于大气吸收和消光作用的内容，天文学家、思想家何承天（公元 370—447）和隋朝天文学家张胄玄（《七曜历疏》和《大业历》的作者）等关于蒙气差的发现，以及从汉魏至隋朝的浑仪、浑象、刻漏的发展情况等。总之，“李神仙”师徒对日食、月食、流星、陨星、客星、彗星及其他天象的记录真可谓“搜罗至富，记载甚详”，以至被后人誉为“天文学知识的宝库”。

对了，关于本回标题中的“捕风捉影”字样，前面只切了“捕风”的题，下面再回应“捉影”的典故。

有一次，“李神仙”在校对新岁历书时发现初一将出现日食，这在当时被认为是很不吉祥的预兆。于是，唐太宗大发雷霆，吼道：“日食如不出现，就拿你的狗头祭天！”到了初一那天，皇帝便来到庭院中等候结果，并猫哭老鼠般对“李神仙”说：“暂且放你回家一趟，好好与老婆孩子告别吧。”“日食肯定会出现。”“李神仙”胸有成竹地说。然后，他在墙上画了一条线，指着太阳投射的影子说：“等太阳的影子捉住这条线后，日食就会开始。”果然，这次皇帝又没能掌握住真理。看来，真理还真难被垄断呢。

第六回

密宗祖师观天文，唐皇顾问测地理

本回的主角叫啥名字呢？这是一个问题！老百姓通常称他为僧一行，其实他不姓僧，而只是一个僧人；一行也不是他的名字，而是出家时师父赐予的法号，就像唐僧管孙猴子叫悟空一样。其实，与其科学成就相比，他的佛学名声更响，以至他去世后，唐玄宗赐给他的谥号都是“大慧禅师”。他堪称“密宗传持八祖之一”，更是同时传承密宗两大密法的唯一高僧。这是相当罕见的，因为密宗从印度传入中国后就分为两大门派。而密宗又以密法奥秘著称，未经许可，任何信众不得互相传习，更不得将其显示给教外人士。实际上，僧一行不但系统地整理了密宗的教义和教规，而且把两大门派融合了起来，因此，他是密宗当之无愧的一代宗师，也被尊为天师。不过，由于本书只侧重介绍科学家的事迹，故下面只聚焦于作为天文学家、数学家和工程师的僧一行。

僧一行的俗名叫张遂，公元683年生于河南南乐县的一个没落贵族之家。他的曾祖父张公谨曾是唐朝的开国元勋，父亲张檀也曾是七品县令，但不知何故，张氏家族在武则天时代就已衰微，待到张遂出生时就更加破落不堪了，以至不得不依靠街坊四邻的救济才勉强维持温饱。不过，张遂从小就聪颖不凡，还特别喜欢读书，记忆力尤其惊人，简直过目不忘。早在少年时，他就博览经史，通晓天文历法和阴阳五行等。据说有一次，张遂向某位以博学著称的高僧借阅了一本以难懂著称的经典《太玄经》，结果仅仅几天后他就以原物奉还。高僧颇不高兴，语重心长地教训他道：“年轻人，别见难就退，你只要坚持下去，就能慢慢地读懂了。我钻研此书多年，虽未深谙其精义，但已觉收获颇多。”可哪知张遂竟回答道：“非也，我已明白它的义理了。”他说完后掏出一厚本读书笔记，请高僧指教。读罢笔记后，高僧大惊失色，不但立即虚心向他请教，而且逢人就夸他是颜回转世，赞美张遂像孔子的得意弟子颜回那样会读书。经高僧这一广泛宣传，张遂的名声便一传十，十传百，很快就妇孺皆知了，以至众多达官贵人都以结交他为荣。但是，麻烦也跟着来了！原来，在张遂的众多崇拜者中，有一位专横跋扈的权臣，他就是当时把持武周朝政的宰相、武则天的侄子、梁王武三思。此人声名狼藉，而又死皮赖脸，非要结交张遂。咋办呢？惹不起总躲得起吧！于是，为保持自己的名节，不与奸人同流合污，品行高洁的张遂就逃进了嵩山少林寺，并幸运地遇到了禅宗大师神秀的大弟子普寂。21岁那年，张遂的父母双双过世。这使他深感世事虚幻，便剃度为僧，成了普寂的弟子，法号一行。

遁入佛门后，僧一行到底如何做科研呢？他观察过天象，研究过历法吗？史书上对此几乎都没记载，只是经常说他在研习佛经方面如何绝顶聪明。不过，史书上确实也顺便提到过，他曾长途跋涉三千里前往天台山国清寺，向那里的一位高僧请教算学等。光阴似箭，日月如梭，转眼间十几年就过去了。若无后续故事，也许历史上将会只有密宗祖师僧一行，而不会出现科学家僧一行。

公元705年，唐睿宗李旦在全国各地广泛网罗人才，令东都洛阳的留守韦安石按照高规格的礼仪前去征召僧一行，结果僧一行以生病为由坚决推辞了。为表示自己不愿出山的决心，他干脆步行千里到荆州当阳山，跟着那里的高僧学习印度音律。后来，唐玄宗继位，也对僧一行念念不忘，令僧一行的堂叔、礼部郎中张洽赍带着圣旨前往荆州，强行征召僧一行入朝为官。这次，他无论如何也不敢推辞了，否则涉嫌欺君之罪。他只好乖乖地来到长安，被安置在光大殿，一边翻译《大日经》，一边担任皇帝的特别顾问。这一年是公元717年，即僧一行去世前10年。这里为啥要刻意提他去世的时间呢？其实只是想提醒读者，他的大部分时光都已献给佛学了。

入朝后，唐玄宗常来拜访僧一行，并向他咨询治国安邦之道。每次他都尽其所知，如实客观地予以回答。唐玄宗的爱女永穆公主出嫁时，唐玄宗欲仿效当年太平公主出嫁时唐高宗的做法，准备赐予特别丰厚的嫁妆。对此，僧一行明确表示反对。他说，唐高宗晚年特别溺爱独生女太平公主，但实际上害了她，因为这在无意中助长了太平公主的骄横和野心，以至最终因干政而招致杀身之祸。一语惊醒梦中人，唐玄宗采纳了他的意见，收回成命，只依照平常礼数嫁出了公主。

僧一行的传世科学成就主要是在他生命最后的6年中完成的。是的，你没看错，就是短短的6年！公元721年，经宰相张说推荐，僧一行接到唐玄宗的命令：重新编制一套新历法，以代替现行的《麟德历》。改历固然有一定的政治原因，但在技术方面也确实有道理。由于长期的细微误差积累，《麟德历》已多次出现了日食预报失误。此后，僧一行将大部分时间和精力投入科研领域。幸好，他在历法方面拥有雄厚的基础，故能得心应手。

与以往的科学家不同，僧一行并不是单枪匹马，而是制定了全面系统的研究方案，有步骤、有节奏地带领一大帮人进行工作，最终在短时间内制定出了非常科学的《大衍历》，在形式、内容和组织等方面都为后人树立了良好的榜样。其实，虽然僧一行从小就迷恋历法研究，而且有很好的数学基础，但此前他并未仔细进行过天文观测，更没制定过任何历法。到唐朝中后期，历法的制定已相当精细，不可能仅由单人完成了。

僧一行的做法其实很值得今天的科学家借鉴。他的研究过程可分为四大步。

第一步：工欲善其事，必先利其器。由于《麟德历》已使用了半个多世纪，当时用于制定历法的天文观测仪大都老化或落后了，必须重新研制更先进、更精准的仪器。在这一阶段，僧一行是总工程师，主要负责新仪器的设计和验收工作。书说简短，在僧一行的领导下，“课题组”很快就研制出了黄道游仪、水运浑天仪和覆矩等。黄道游仪是一种演示黄道变化情况的仪器。该铜质仪器的黄道不再固定，可在赤道上移位，以符合岁差现象。而水运浑天仪则是一种能模仿天体运行的仪器，其改进了汉代科学家张衡的设计，以水为动力，每昼夜自转一周，既能展示星宿运动，又能表现日升月落等。该浑天仪还附有一个报时装置，它也可能是全球最早的机械时钟。当然，在众多新仪器中，当时最具特色的当数覆矩。它并非用于观天，而是用来测地，测量某地北极星的高度，即地理位置的纬度。

第二步：利用新研制的众多仪器，对天空和大地进行广泛的测量。在这一阶段，僧一行担任总指挥，主要给出需要测量的相关对象，而未必亲力亲为。在这一点上，僧一行已经很像现代天文学家了。如今的“仰望星空”任务都已交给各种自动化设备来完成，而天文学家们只需“脚踏实地”就行了。在僧一行的领导下，“项目组”不但像前人那样认真测量了星空，而且首次广泛测量了大地。具体来说，公元724年，僧一行组织实施了中国历史上第一次大规模的大地测量工作。这在当时称为“四海测验”，对北起贝加尔湖、南至今越南中部的广大地区的13个地点进行了多方面的测量。比如，测量这些地点的纬度，测量二分（春分、秋分）和二至（冬至、夏至）正午时分日影的长度，测量冬至和夏至的昼夜长度等。

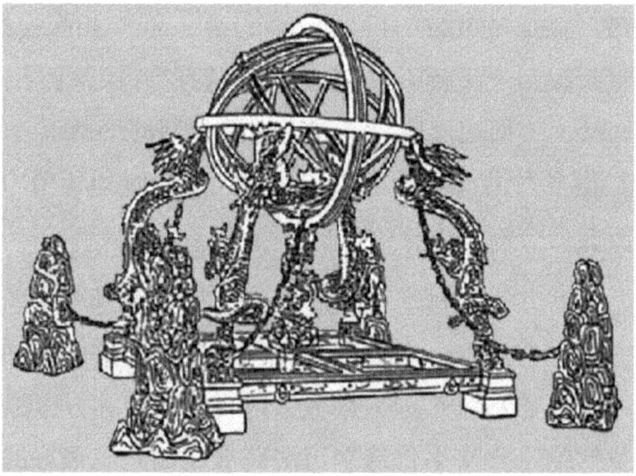
黄道游仪

第三步：对众多观测资料进行大数据分析，以发现相关规律；利用先进的数学手段，分析若干核心参量。这才是僧一行表现其惊人才华的关键阶段，只可惜此时离他去世只剩3年多了。果然，他很快就取得了若干重大发现。在天文方面，透过众多杂乱无章的观测数据，僧一行发现：与约500年前的汉代相比，过去认为固定不动的28颗恒星（即二十八星宿）中竟有6颗恒星的相对位置发生了明显变化。此外，还有其他20多个星座的位置坐标也发生了不同程度的变化。妈呀，原来恒星也在动呀！这个意外发现对后世产生了重大影响，以至宋元时期的天文学家们都对恒星的位置进行反复观测。星体的位置测得越准确，依此制定的历法也就越准确，对农业生产的指导作用也就越大，对日食和月食的预测也越准确。检验某种历法是否准确的最直观的方法就是看它能否准确地预测日食和月食发生的时间。

在地理方面，僧一行的发现更是惊人。用今天的话来说，他其实在全球首次得出了地球子午线的长度，即沿纬度方向每1度对应约131.11千米的地表长度。该值与现在的测量值仅相差约20.17千米。用当时的话来说，他发现了这样一个重要事实：从南向北，大约每隔351里80步，北极星的高度之差约为1度。

在理论推导方面，面对众多天文和地理观测数据，僧一行被迫研究出了若干更先进、更准确的历法新算法，因为过去的老算法不好用了。比如，关于太阳的运动情况，隋朝刘焯的《皇极历》采用的是等间距的“二次内插法”，而僧一行将其改进为不等间距的“二次内插法”，从而大幅度提高了精准度。后来，这种方法被沿用了近500年。又如，为了计算月球和五大行星的运动轨迹，僧一行进一步探索了“三次内插法”。僧一行首次提出月球比太阳离地球更近的观点。

第四步：从公元725年开始，在以上各步骤的基础上，僧一行充分借鉴前人的成果，亲自编制《大衍历》。在此阶段，别人当然很难帮得上手，全靠他自己加班加点。同时，他还在从事着许多佛学研究工作。终于，在公元727年，《大衍历》的初稿完成了。僧一行本人也累得一病不起，很快就于当年11月25日在长安华严寺圆寂了，享年仅仅45岁，僧寿24岁。后来，经宰相张说等人整理，《大衍历》在两年后就被正式颁布。实际上，与以往的历法相比，《大衍历》更精准。比如，针对地理纬度不同的地区，它不但能计算常见的二十四节气，而且能计算更精细的七十二候。这里，五日为一候，三候为一个节气，五个节气为一时，四时为一年，一年分为二十四节气共七十二候。《大衍历》之所以能如此精细到候，主要得益于广泛的地理测量。此外，《大衍历》还能更精确地推算日月位置，计算晷影和昼夜漏刻的长度，预报日食和月食，推算五大行星的某些运行规律等。《大衍历》的编排方式也成为了后世历法编制的经典模式。公元733年左右，《大衍历》先后传入日本和印度，行用近百年。

为纪念僧一行在天文方面的成就，如今小行星1972被命名为“一行星”（1972 Yi Xing）。安息吧，僧一行，谢谢您为中国天文事业所做出的巨大贡献。

第七回

前朝皇族躲深山，得道高人著经典

伙计，别听孙悟空胡说八道，别信什么“皇帝轮流做，明年到我家”。就算真有机会立马当皇帝，也还是赶紧躲远些吧，否则无异于给子孙招来杀身之祸。你看，那赵匡胤不听劝，非要在陈桥兵变中黄袍加身，结果咋样？其后代先是在北宋灭亡时被金人一通狂砍，再后来在南宋灭亡时被蒙古人杀了个天翻地覆，更不用说兄弟骨肉之间从未间断过的自相残杀了。就算是大难不死的遗老遗少也不得不终生隐姓埋名，提心吊胆地过一辈子。本回的主角便是赵宋汉王的第12代子孙之一，也算是宋末皇族中少有的成功逃亡者。他是元朝新皇帝重点追杀的目标，本回要给他立传特别困难，因为他的生平事迹要么不详，要么不知真假。幸好，他的相关科学成果还是颇有根据的。至于其他部分嘛，各位就当传说来看吧。

首先关于主角的姓名，作为宋朝的皇室成员，毫无疑问他姓赵，但叫啥名字呢？多数资料说他叫赵友钦，也有的说叫赵名敬，还有的说叫赵子恭。不过，他的道号确实是缘督，故被时人称为缘督先生。本回采纳主流意见，称他为赵友钦。关于他的生卒年月，多数资料都说不详，也有资料说他生活在13世纪中叶到14世纪中叶，还有资料说他生于1279年，卒于1368年。若最后这个精确日期无误的话，那么他就应该是在襁褓或娘胎中躲过宋朝灭亡的血光之灾的，莫非又是一出《狸猫换太子》惊悚剧。更具讽刺意味的是，在去世前几年，他可能又目睹了元朝的皇室成员被朱元璋杀得屁滚尿流。

赵友钦的一生可谓迷雾重重，颇具传奇色彩。他是一位典型的半仙，漠然世事，终生迷恋占星和卜卦，也许希望以此得到天启，及时趋吉避凶吧。据说，他天资聪颖，学识精深，懂历法，知术算，学问高超不凡，性情放达乐观，既会算大卦，又会看风水，还能测天象。他先是在鄱阳度过了童年，很早就开始研习道家预测学，即所谓的奇门遁甲之术，并成为当地有名的风水先生。后来作为前朝的惊弓之鸟，他怕名声太响而引起官方注意，便移居江西德兴，以看相算卦维生。再后来，他又流浪到东海，在那里独居了10年，并注《周易》数万言，让某位名叫傅立的绅士佩服得五体投地。最后，他来到今天浙江衢州龙游县东南的鸡鸣山，结庐耕读，深居简出，并以此地作为第二故乡，生活了很长时间。他的大部分传奇故事便发生在以鸡鸣山为中心的方圆数百里之内。

关于他的职业，传说是这样的：他经常骑着一匹青色母马，带着一个小徒出外游学，一方面寻师访友，另一方面广泛接触大自然。他的足迹踏遍衢州和金华等地。但他既不从事生产劳动，也不做买卖，更未受过谁的资助，甚至云游四方时连行李都不带，可他总有花不完的钱，而且经常出手大方，以至传说他能点石成金。后来，他云游累了，想要休息，便下马坐化而亡。人们将他葬于鸡鸣山下。

关于他的家室情况，也有几个版本，但都比较接近，应该不太离谱。一种说法是，他在鸡鸣山麓的范家村成了家，还生了一个女儿，此女长得清秀可爱。另一种说法是，他是范家的上门女婿。还有一种说法是，他把女儿嫁给了姓范的人家。总之，他与范家村肯定有很深的渊源，甚至后人为了纪念他还专门在范家村给他建立了祠庙。清朝著名学者毛凤飞在为再版的《革象新书》写序时还说，范氏族人每年都到赵友钦的墓前祭奠，其场面相当壮观。“族众接踵而至，皆往鸡鸣山墓，登高临水，步先生观星台徘徊眺览。”

关于他的得道经历，传说是这样的。有一天，他正在龙游芝山的某个酒馆给人算命，突然闯进一个浓眉大眼的大汉，他捧起一坛烈酒，咕咚咕咚就是一通狂饮。赵友钦眼前顿时一亮，认定此人非同寻常，赶紧凑上去攀谈。果然，两人聊得十分投机，相见恨晚。临别时，那男子掏出一本道家绝世宝典《七还七返丹书》，毫不犹豫地送给了他。赵友钦惊得目瞪口呆，连忙向恩人致谢并问其姓名。对方答曰：我乃石得之也。天哪，这真是踏破铁鞋无觅处，得来全不费工夫！须知，这石得之就是石泰，乃道教内丹之祖张伯端的弟子，又名石杏林。他更是赵友钦长期以来仰慕的道家人士。赵友钦赶紧拜石泰为师，从此看淡世事，隐居在鸡鸣山附近的范家村。他在师父的指导下潜心治学，进步很快，后来还成了全真道的著名道长，并撰写了兵家、释老、天文等方面的多部书籍，如《金丹正理》《仙佛同源》《金丹难问》《推步立成》《三教一源》《革象新书》等。可惜，它们大都失传。后来，赵友钦观测天象，研究数学和物理，开始授徒讲学。

实际上，赵友钦的简短生平之所以能传至后世，主要得益于他的一位名叫陈致虚的弟子。其实，陈致虚也是一位重量级的道家人物，他是元朝全真道的主要人物之一，道号上阳子。他写了一部神仙传，名叫《上阳子金丹大要列仙志》，其中对自己的老师赵友钦是这样介绍的：“缘督真人姓赵，讳友钦，字缘督，饶郡人也。为赵宗子。幼遭劫火，早有山林之趣，极聪敏，天文、经纬、地理、术数莫不精通。及得紫琼师授以金丹大道，乃搜群书经传，作‘三教一家’之文，名之曰《仙佛同源》。又作《金丹难问》等书行于世。己巳之秋，寓衡阳，以金丹妙道悉付上阳子。”这段文字虽简，但已是目前有关赵友钦生平事迹的最丰富的记载了。由于缺乏更多的辅助材料，此处只如实给出原文，不做过多的解释。这里的“紫琼”

意指道家南宗张紫阳。由此可见赵友钦在道家的地位之高，他竟是南宗嫡传。其实，据民国《龙游县志》的记载，“南北二宗尽萃于缘督先生而为一矣”。换句话说，赵友钦同时是南宗和北宗（全真道）的传人，可见其道学之精深确实非同一般。

赵友钦的科研成就能传至后世还得益于他的另一位名叫朱晖的弟子，而且其传世过程相当曲折，差一点就让今人只能看到一位“活神仙”赵友钦，而非科学家赵友钦了。原来，赵友钦在教给朱晖天文算法的同时，也将自己的代表性科学专著《革象新书》传给了他。朱晖后来又将这仅有的孤本传给了自己的弟子章浚，即赵友钦的徒孙。章浚怕《革象新书》年久失传，就对该书进行了整理刊行，并邀请明朝开国文臣之首、明初诗文三大家之一的宋濂为该书作序，从而大大提高了该书的影响力，以至它被收录到明朝的《永乐大典》之中。《革象新书》主要讨论天文问题，也涉及若干数学和光学内容。明代著名历史学家王袆就对原书进行了适当的删改和润色，并将其编为两卷。到了清代乾隆年间，《四库全书》的编辑又从《永乐大典》中录出了原本，并连同王袆的删改本一起辑录进了《四库全书》之中。因此，中国古代的一位伟大的天文学家、数学家和物理学家才被世人所知。

好了，下面的内容就很严谨了，因为它们主要出自《革象新书》。不过，我们并不打算简单复述赵友钦的众多科研成果，而是想借机突出他与以前的科学家完

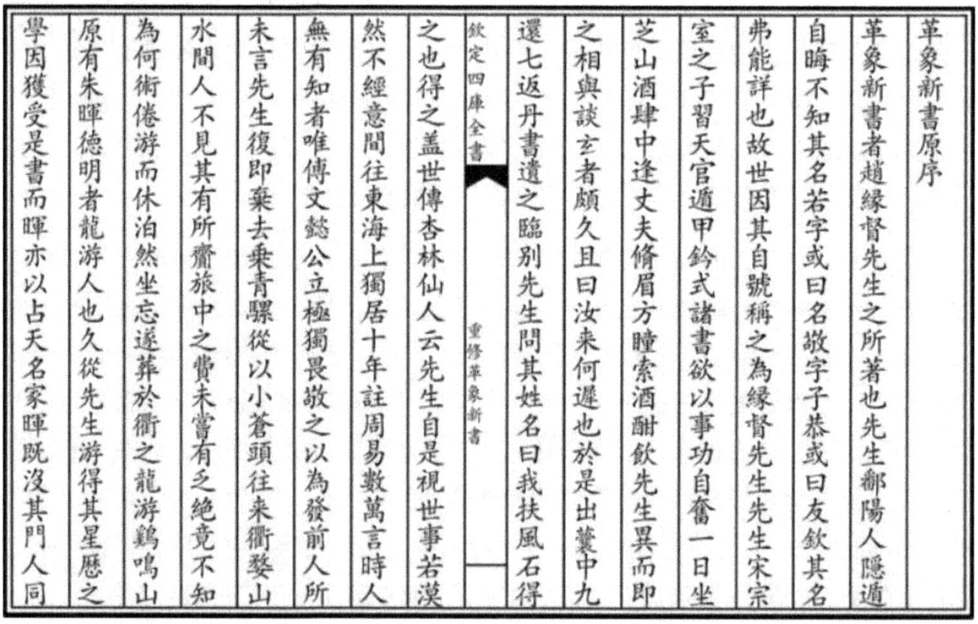
革象新書原序
革象新書者趙緣督先生之所著也先生鄱陽人隱遁
自晦不知其名若字或曰名敬字子恭或曰友欽其名
弗能詳也故世因其自號稱之為緣督先生先生宋宗
室之子習天官遁甲鈐式諸書欲以事功自奮一日坐
芝山酒肆中逢丈夫脩眉方瞳索酒酣飲先生異而即
之相與談玄者頗久且曰汝来何遲也於是出囊中九
還七返丹書遺之臨別先生問其姓名曰我扶風石得
欽定四庫全書　重修革象新書
之也得之蓋世傳杏林仙人云先生自是視世事若漠
然不經意閒往東海上獨居十年註周易數萬言時人
無有知者唯傳文懿公立極獨畏敬之以為發前人所
未言先生復即棄去乗青騾從以小蒼頭往来衢婺山
水間人不見其有所齎旅中之費未嘗有乏絶竟不知
為何術倦游而休泊然坐忘遂葬於衢之龍游鷄鳴山
原有朱暉德明者龍游人也久從先生游得其星歷之
學因獲受是書而暉亦以占天名家暉既沒其門人同

《革象新书·序》

全不同的学术风格。这种风格在古代非常罕见，更像是现代科学家的所作所为。赵友钦既重视理论分析，又重视实验研究，还重视实验结果的收集和整理等。实际上，为了使相关研究更加深入，除了在鸡鸣山上建起了专用观星台外，赵友钦竟然还罕见地建起了自己的“实验大楼”，由此揭示了许多重要的天文和物理现象。

为了模拟日食和月食，他开始研究光学中的小孔成像原理，并在封闭的“实验大楼”中大动干戈，挖出了两个直径为四尺多的圆井，其中一个深达四尺，另一个深达八尺。他在井底点燃数百根蜡烛，以形成强度和形状各不相同的光源。井口上覆盖了一块木板，板的中央有一个小孔。井口上方悬挂一块可以任意调节高度的木板，以此作为屏幕。井底的光线透过小孔后能投射到屏幕上。随后，他对各种实验参数进行不断的调整，比如调整悬空屏幕的高度，或改变井口盖板上的那个小孔的大小和形状，或增减井底蜡烛的数量，并将它们排成不同的形状等。于是，屏幕上便出现了各种不同的光学投影。通过分析这些实验结果，赵友钦归纳出了一些重要的光学定律，比如光沿直线传播，小孔可以形成倒像，大孔的影像与孔的形状相同。他还发现照度随着光源强度的增大而增大，随着像距的增大而减小。400多年后，该现象才被德国科学家更精准地表述为如今所谓的照度定律，即照度与距离的平方成反比。且不说相关研究结果的重要性，仅从该光学实验的构思之缜密、设计之精巧、规模之宏大等方面来看，赵友钦也开创了人类科学史的先河。该实验中的每个步骤都确定了一个参数作为研究对象，而其他参数保持不变。这种研究方法至今仍是每个实验科学家必须掌握的关键技巧。此外，通过野外实验，赵友钦还发现了一些重要的视角规律，比如“远视，物则微；近视，物则大”，“近视物，虽小犹大；远视物，虽广犹窄”；等等。

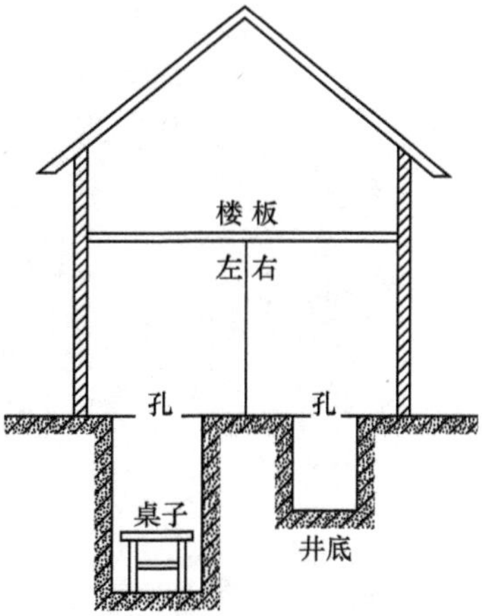

“小孔光景”示意图

谁都知道阅读科学著作很难，阅读中国古代的科学著作就更难了。中国古人不善于使用图表和公式来量化相关研究，所以很容易产生歧义。今天还有个别科学家喜欢有意无意地把简单的东西搞得很复杂，让别人一头雾水，以彰显自己高深莫测。其实，真正的高水平科学家是那些能把复杂问题讲简单而非把简单问题讲复杂的人。赵友钦便是这样的科学大家，他能深入浅出，用生动的比喻、明晰的推理和通俗的语言把难懂的天文现象和历算原理讲得清清楚楚。比如，为了揭示月牙、上弦月、下弦月、满月等月相变化的原因，他把一个黑皮球悬挂在封闭、无光的实验室里，将一束光线平射到这个皮球上，然后自己围绕皮球走动，从不同的角度观看皮球上光斑的形状，果然就看到了天上月亮所呈现的各种月相，从而圆满地解释了月亮的盈亏现象。怎么样，巧妙吧！若哪位读者至今还没明白月相的成因，不妨回家重复一下赵友钦的这个近千年前的实验，保证让你茅塞顿开。

赵友钦的科研成就还有很多，此处不详细罗列了。比如，在数学方面，他以等边多边形近似圆周的方式，将圆周率的精度提高到了小数点后第七位数，从而验证了祖冲之的估计值。在天文方面，他绘制了大型星图并将其刻在石碑上，据说该石碑在清朝时还可以看到，可惜如今踪影全无。总之，赵友钦上观天文，下察地理，在探索自然的过程中成就突出，堪称伟大的天文学家、物理学家和数学家。

第八回

小匠夫明朝殉葬，老学究清朝白忙

明朝末代皇帝登基的那一天，即1628年7月23日，本回主角王锡阐呱呱坠地于吴江县的一个贫困潦倒的私塾先生家中。唉，这王家也够倒霉的了。王锡阐的先祖虽当过芝麻小官，算是勉强受过一点皇恩吧，但从其曾祖开始就再也与皇恩无缘了。实际上，他的曾祖屡试不第，只好当了一名私塾先生。他的祖父则一辈子都是老实巴交的农民，受尽了朝廷恶政的欺凌。待到父亲这辈时，情况更糟，天灾人祸不断，生活每况愈下。据不完全统计，就在王锡阐出生的当年，明朝统治集团内部兵变四起，先后出现了蓟镇兵变、宁远兵变、固原兵变等；各地农民起义更是此起彼伏，先后出现了南赣起义、澄城起义、白水起义、府谷起义、宜川起义、安塞起义、汉南起义等，总之，明末农民大起义的序幕终于全面揭开，明朝的统治基础土崩瓦解，改朝换代只是时间问题。

虽然生于乱世，家贫无依，但在父亲的全力支持下，王锡阐克服种种困难，从11岁起就潜心学习，没有老师就自学，没有书本就四处借阅。为了避免外界干扰，他几乎与世隔绝十余年，终于自学成才。王锡阐所学的知识相当广泛，既熟读了传统的诸子百家，又精研了多种天文历算，而这在当时是相当不易的。面对复杂的数学推理，一般人都会感到头晕目眩，而他竟能无师自通，这在很大程度上要归功于他那罕见的高智商。注意，这里用的是中性词“高智商”，而非纯粹的褒义词“聪明”，因为从他随后所做的某些事来看，他确实称不上聪明，可能还有点糊涂，甚至是个大糊涂。

大约在王锡阐17岁那年，李自成攻入北京，崇祯皇帝吊死在歪脖树上，腐朽的明王朝终于灭亡了，随即吴三桂引清兵入关。身居江南穷乡僻壤的王锡阐闻听此消息后哭天抢地，竟要以身殉国。他先是上吊未遂，后又跳河自尽，结果被人捞起，没能死成，再后来又誓死绝食。他的父母被吓得失魂落魄。经多次劝说无果后，同样烈性的父亲只好使出撒手锏，威胁道：“你小子胆敢饿死自己，咱们全家就一起死！”王锡阐这才勉强放弃了轻生的念头。如果崇祯皇帝知道了此事，他一定会感激涕零，也许会内疚于明朝过去300年来对老百姓的残暴统治。明朝是中国历史上少有的绝对皇权王朝，甚至连相权都被剥夺了，整个国家宛若他朱家的私产。难怪当皇宫沦陷时，文武大臣竟都袖手旁观。

虽然自杀未遂，但故国之思、亡国之痛从此伴随着王锡阐的一生。他发誓为前明守节，拒绝参加清朝的科举考试，拒绝为清朝服务。他隐居在乡间，以教书糊口，偶尔也从事一些天文观测。后来，他还与顾炎武（对，就是“国家兴亡，匹夫有责”这个口号的提出者）等一起加入了明朝遗民组织，从事反清复明活动。令人惋惜的是，王锡阐就这样一步一步地越陷越深，最终把自己打造成了明王朝的“活祭品”。

实际上，对明朝的长期怀念使他性格孤僻，难以与人相处。用他自己的话说，就是“与人相见，终日缄默”。不过，若是谈论反清复明和天文历法等话题，他就会口若悬河，“纵横不穷”，甚至还会绘声绘色地“手画口谈，如指黑白”。更让人无法理解的是，他着装古怪，坚持只穿明朝衣服。在各种场合，他都不使用清朝年号，写字时也坚持只写明朝的篆体式楷书，让普通人难以读懂，以至很难与他进行学术交流。有人说，他甚至“不用时世一钱”，即不使用清朝的钱币。当然，稍微想想就知道此话不可全信。他肯定使用过清朝的钱币，因为他直到1682年10月18日才去世，享年55岁，即在清朝的统治下生活了约38年，不可能未用一钱。但他确实穷了一辈子，既没留下一男半女，也没带出一个学术传人，尤其晚年更是惨不忍睹。据说，当早年一道反清复明的吕留良等到他家做客时，竟发现他瘦面露齿，衣不遮体，鞋不掩趾，甚至落魄到了“已无粗粝能供客，尚有诗篇可解嘲”的穷酸地步。如此悲剧当然不能只归咎于同样腐朽的清朝，但随后的科研悲剧该归咎于明朝和清朝，归咎于这两朝前赴后继的闭关锁国政策。

王锡阐绝对是世界顶级科学家的好坯子，这至少表现在以下两个方面。

一方面，他的智商很高，自学能力特别强。当时西方传教士带来了诸如三角函数、几何学、地球构造原理、行星分布等许多新知识，国人大开眼界，同时也晕头转向，压根儿搞不懂其中的奥秘。但身居山野、完全没见过世面的王锡阐能轻松理解并乐在其中，以至“间有会意，即大喜雀跃”。后来，他还发现了西学中的许多错误，震动了朝野。

另一方面，王锡阐做科研时非常投入。他数十年如一日，天天夜观星象，时时推演算法。有人说他“每遇天晴，辄登屋，仰察星象，竟夕不寐”。在去世前一年，他还在一本书中说：“每遇交会，必移步所测，课较疏密，疾病寒暑无间。年齿渐迈，血气早衰……”他那股咬定青山不放松的干劲怎么夸张也不过分。他为了研究新历法，几乎付出了一切。原来，他有这样一个梦想，待到反清复明成功时，要为光复后的“新明朝”奉献一部最精准的新历法。客观地说，如果只是纵向比较，只是纯学术评判，那么王锡阐的新历法《晓庵新法》确实史无前例，达到了中国历朝历代的最高水平。

关于王锡阐的科研成就，本回不打算详述，因为内容太多，也太专业。不过，归纳起来，主要有两个方面：其一，他以真实的观测数据证明了第谷地心说的若干错误；其二，他编制了中国历史上第一部也是最后一部真正中西合璧的新历法《晓庵新法》。这也是他最具代表性的成果，后来还被收入了《四库全书》。由于科研成就太突出，王锡阐获得了同时代权威学者的最高评价。他与当时北方的历算名家薛凤祚一起被并称为“南王北薛”。明末清初“三大儒”之一的顾炎武曾专门撰文赞扬王锡阐“学究天人，确乎不拔”。清朝权威天文学家梅文鼎也高度评价《晓庵新法》是“历学至今之大著”。

可惜，《晓庵新法》最终未被清政府采纳。但更可惜的是，剧情马上就要发生大逆转了，王锡阐等又将再次沦为殉葬品，只不过这次他们不是主动殉葬，而是被动殉葬，是为明清两朝的闭关锁国政策殉葬！这是咋回事儿呢？原来王锡阐等同时代的天文学家都犯了一个最基本、最致命的错误，那就是将选题的方向搞反了，而这一点对科学家来说是至关重要的，因为“干什么”远比“怎么干”更重要。

假如明清两朝不把历法问题政治化，那么早在明朝灭亡前的62年，即公元1582年，中国就没必要再研究所谓的新历法了。如今全球通用的公元历法在那时就已出现了，并在当年就被意大利、西班牙、葡萄牙、波兰和法国等广泛采用。

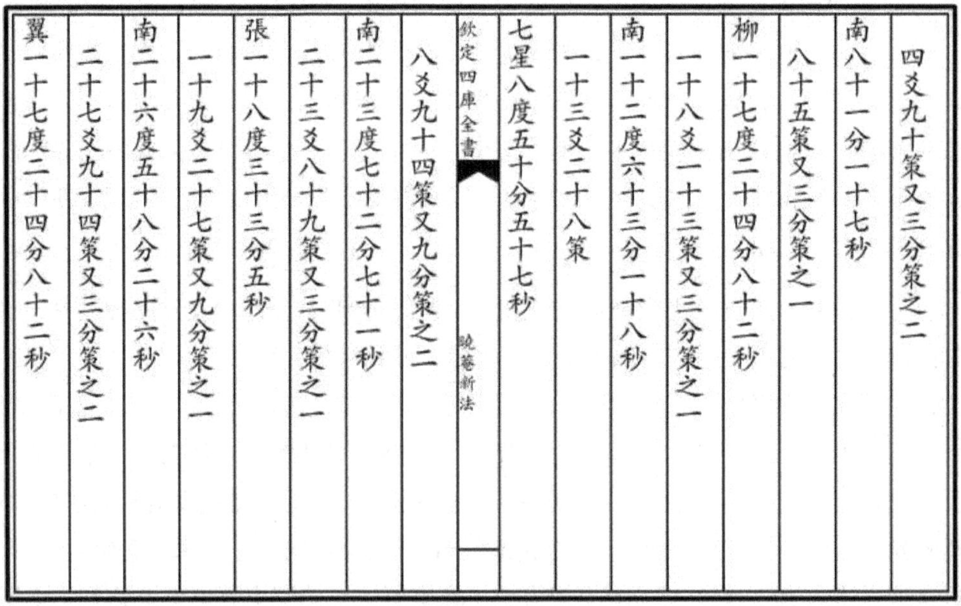
四爻九十策又三分策之二
南八十一分一十七秒
八十五策又三分策之一
柳一十七度二十四分八十二秒
一十八爻一十三策又三分策之一
南一十二度六十三分一十八秒
一十三爻二十八策
七星八度五十分五十七秒
欽定四庫全書　曉菴新法
八爻九十四策又九分策之二
南二十三度七十二分七十一秒
二十三爻八十九策又三分策之一
張一十八度三十三分五秒
一十九爻二十七策又九分策之一
南二十六度五十八分二十六秒
二十七爻九十四策又三分策之二
翼一十七度二十四分八十二秒

《晓庵新法》部分内容

事实证明，该历法非常精准。当然，后来的清朝就更不该再做类似的无谓研究了。但非常可惜的是，叫花子皇帝朱元璋早在1370年就开始禁海，断绝与西方各国的联系。后来，愚蠢的清朝统治者又继续锁国。直到公元历法诞生330年后的1912年，公元历法才正式被采纳并一直沿用至今。

抛开明清两朝历法政治化问题（毕竟这是中国数千年的传统），王锡阐等人研究历法的基础也错了。早在王锡阐等人研究新历法前100多年，哥白尼就在1543年提出了著名的日心说，指出地球等行星其实都在围绕太阳旋转。可是，由于宗教势力的干扰，日心说受到空前打压。后来在1588年左右，天文学家第谷才将日心说折中成了一种宗教势力基本认可的第谷地心说，认为其他行星围绕太阳运转，但太阳仍然围绕地球运转。1609年，伽利略发现了支持日心说的重要证据，西方学术界基本上接受了日心说。1619年，开普勒的行星运动三大定律全部问世。至此，日心说已成了西方的共识，人们都知道包括地球在内的行星都在以椭圆轨道围绕太阳运转。换句话说，早在王锡阐出生前9年，太阳系的椭圆运转模型就在西方众所周知了。因此，若基于日心说，那么历法计算就非常简单了，压根儿不必要再做那么多无谓的计算和观察。因为与世隔绝，明清时期中国人所能知道的太阳系模型只能是宗教势力认可的、实际上是错误的第谷地心说模型，从而才白白浪费了王锡阐等人的许多时间和精力。

数学篇

刘 徽　祖冲之　贾 宪　李 冶　秦九韶　杨 辉
朱世杰　程大位　梅文鼎　明安图　汪 莱　李善兰

第九回

中国数学第一家，注解九章人人夸

中国古代科学家主要扎堆儿于4个领域：天文学、数学、医学和农学。其中前两个领域，特别是数学方面涌现了许多世界级科学家，而后两个领域的民族特色更浓。前八回介绍了若干著名的天文学家，虽然在一定程度上，他们也可称为数学家，毕竟在编制天文历法时都少不了数学计算，但是能真正达到同时代国际水平且有名有姓的第一位中国数学家还是本回的主角刘徽。当然，这绝不意味着此前中国就没有世界级的数学成果，只可惜这些成果都是无主之花。

那么，在刘徽之前，中国数学都开出了哪些美丽的花朵呢？

最早的那束花可称为“有计无算”之花，即只有计数，而没有计算。中国最早的数字符号早在距今7000~5000年前就被刻在了仰韶文化的陶器上。早在距今6700~6000年前，圆形、矩形和三角形就出现在了西安半坡遗址中。在距今约4000年前，古人就开始用文字符号来取代结绳记事了。据《史记·夏本纪》的记载，早在夏禹治水时，“勾三股四弦五”就已被发现了，而且当时人们已会使用规、矩、准、绳等工具来画圆作方、确定平直和测量物体了。早在3300年前的甲骨文中就出现了从一到十以及百、千、万等记数文字，还有十进制的记数法以及最大到3万的数字。到商朝时，由10个“天干”和12个“地支”组成的甲子、乙丑等60个名称就被用来记录60天日期了。到周朝时，八卦已被扩展成了六十四卦，并用于表示64种事物了。

第二束花可称为“有计有算”之花，既能计数，也能计算。据《礼记·内则》的记载，到西周时，贵族子弟从9岁开始便要学习六艺，而其中的第六艺就是“数”，即数目和数算。大约在春秋时代，中国最早的计算工具“算筹”（其实就是一堆小棍子）就很普及了。至于到底如何用算筹进行计算，此处就不再详述了，反正它们基本上能用于进行十进制的加、减、乘、除等运算。据齐国人撰写的《考工记》，到战国时期，人们已能进行包括角度在内的某些几何计算了。

第三束花可称为“证明”之花，此时已开始出现一些数学概念、证明和思辨了。比如，战国百家争鸣时，名家提出了“矩不方，规不可以为圆”的论断，并把“无穷大”定义为至大无外，“无穷小”定义为至小无内；墨家则给出了方、圆、平、直、相切、点等数学定义。此外，名家还提出了“一尺之棰，日取其半，万世不竭”的极限思想，但墨家否定了该思想，认为若按此无限分割，必将出现不能再分的“非半”情况，而这个“非半”就是“点”。如今看来，无论是名家或墨家，他们的思想都已相当深刻了。不过，墨家只对了一半。一方面，点确实不能再分割了；

但另一方面，按每次“取其半”的方式无穷分割下去，确实不能从“线段”中分割出“点”来，即确实像名家说的那样，可以“万世不竭”。实际上，按今天的数学理论来说，“日取其半”是可列无穷，而线段中的点数则是不可列无穷，两者完全不在一个数量级上。

第四束也是最后一束花可统称为“创建体系”之花。此时数学已成为专门学科，其标志便是在公元前100年出现了《周髀算经》，在公元1世纪的东汉初年出现了《九章算术》等数学专著。其中，《周髀算经》是天文学的计算数学，介绍了勾股定理等内容；《九章算术》则是纯数学书籍，总结了东汉以前的数学精华，甚至包括分数的四则运算、开平方与开立方、线性和二次方程、面积和体积公式、正负数运算的加减法则、勾股关系等，形成了以筹算为中心的数学框架，特别是方程组和正负数等理论在当时全球遥遥领先。《九章算术》其实是一本有结论而无证明过程的数学问题集，以算术和代数为主，很少涉及图形。它重视应用，但缺乏理论阐述，甚至未涉及名家和墨家的有关定义和逻辑知识等。

中国数学界的第一批有明确著作权的著作基本上都与《九章算术》和《周髀算经》密切相关。具体来说，它们都聚焦于对《周髀算经》和《九章算术》的补充、编辑和注解等。西汉的张苍、耿寿曾对《九章算术》进行过增补，以至有些史料误将他俩当成了《九章算术》的作者；三国时期东吴的赵爽在注解《周髀算经》时首次给出了勾股定理的证明；汉末魏初的徐岳和本回的主角刘徽也先后注解过《九章算术》。既然首批数学家这么多，有些还更早，也都有名有姓，且赵爽的水平也很高，那么为啥我们把“中国数学第一家”的帽子戴在刘徽的头上呢？原因很简单：刘徽的成就更大，对后世的影响也更大。

有关刘徽生平的史料，满打满算，即使加上标点符号，也不过区区69个字，其中属于直接记载的仅有52个字，其他都是成百上千年后的间接记载。为严谨计，我们不能胡编乱造和道听途说，因此，下面只好采用旁证加推论的方式来对主角进行考古复原。另外，主角是数学家，其成果当然很多，而且水平还特别高，但本书又不想拿数学吓人，争取不出现一个公式，所以，这就使得本回的撰写更是难上加难。

主角姓刘名徽，生卒不详，但肯定是魏晋时期的伟大数学家。据《隋书》卷十六的记载，“魏陈留王景元四年刘徽注《九章》”，意指他的代表性成果《九章算术注》完成于景元四年，即公元263年。各位，如果你是三国迷，那么“公元263

年”包含的信息量可不小哟，这一年，司马昭三路伐蜀，姜维退守剑阁与钟会对峙，邓艾偷渡阴平，诸葛瞻大败，吴国救援不及，蜀汉灭亡。啥意思？原来刘徽是在战乱期间完成其数学研究的！因此，刘徽很可能不是普通的布衣，虽然魏晋史书中确实不曾记载过他的生平。

想想看，从公元189年左右的董卓乱政开始，到刘徽完成《九章算术注》，中国都处于大动荡之中。若出生和成长在如此乱世中的刘徽真是一介布衣，那么他很可能连温饱都难以解决，哪有闲情逸致去做什么纯数学研究呢？就算刘徽是普通的富家子弟，不愁衣食，那么也有问题。因为，一方面，在乱世中保护自家财产的最好办法是习武，而非从文，更不是研究数学；另一方面，三国时期，人才奇缺，“猎头”产业异常发达，但凡有个“卧龙”，早就被“刘备”们给N顾茅庐抢去了，哪还轮得上他躺在家里悠哉游哉呢？因此，关于刘徽的身世，也许有这样一种可能：他莫非是三国中某国的智囊团成员，专门从事战略性的基础理论研究，以待其主公有朝一日“坐北面南”后能大展宏图。其旁证有四。其一，《九章算术注》中曾提到晋武库中有汉时王莽所做铜斛。天哪，这可是国家机密哟，普通数学爱好者咋能知道京师武库中的国宝级古董名单呢？其二，刘徽在另一部代表作《海岛算经》中研究了海岛测量问题。科研立题如此宏大，当然涉嫌是在为其主公准备未来的“建国纲领”。刘备对“测海岛”的兴趣肯定小于孙权，毕竟四川没有海岛可测嘛。其三，从刘徽的著作中，可以看出他的学识和文笔均属上乘，如此人才，在当时不被挖去当官都很难。其四，在《隋书》卷三十四中，关于刘徽的著作都注明了“仪同刘徽撰”等字样。后来，《隋志》再载刘徽著作时就只注明了“刘徽撰”等字样，而不再冠以官名“仪同”了。换句话说，刘徽曾做过名为“仪同”的官，

窥望海岛之图

后来又下岗了。注意，三国时期，曹魏并无“仪同”之官职，但蜀汉有。至于吴国是否设立过此官职，就不得而知了。因此，刘徽肯定不是曹魏阵营中的智囊团成员。

至于刘徽为啥没能进入官方史料，其原因可能是三国时期的各路英雄实在太多，有资格入谱的人物比比皆是，而刘徽服务的对象不是曹魏而是某位失败者，所以他为“建国纲领”准备的理论成果就没能发挥作用，既没有帮助“火烧赤壁”，也没用于“草船借箭”，当然也就容易被那时的史官给忘记了嘛。

关于刘徽身世的另一段权威的间接史料，是他在去世后大约800年，即公元1109年，被宋徽宗追封为“魏刘徽淄乡男”。这六个字记载于《宋史》卷一百零五中。啥意思呢？原来刘徽在阴间被封爵了，爵名叫“淄乡男”。这里的“男”是男爵的意思，信息量不大。但“淄乡”两字就非同一般了，因为那时大臣死后常以其故乡之名加以追封。换言之，刘徽的故乡应该是宋时的淄乡，即北宋的临淄县或淄川县，或今天的蔬菜之乡山东寿光县。此外，刘徽很可能是汉人，毕竟在三国时代，刘姓至少还是名义上的“国姓”。“汉族”之称也刚好出现在汉朝，那时的刘姓之人谁不乐意成为汉族呢？当然，关于刘徽身世的最直接、最权威的记载是他自己在《九章算术注》的序中所说的：“徽幼习《九章》，长再详览，观阴阳之割裂，总算术之根源，探赜之暇，遂悟其意。是以敢竭顽鲁，采其所见，为之作注。”大意是说他从小到大一直在钻研《九章算术》，寻根求源，不畏艰难，并大胆将其感悟写成该书云云。

好了，考古复原已尽力了，下面就来归纳一下刘徽的数学贡献。简单说来，他的代表性成果就是《九章算术注》和《海岛算经》这两本专著。若再细一点的话，那就是在新概念方面，他首次提出了正负数、面积、体积、最小公倍数、不定方程和十进制小数等概念，并用十进制小数来表示无理数的立方根。在代数方面，他首次给出了加减运算法则，改进了线性方程组的解法，给出了等差级数的求和公式。在数学证明方面，他开始建立逻辑严谨的多种推理，从而成为我国数学逻辑证明的第一人。在大型测量方面，他用三角法等测量了远距目标的高度、深度、广度和远度等，为后来的地图学提供了数学基础。特别是在几何方面，他首次提出了著名的“割圆术”，即将圆周

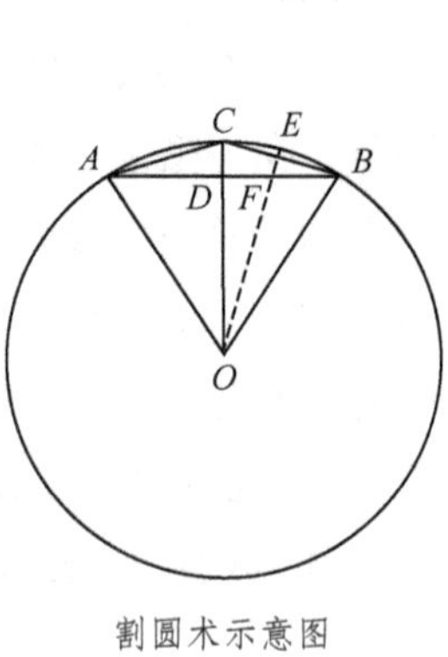

割圆术示意图

用内接和外切正多边形双向逼近，以此求出圆的面积和周长，并且真的利用此法求出了精确到小数点后第4位数的圆周率。更牛的是，割圆术不但帮助200多年后的祖冲之等奠定了此后千余年来中国在圆周率计算方面的世界领先地位，还体现了极限思想和初步的微积分理念。

关于刘徽的学术成果清单几乎是同类传记的主体内容，故本回就不再凑热闹了，咱们还是赶紧看看下一位数学家是谁吧！

第十回

遥遥领先圆周率，苦苦推进大明历

在中国，一提起“祖冲之”这个名字，几乎无人不知、无人不晓。“他是杰出的数学家和天文学家。”理工青年脱口而出。“他是著有《述异记》的小说家。”文艺青年也不甘示弱。“他是著有《释论语》《释孝经》《易义》《老子义》《庄子义》的国学家。”老学究摇头晃脑地说。“他是月球背面的一座环形山和第 1888 号小行星的‘产权证’署名者。”房产商趁机套近乎并推销广告道。如果你仔细考察，就会发现其实祖冲之的博学远不止这些，他还是设计制造专家、音律家、训诂专家，甚至还是棋坛高手呢。

但是，对于祖冲之生活的时代背景，很少有人认真了解过。其实，他生活在本不该产生数学家的南北朝时期。当时正值“五胡乱华”，一部分胡人正在被汉化，另一部分汉人也在被胡化，胡人、汉人、汉化的胡人、胡化的汉人等各种人之间正在“群殴”。今天你杀我，明天我打他，终于“啪哒”一声，本来就已四分五裂的“五胡十六国”这块破镜又被重重地摔在了地上。一时间，碎片四溅，皇帝们如雨后春笋般纷纷破土而出。更糟糕的是，每个皇帝看别的同类都很不顺眼，总想灭掉对方，占据其地盘；有些臣民看自己的皇帝也不舒服，总想割其项上人头，夺其股下龙椅。于是，大大小小的地盘便不断地分分合合，即便暂未被分合的那些地区也在不断地“城头变幻大王旗”。

正是在这场持续百余年的闹剧中，祖冲之的先辈们做出了一个非常英明的决定：从河北涞水县迁居到江南，以躲避北方的大规模战乱。非常幸运的是，江南这块土地（在当时叫“南朝”）相对而言暂时属于闹中取静的“国度”，社会比较安定，农业和手工业都比较发达，文化也很先进，从而有条件推动科学进步。因此，在这段时期，江南产生了一批杰出的科学家，比如陶弘景、贾思勰、郦道元、孙思邈、何承天、张子信和刘焯等。换句话说，江南为祖冲之准备好了不错的大环境。此外，祖冲之的爷爷曾在南朝的刘宋政权中担任大匠卿，分管土木工程。他也算是一位专家型的领导吧。祖冲之的父亲也是御用奉朝请，且因学识渊博而常被邀请参加皇室的典礼和宴会等重要活动。祖家世世代代都对天文历法颇有研究。换句话说，家族为祖冲之准备好了不错的中环境。当然，小环境就只能依靠祖冲之自己来建设了。于是，本回的主人公即将闪亮登场了。

话说公元 429 年，当汪达尔国王率重兵渡过直布罗陀海峡抵达非洲时，当匈奴人横扫欧洲引发民族大迁徙时，当罗马法典化进程开始起步时，当北魏突袭柔然时，当拓跋焘最终统一敕勒各部时，本回的主人公祖冲之平平安安地降生到了南京的一个官宦之家，过上了众星捧月般的幸福生活。作为大匠卿的爷爷在考察工地时总少不了带上这个“跟屁虫”。这对小冲冲来说，既加深了对社会的了解，又可以从能工巧匠身上学到一些奇妙的本领。爸爸教他阅读经书典籍，开阔了他的视野，扩大了知识面。由于家庭的熏陶，再加上小冲冲的聪慧天资和自觉勤奋，他对自然科学、文学和哲学，特别是天文学和数学产生了浓厚的兴趣。此外，他那凡事喜欢打破砂锅问到底的天性也常使长辈们乐得合不拢嘴。“为啥月亮时圆时弯”“为啥太阳昼出，而月亮夜出”“为啥太阳会比月亮热”……一连串天真而有趣的问题正好让爷爷这位业余天文学家派上了用场，爷爷更是趁机给小孙子灌输了不少关于“斗转星移”的知识。

待到青年时代，祖冲之就已几乎搜遍了上古以来的各种文献资料，并对它们进行了地毯式的考察和研究。祖冲之既重视前人的成就，但又不盲目崇拜权威，更不被古人的思路所束缚。只要条件允许，他都会“亲量圭尺，躬察仪漏，目尽毫厘，心穷筹策”。这句话被翻译成白话后便是亲自测量，亲自实验，不放过毫厘之差，不疏忽任何演算。

由于博学多才的名声太大，他很快就被南朝刘宋政权看中，并被钦定到一个名叫“华林学省”的研究机构从事学术研究工作，后来又升调到总明观（相当于国家科学院）任要职。那时的总明观分设了文、史、儒、道、阴阳 5 个“学部”，实行“首席教授负责制”，并聘请来自各地的权威学者任教，祖冲之便是其中之一。在这里，祖冲之接触到了大量国家藏书，包括天文、历法、术算等方面，从而为随后的科研腾飞打下了坚实的基础。

祖冲之雕塑

30 岁左右是祖冲之的科研成果爆发期，也是其事业的得意期。32 岁时，他进入“镇江市监察局”工作，先是担任从事史（文字秘书），随后升为公府参军（七品秘书长）。秘书工作虽然耗费了他的不少精力，

指南车

但是祖冲之始终没有放弃自己的科研工作，甚至在次年他竟然完成了庞大的科研系统工程，编撰了《大明历》，并将它提交给了当朝皇帝，希望尽早公布实施。35 岁时，祖冲之又被调任到娄县做县令，随后又升任谒者仆射（相当于南京市政府秘书长），主要负责朝廷礼仪与文件传达工作。从这时起，一直到南朝刘宋政权的皇帝“下岗”，萧齐政权的新皇登基为止，祖冲之的科研方向都主要集中于机械制造。比如，他重造了依靠铜质机件传动的指南车，发明了日行百里的“千里船”和“木牛流马”，制作了至今还在农村偶见的水碓磨，还设计制造了计时用的漏壶等。

祖冲之晚年时，萧齐政权又开始摇摇欲坠，朝廷矛盾尖锐，社会动荡不安。于是，祖冲之又来了一个180 度的华丽大转身，竟然开始研究起文学和社会科学了，同时也很关心政治。他在 65 岁高龄时，不但未退休，反而向南齐末代皇帝提交了一份名叫《安边论》的“改革方案”，建议政府开垦荒地，发展农业，增强国力，安定民生，巩固国防。当时的皇帝看后颇受感动，“唰唰唰”，就在建议书上做了批示：“巡行四方，兴造大业，可以利百姓者。”可惜呀，晚了。早点改革的话，就不至于亡国了！很快，连皇帝自己也都成了过河的泥菩萨，该“改革方案”自然也就泡汤了。

公元 500 年，当法兰克王国的创立者克洛维征服了罗马境内的勃艮第王国时，祖冲之带着两大遗憾无奈地离开了人间，享年 72 岁。遗憾之一是《安边论》被荒废，毕竟又要改朝换代了嘛。遗憾之二是他在有生之年未能看见其心血之作《大明历》被推广实施。不过，南朝萧梁政权的梁武帝在祖冲之去世10年后终于以《甲子元历》之名颁行了《大明历》。这也算是对祖先生在天之灵的一种安慰吧。

一说起祖冲之的科学成果，人们首先想到的肯定是祖冲之圆周率，或简称祖率，即 $\pi=3.1415926\cdots\cdots$ 你也许会埋怨说：普通人咋能记住如此复杂的数字呀！别急，教你一句诗，你就很容易记住了：“山巅一寺一壶酒，尔乐。”其实，你若有兴趣，还可以仿此用更多的诗句来记忆更长的圆周率。比如，对于 3.14159,26535,897,932,384,626，有“山巅一寺一壶酒，尔乐苦煞吾，把酒吃，酒杀尔，杀不死，乐尔乐”。

但是，非常遗憾的是，过去许多书籍在介绍祖率时都没抓住“本”，反而过分渲染了“末”。例如，人们总是自豪地声称：“祖冲之将圆周率的精度推进到了小数点后第 7 位数，此纪录直到1000 多年后才被阿拉伯数学家阿尔·卡西打破。”下面尽量简洁地描述圆周率的“本”，重点回答为什么从古巴比伦时代到如今，4000 多年来，人们一直都在试图求出圆周率的精确值。国际数学协会在2011 年正式宣布：将每年的 3 月 14 日设为“国际圆周率日”，也叫“国际数学日”。

原因之一是圆周率（π）是数学和物理中应用非常普遍的一个常数，它的值越精确，那么相应的众多计算结果也才能越精确。例如，圆的周长、圆的面积、球的体积、方程 $\sin x=0$ 的最小正解、天文周期值、日历中的时间差等的精度主要取决于 π 值的精度。古代的许多日常度量衡器具也都是圆形、球形、柱形或它们的组合等，制定日历时也得考虑天体的相关圆周运动，因此，自然也就需要更精确的 π 值。从该意义上说，祖冲之的8位数当然比7位数更先进。但是，即使在今天的工程应用中，π值的精度常常也只需要 3位数左右就够了，更不用说是古代了。所以，祖率的真正价值其实体现在下面的原因二中。

原因之二是人类早就知道π是一个无理数，即它是一个无限不循环小数。换句话说，若想用小数形式来表示它，将会永无止境。那么，人们为什么明知不可为而为之呢？其实，人们的真正用意在于：以π值的计算为口号，设置一个“擂台”，吸引数学家们前来“攻擂”，以达到开发数学研究新领域的目的。此外，诸如哥德巴赫猜想、黎曼猜想、四色猜想、费马猜想等著名猜想在某种程度上都具有“设擂”的功用。事实上，π值的计算大致可分为如下 4个阶段。

（1）实验阶段。早在公元前 1900 多年，古巴比伦人就知道了$\pi\approx3.125$，这当然只需用量尺对任何一个具体的圆粗略地测一测就行了。

（2）几何法阶段。公元前约 300年，阿基米德用内外切多边形法求出了 π 的值约为 3.141851。约400年后，张衡用几何法得出$\pi\approx3.162$。公元 263年，刘徽用割圆术给出了$\pi\approx3.141024$。祖冲之则进一步改良了刘徽的成果。所以，祖率的真正价值在于它的计算方法，而不仅仅是结果。现代数学的极限思想在其方法中已呼之欲出了！当然，必须承认，在那个几乎没有任何计算工具的年代里，要想用割圆术逼近出8位数精度的 π 值，其难度是非常大的。

（3）分析法阶段。此时的精确小数位数已不太重要了，关键是激发了无穷级数等方面的许多重要数学成果。

（4）计算机辅助计算阶段。此时，π值的计算已含有娱乐成分了。如今，人类已计算出能精确到10万亿小数位的圆周率了。

关于祖冲之，过去的许多图书中还有另一个本末倒置的问题，那就是在他的两项代表性成果祖率和《大明历》中，其实前者只是手段，后者才是目的，因为有了更加精确的圆周率才能编制更加准确的历法。那么，什么是历法，历法到底有多么重要呢?

简单地说，所谓历法就是推算年、月、日并使其与相关天象对应的方法，是协调历年、历月、历日和回归年、朔望月和太阳日的办法。回归年就是地球绕太阳转一周的时间，朔望月就是月亮盈亏一次的时间，太阳日就是昼与夜交替一次的时间，而历年、历月和历日分别是从日历上读得的年、月、日。可惜，由于星体运动的不均匀性，年长既不是月长的整数倍也不是日长的整数倍，月长也不是日长的整数倍。例如，一个回归年约为 365.25 日或 12.3684个朔望月，一个朔望月约为 29.5日。因此，必须采取巧妙的办法来协调这些细微的差距，使得日历尽可能准确。

初看起来，历法问题好像并不难，其实它非常复杂，且时间间隔越长，难度越大。非整数倍的微小误差会不断积累，甚至明显影响日历的准确度。理想的历法应该易记易用，历年的平均长度等于回归年，历月的平均长度等于朔望月。但是，这些要求根本无法同时满足，总会出现一些微小的误差。为了解决这种误差积累的问题，古代各国和各民族真可谓绞尽脑汁：有的以太阳为基准，有的以月亮为基准，还有的同时参考太阳和月亮，更多的则是不断对当前使用的历法进行改良，针对已发现的问题，推出新的历法升级版。据不完全统计，中国自先秦时期使用古六历以来，至今已使用过至少50种历法，直到辛亥革命后才终于确定从1912年1月1日起实行世界通用的公元纪年。

制定先进历法的前提就是要准确地观测相关天体的运动状态，因此，从某种意义上来说，中国古代的天文学史其实就是一部历法改革史。祖冲之的《大明历》就是中国历史上的那 50 种历法之一，它前继何承天的《元嘉历》，后接李业兴的《正光历》，有效期约为 57 年。祖冲之的历法之所以比前人的先进，一方面得益于他的计算更准确，特别是有更精确的祖率；另一方面更得益于他精确的天文观察。他测定的交点月长度为 27.21223 日，与今天的测量值仅相差 1/100000。他还将东晋天文学家虞喜发现的岁差引入了《大明历》。他测定的回归年长度为 365.2428141 日，与今天的推算值仅相差 46 秒。此外，除了上述直接用于历法的天文学成果之外，祖冲之还取得了不少其他天文学成果。比如，他测出木星的公转周期为 11.858 年，与今天的测量值仅相差 0.004 年。又如，他测出五星（金、木、水、火、土）的会合周期：木星，398.903 日，与今天的测量值仅相差 0.019 日；火星，780.031 日，与今天的测量值仅相差 0.094 日；土星，378.070 日，与今天的测量值仅相差 0.022 日；金星，583.931 日，与今天的测量值仅相差 0.009 日；水星，115.880 日，与今天的测量值仅相差 0.002 日。

当然，更换历法也是一项巨大的社会工程，甚至还会涉及相关利益集团的利益，所以，并非可以随时随意地更换历法，即使新历法更加先进。因此，《大明历》完成之后，虽然祖冲之竭尽全力试图推广，但最终并未立即被采纳，从而也给祖冲之带来了生前的重大遗憾，其中的曲折和辛酸难以形容。

除了已经失传的东西之外，祖冲之的数学成果主要有二次方程和三次方程的求解方法。比如，他解决了“开差幂”和“开差立”问题。所谓的“开差幂”问题就是已知长方形的面积和长宽之差，欲求出长和宽，用数学公式表示出来便是求解二元二次方程组 $xy=a$ 和 $x-y=b$。而所谓的“开差立”问题就是已知长方体的体积和长、宽、高的差，欲求其边长，用数学公式表示出来便是求解三元三次联立方程组 $xyz=a$，$x-y=b$，$x-z=c$。祖冲之还解决了在已知圆柱体、球体的体积的前提下求解它们的直径的问题等。据说这些成果都包含在一本名叫《缀术》的专著中，而且该书曾流传至朝鲜和日本等国，可惜现在都失传了。

祖冲之的数学故事并未随着他的去世而消失。后来，他的儿子祖暅继承父业，也成了数学家。后者的代表性数学成果是祖暅原理，即“幂势既同，则积不容异”，意即位于两个平行平面之间的两个立体被任一平行于这两个平面的平面所截，如果两个截面的面积恒相等，则这两个立体的体积相等。此原理在 1000 多年后被意大利数学家独立发现，并被称为卡瓦列利原理或等体积原理。此外，祖暅还正确地计算出了球体的体积，并著有《天文录》《天文录经要诀》等著作。祖冲之制定的《大明历》之所以能在他去世10年后被正式采用，其实在很大程度上应该归功于祖暅。他不但在技术上对《大明历》进行了必要的修订，而且在其他方面做了大量的推进工作。祖暅还制造过一种更精准的计时漏壶，并著有一部《漏刻经》。

祖冲之的孙子祖皓也不甘落后，成了数学家，而且是那种只顾埋头思考、走路都撞电杆的数学家。可惜后来由于战乱，他以身殉国了。如果社会安宁，没准儿祖家还会再出一位著名的数学家呢！

在中国历史上，一门能出三代著名数学家的案例还真不多见。谢谢祖冲之，感谢您曾经为中华民族带来的骄傲与自豪！

第十一回

生平著作皆佚失，贾宪成就何人知

重要的事情说三遍，本回的主角是贾宪，贾宪，贾宪！

为啥要如此强调贾宪呢？贾宪可能是中国数学史上最著名的人物。但是，除了姓名和性别外，有关他的非学术性直接信息几乎全部佚失了，即使间接信息也少得可怜。比如，我们不知道他的生卒年月和生平事迹。如今，所有名人，哪怕是神话或传说中的虚幻人物几乎都有自己的故乡，而且可能有多个故乡，甚至还有通过官司赢来的故乡。可是，唯独本回的主角贾宪像从天下掉下来的一样，从来没有哪里敢号称“贾宪故乡”。

莫非贾宪压根儿就不是名人？非也！他不但是名人，而且是数学界扭转乾坤的名人。关于此点，只需回忆一下数学发展史就清楚了。实际上，在中西合璧前，中国数学界很奇怪，简直就像是一个持续两千多年的“红学会”，只不过人们研究的不是《红楼梦》而是《九章算术》。《九章算术》的精妙之处和领先地位自不必说，自从它问世后，好像如来佛的手掌就张开了，随后的数学家就像红学家研究《红楼梦》那样，一门心思地钻进了《九章算术》的象牙塔里，压根儿就再也不想出来。因此，中国古代数学的发展脉络非常清晰，那就是紧密围绕《九章算术》作各种注解，或证明其中的定理，或解决其中的问题，或补充相关算法，或进行某些增删等。与此对应，自从《九章算术》问世后，中国古代数学的高峰和低谷也就非常明显了。比如，《九章算术》问世约200年后，出现了以魏晋数学家刘徽为代表的第一个高峰，其代表作是《九章算术注》。又过了约200年，才出现了第二个高峰，即祖冲之基于《九章算术注》的割圆术，把圆周率的精度提高到了小数点后的第7位数。又过了500多年，才终于出现了第三个高峰，也是在中西合璧前最难得、最辉煌的高峰。引发此次高峰的领军者不是别人，而正是本回的主角贾宪，其代表性成果叫《黄帝九章算经细草》。

为啥说第三次高峰是最难得的高峰呢？这不仅是因为此前低谷的持续时间最长，更是因为其间跨越了长达300多年的、中国人最自豪的唐朝。按理说，衣食无忧的唐人就算因写诗而分了些心，也不该让数学长期处于低谷呀！虽不知这次超长期低谷的真正原因，但从纯粹的数学角度看，有一个原因可能较有说服力，那就是在祖冲之以后，注解《九章算术》就只剩硬骨头，一般人压根儿就啃不动。为啥又说此次由贾宪引发的高峰是最辉煌的高峰呢？因为前两次基本上只是一枝独秀，而这次是百花争艳。在并未耽误写诗和填词的情况下，宋元时期出现了以“宋元四大家”为代表的一大群世界级数学家，而且他们都或多或少地得益于贾宪。

贾宪的贡献如此巨大，当然该好好为他写个传记，以资纪念。但是，谈何容易呀！老实说，为了收集素材，我们阅读了以往众多甚至几乎所有能找到的有关他的传记，但都不太满意。问题主要体现在两个方面：其一，虽然有些传记的可读性很好，文学水平也不错，但其内容既缺乏依据，也太空泛，以至只需换个名字就适用于任何科学家；其二，另一些传记则刚好相反，它们的内容相当严谨，有理有据，但几乎不可读，甚至不少传记干脆就是由贾宪发明的数学公式堆积而成的。这到底是想让读者读还是不读？若读者已懂这些数学公式，他何必再复习一遍！若读者不懂这些数学公式，谁又敢读它呢？即使那些想了解数学公式的读者又何必通过传记去学习高深的数学！有些传记的作者更过分，甚至我们都有理由怀疑他们自己是否真懂这些数学公式。若连自己都看不懂，为什么还写出来？

面对贾宪传记的这种难堪情境，我们只好努力探索一种内容既有可读性又严谨的新做法，那就是像侦探办案一样，通过外界的一些零星的间接信息来尽可能逼真地恢复案情。至于效果如何，还请各位评判。

前面已说过，关于贾宪的非学术性直接信息甚至连一个字都没有，即使是间接信息也只有约50个字——“世司天算，楚，为首。既老昏，有子贾宪、朱吉著名。宪今为左班殿直，吉隶太史。宪运算亦妙，有书传于世。而吉驳宪弃去余分，于法未尽。”

这段话是什么意思呢？大意是说：“国家天文台台长老楚晚年有两个著名的弟子贾宪和朱吉。其中，贾宪在军中任班长，朱吉在政府当秘书。贾宪擅长数学，还有著述。但朱吉对贾宪的著作打了个差评！”没了，关于贾宪的全部非学术性信息只有这些了，准确地说只有区区13个字，即“左班殿直”和“运算亦妙，有书传于世”。下面从多方面对这句话进行密码破译。

首先，这句话的可信度很高，因为它出自北宋大臣、著名目录学家王洙。换言之，王洙的地位远高于贾宪，没必要刻意吹捧后者。虽然王洙不是为了写官方史书，但他确实在史馆工作过，并且曾校订《九经》《史记》和《汉书》等。因此，王洙至少知道写史的基本原则，比如不能故意歪曲事实。王洙一直比较正直，敢于谏言。他在年轻时为信守诺言，曾放弃过一次科举考试，直到来年才考取进士甲科。在出使契丹期间，王洙在处理皇帝画像难题时，能巧妙地协调两朝关系，做到有理、有利、有节。在改良全国田税、调整皇室丧仪等方面，他也曾冒死顶撞过皇帝。总之，王洙的话值得信赖。对了，这个王洙还是一个神童哟，他“少聪颖，博览强记，遍览方技、术数、阴阳、五行、音韵、训诂、书法，几无所不通”。此外，他还爱书如命，私人藏书竟达4万多卷。

其次，虽然王洙那句话所指的对象是贾宪的老师、那时担任国家天文台台长的楚衍，但是我们能从中推断出这样一个假设，即贾宪也可能带过弟子。理由有以下三个。其一，北宋初年的私学很活跃，作为政府高官的楚衍既然都带过弟子，那么就没理由否定贾宪也带过弟子。其二，王洙的那句话中有这样10个字“宪运算亦妙，有书传于世”。其中，前5个字表明贾宪有带弟子的水平，后5个字表明贾宪有带弟子的动机，因为古代学者著书立说的目的之一就是通过带弟子教育世人。其三，从后人转录的内容可知，贾宪的行文确实很像教材，步骤清晰，体系完整。不过，如果贾宪真的带过弟子的话，那么他可能不是一个成功的老师，至少没能带出著名弟子，否则他的著作就不可能尽皆佚失。看来，师高也不一定弟子强。当然，楚衍和贾宪的事例又反过来表明，有时确实名师出高徒。

好了，下面再来分析有关贾宪的学术信息。

据《明焦竑国史·艺文志》的记载，贾宪著有《算法古集》二卷及《释锁》。据《宋史·艺文志》的记载，贾宪著有9卷《黄帝九章算经细草》(以下简称《黄帝九章》)。此外，其他间接材料表明：贾宪的主要代表作《黄帝九章》完成于公元1050年左右。单看这些信息好像没啥用，不过别忘了贾宪的老师可是朝廷要人。实际上，《宋史》卷四百六十二列传中有专门的《楚衍传》，其中说楚衍在“皇祐中，同造《司辰星漏历》十二卷”，意指楚衍在北宋皇祐年间曾写过12卷书。而“皇祐”的区间很窄，只包括从1049年到1054的短短5年。因此，至少可以推断贾宪的代表作《黄帝九章》于1050年完成时，他的老师楚衍还健在。但在整个《楚衍传》中，直到楚衍去世，都未提及贾宪。这至少说明，贾宪的《黄帝九章》在刚问世时并未引起外界的关注，连他的老师都不曾为之叫好，他的师兄弟朱吉更批评它“弃去余分，于法未尽”。这也许是贾宪著作佚失的另一个原因吧，毕竟《黄帝九章》的著名粉丝都主要出现在100多年后的南宋，其间还经历过无数次战争和北宋的灭亡变迁呢。

贾宪的著作虽未受到北宋的重视，但至少在南宋期间得到了认可。比如，南宋鲍浣之于1200年说：“《九章算经》亦几泯没无传矣。近世民间之本，题之曰《黄帝九章》。”这句话意指南宋期间，官方的《九章算术》几乎被民间的《黄帝九章》

所替代。

贾宪最著名的铁杆粉丝是被称为“宋元四大家”之一的南宋数学家杨辉。杨辉在《黄帝九章》完成200多年后的1261年，在其代表作《详解九章算法》中引用如今称为“杨辉三角”的图画时，非常清楚地注明“贾宪用此术”，意指该图的著作权归贾宪。可惜，后人读书太马虎，愣是通过近千年的以讹传讹，生生地把“贾宪三角”误传成了“杨辉三角”，造就了数学版的“窦娥冤”。当然，这不怪杨辉，反而该感谢他，若非他抄录了贾宪的许多成果，后世可能就真的忘记贾宪了。

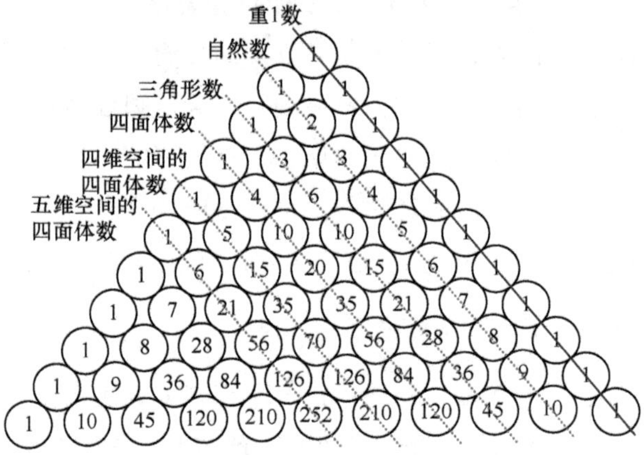

奇妙的贾宪三角

另外，贾宪著作佚失的原因也可能与活字印刷有关。掐指一算，北宋发明活字印刷术的时间是1041~1048年，但活字印刷术真正开始被使用的时间是南宋期间的1193年，或者说是贾宪完成其著作后约150年。由于《黄帝九章》主要在民间流传，当然没人愿意出巨资将其印行。而杨辉于1261年撰写《详解九章算法》时，基本摘录了贾宪的主要内容。从此以后，大家只需阅读杨辉的印刷本，而不必再用贾宪的手抄本了。于是，后者就可能佚失了。

贾宪的数学思想对后世的影响非常大。比如，杨辉借鉴了贾宪的抽象方法，李冶在其代表作《测圆海镜》中用贾宪的方法建立了逻辑严密的演绎体系，朱世杰在其代表作《四元玉鉴》中也多处用到了贾宪的思想，秦九韶在其代表作《数术大略》中更是师法贾宪。注意，此处点出的杨辉、李冶、朱世杰和秦九韶可不是一般人物，他们合称为“宋元四大家”，本书后面都有他们的小传。啥意思呢？中国古代科技发展的巅峰，从领域上看出现在数学方面，从时间上看出现在宋元时期，而宋元时期的代表人物就是“宋元四大家”。他们竟然都是贾宪的粉丝。由此可见，贾宪在我国古代数学界的地位确实非同一般。

非常遗憾的是，虽然我们已经尽力了，但确实没能力为贾宪写出一篇更好的小传。因此，只好在本回结束时，把某首赞颂成吉思汗的歌曲稍加改编后献给伟大的北宋数学家贾宪：

风从中原走过，吹散了多少传说；留下的只有您的谜团，被酒和奶茶酿成了歌；数学界的家园，因为您而辽阔；难以传扬您的恩德，只能在历史丰碑上铭刻，深深地铭刻……

第十二回

高官厚禄不稀罕，潜心天元隐深山

说起三国，大家马上就会想到魏、蜀、吴，其实这只是“小三国”。在中国历史上还有过一段由宋、元、金演绎的“大三国”，其粗略结果是：经过长期混战，先是金人打败了北宋，建立了金朝，宋王朝则萎缩成了只拥有半壁江山的南宋；接着南宋又犯糊涂，帮助蒙古人把金给灭了；最后，蒙古人乘势干掉了唇亡齿寒的南宋，建立了元朝。本回故事就发生在岳飞已蒙难半个多世纪，金朝正由盛而衰，并最终被蒙古人所灭的前后。下面有请主角登场！

公元1192年，在金朝大兴城（今北京大兴区）的一个汉人家里，诞生了一个大胖小子。作为时任科长（推官）的父亲一高兴就得意忘形，竟把唐高宗的名字取给了他的儿子，称他为李治。天哪，这可犯忌了！因为金朝皇帝并不认为自己是侵略者，更不允许平民与前朝皇帝同名。幸好这位父亲机智，赶紧声称笔误，并将儿子的名字无痕地改为了李冶。当然，关于“李治”变“李冶”的故事，还有另一个版本。那就是说，这个胖小子长大后一查历史，大惊道：“这皇帝李治也太孬了，老子不屑与他同名！”于是，大笔一挥，他就将自己的名字改成了李冶。不管哪个版本，后来的事实证明，李冶真的没成为皇帝，但在当时的数学王国里，他早已成为了皇帝！原来，他通过长达50年的努力，一举统一了“天元术”，自然坐上了“皇帝”的宝座。直到今天，人们仍不忘他说过的话：“学有三，积之之多不若取之之精，取之之精不若得之之深。”这句话的大意是说，做学问嘛，要坚

李冶雕像

持去其糟粕，取其精华，善于发现，勤于思考。总之，他凭借“天元术”，与杨辉、朱世杰和秦九韶一起被并称为“宋元四大家”。

在介绍李冶的家世前，请各位先做一道数学题：李冶家共有5个孩子，他上有哥哥和姐姐各一个，下也不缺弟弟和妹妹，请问李冶在家中排行老几？如果你很快就找到了答案，那么恭喜你，你对“天元术”已经入门了。实际上，你在寻找该答案时，已经无意识地用到了求解数学变量这个技巧，它其实就是天元术的精髓。所以，当后面再谈到天元术时，各位就甭怕了，它只不过是如今的一元多次方程而已。你看，科学就是厉害吧，它能让当代傻瓜超越上代天才，更何况读者朋友你还是当代天才呢。若某位读者不屑求解上述题目的话，那就告诉你答案吧：李冶是家中老三，下面还有弟弟和妹妹各一个。所以，在家中，李冶很幸福：上有哥哥和姐姐保护着，下有弟弟和妹妹羡慕着。可一出家门，李冶就不再幸福了。原来，他呱呱坠地时，其祖国金朝正由盛而衰，政治日趋腐败，社会混乱不堪，水灾连年不断，长期战争特别是攻打南宋将其财政拖入崩溃边缘，国弱民穷。终于，在李冶16岁那年，本来就虎视眈眈的蒙古军队正式向金朝宣战。

李冶的妈妈姓王，爸爸博学多才，曾是金朝进士，但始终怀才不遇，因为爸爸不幸遇到了一位孬上司胡某。此人虽然深得朝廷宠信，但为人奸诈，被大家形容为“声势炎炎，人莫敢仰视”，动辄打骂同僚，欺压百姓，甚至虐杀无辜。李冶的爸爸不愿与他同流合污，常常据理力争，甚至不顾个人生死祸福，以至数次险遭毒手。为防不测，爸爸只好提前把全家老小送回老家栾城避祸，李冶也因此来到栾城的邻县元氏县，进入这里的封龙书院求学。后来，经过一生漂泊后，晚年的李冶又回到这里度过了余生。此乃后话，暂且按下不表。

李冶自幼聪慧，喜爱读书，悟性很好，对数学和文学都感兴趣。从青少年时期开始，他就广泛学习了文学、史学、数学、经学等众多知识，但总觉不过瘾。于是，他就与其终生好友元好问等一起云游四海，访遍千山，到处求学，拜师学艺。经过数年的刻苦精进，李冶终于名声大振，被时人赞为“经为通儒，文为名家”。书中暗表，李冶的这位好友元好问后来也可不得了哟！就算你不知他的生平，但肯定熟悉他那首催人泪下的词《摸鱼儿·雁丘词》。该词曰：“问世间，情是何物，直教生死相许？天南地北双飞客，老翅几回寒暑。欢乐趣，离别苦，就中更有痴儿女。君应有语：渺万里层云，千山暮雪，只影向谁去？”

若说青年时期李冶和元好问的流浪是衣食无忧的休闲游，是主动自愿的求学游，那么他们将很快开始缺衣少食的悲惨游和被动无奈的隐世游了。唉，看来李冶天生就是流浪的命！他顺也流浪，逆也流浪；富也流浪，穷也流浪。幸好所有这些流浪都有一个共同特点，那就是以做学问为唯一精神支柱。在李冶21岁那年，由于他爸爸的上司胡某篡权乱政，爸爸被迫辞职，隐居在河南禹县，从此不再过问政事，专心吟诗作画，并常常语重心长地告诫儿子："积财千万，不如薄技在身；金璧虽重宝，费用难贮蓄；学问藏之身，身在即有余。"爸爸的正直和好学对李冶的影响深远。实际上，李冶的后半生也几乎像他爸爸一样，潜心隐居做学问。只不过除了传统的礼、乐、射、御、书等学问之外，李冶还把更多的精力用在了"六艺"中最"低小下"的那门学问上，即研究"数"，并最终成为了"数学王国"之君。

当然，在此之前，上天还得考验一下李冶，看他是否真的已了却了"红尘俗缘"。于是，38岁那年，早已是文科学霸的李冶轻松考中了词赋科进士，并在同年被任命为陕西高陵县"秘书长"（主簿）。但此时的金朝早已日薄西山，蒙古则日渐强大，以至当李冶兴高采烈地前往衙门上任时，抬头一看，妈呀，城头高悬的竟然已是蒙古大旗了！他吓得转身就跑，连滚带爬，总算活着逃出来了，并被重新任命到他父亲的隐居之地（当时仍然暂归金朝管辖的禹县），当了一名小科长（知事）。看来，此时李冶的尘缘还未了呢。

仅仅两年后，蒙古军队又绕过军事重镇潼关，东下金朝首都汴京，把金军打得丢盔弃甲。不几日，李冶所在的禹县也被攻破了。不愿投降的李冶又被吓了个半死，赶紧胡乱化装后，换上布衣，混在难民中连夜北渡黄河，逃进了暂时属于金朝管辖的山西。据说，当时元好问也从京都遁入山西开始隐居。至此，李冶总算开悟。哦，元好问的词其实本该是："问世间，官为何物，哪值生死相许？天南地北流浪客，老生几回寒暑。学问趣，尘世苦，科研更需痴儿女。君应有语：渺万里层云，千山暮雪，数学向谁去？"

面对仕途悲凉，国土沦丧，开悟后的李冶终于进入了自己的人生转折点，从此走上了长达近50年的流亡之路。在此期间，无论多么饥寒交迫，无论什么功名利诱，他再也不恋"红尘"了，只是沉溺于自己的学术研究，终于无为地做出了重大的"无不为"。

实际上，在半个世纪的被动流浪中，李冶所遭受的磨难简直无以言表。据说，在逃过黄河后，他长期流落于山西忻县和崞县一带，居无定所，食不果腹，寒不自存。更糟的是，仅仅一年后，金朝的都城沦陷，兵荒马乱更甚，流浪生活更难。

李冶42岁那年，金哀宗匆匆完成传位后，无奈地自缢而死。金朝被蒙古所灭，李冶也沦为名副其实的亡国奴。不过，无论生活多么艰难，李冶都坚持一边流浪一边研究学问，一天也不曾间断过。他已将做学问当成了自己的精神依托，学术上的成就也使他得到了些许安慰。书说简短，蒙古灭掉金朝后，当然想把北宋的故地发展起来，毕竟他们还需要以此为跳板攻打南宋。如此一来，局势便慢慢恢复平静，老百姓也开始有机会休养生息。饱受颠沛流离之苦的李冶也总算可以勉强定居于山西桐川。虽然条件仍然恶劣，不仅居室狭小，而且必须为衣食而四处奔波，但至少有一张固定的书桌，他不必再惶惶而不可终日了。于是，李冶把更多的时间和精力用在了著书立说上，研究进展也更加迅速。终于，在他56岁那年（即1248年），在流浪了整整14年之后，在几乎快要穷成叫花子之时，李冶总算在中国历史上首次完成了天元术的系统总结，写成了数学史上的不朽名著《测圆海镜》。换句话说，作为一名学者，李冶确实做到了“贫贱不能移”，但他还能做到“富贵不能淫”吗？欲知详情，请继续阅读下文。

《测圆海镜》的成功使得李冶一鸣惊人，经济状况也随之好转。他总算在59岁时结束了近20年的山西逃难生涯，回到早年读书之地——元氏县封龙山定居，购置了一些田产，继续过着隐士生活。此时，他像古代的其他著作者一样，以《测圆海镜》为教材，开始广收弟子，一边讲课一边传播自己的学说。由于教学效果良好，学生也越来越多，以至家里的房间都不够用了。于是，他又花钱对早已因战争和改朝换代而荒废的封龙书院（对，就是他童年读书时所在的那个书院）进行了改建和扩建。当然，李冶在书院里不仅讲授数学，也讲授文学和其他知识，还经常邀请元好问和张德辉等其他名士前来讲学，一起切磋学问，享受

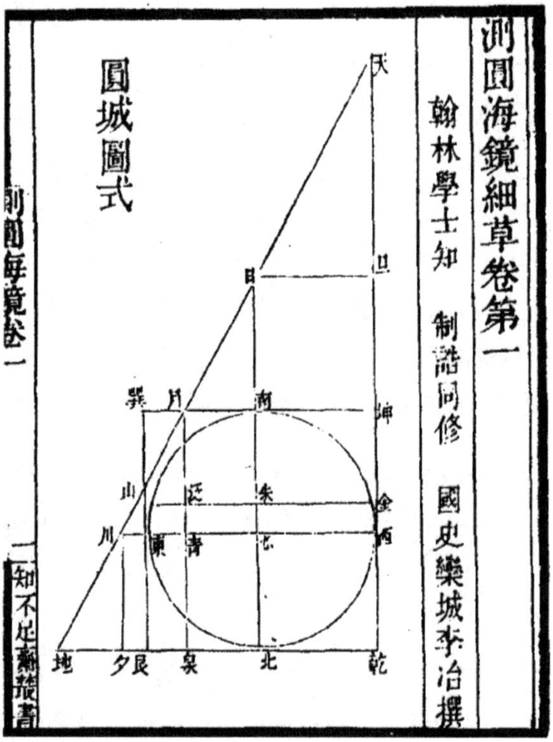

《测圆海镜》圆城图式

快乐，以至他们三人被尊称为“龙山三老”。

随着李冶名气的飙升，高官厚禄的考验也就接踵而至了。首批发起诱惑的是元朝的若干新贵王侯。他们的策略先是“捧”，即把李冶吹上了天，并抛出超高待遇，结果李冶没接招；后来又改为“压”，即把李冶所做的数学研究说得一钱不值，甚至贬低为“玩物丧志”。某藩府王爷为逼李冶出山，竟当面吟诗一首：“玩物丧志戏贱技，高官厚禄美名留。荣华富贵青云路，何作庶民数字牛？”可哪知李冶软硬不吃，捧压不应，竟随口回诗一首曰：“高官厚禄吾不爱，数字游戏兴趣稠。人间科技通四海，不耻贱技甘做牛。”

接着，当时的实权人物、蒙古大汗忽必烈出手了，而且上演了一出“三顾茅庐”。大约在李冶65岁时，忽必烈屈尊“一顾茅庐”，请他出山为官，结果竟被这倔老头毫无理由地婉拒了。在回绝了忽必烈后，他仍安心治学，并在当年完成了第二部数学著作《益古演段》。一年后，忽必烈登上皇位，“二顾茅庐”，又请李冶为高官，出任翰林学士，可仍被李冶谢绝了。只不过这次他给了皇帝一点面子，找了一个老病的借口。7年后，皇帝“三顾茅庐”。盛情难却的李冶在73岁时勉强暂时出山，但也只是象征性地为皇帝打了一年工，便迫不及待地辞职了。李冶为啥不愿入朝为官呢？原因可能有二：其一，蒙古统治者未接受李冶的“止征伐”建议，坚持大举进攻南宋，这自然让李冶不爽；其二，官帽加身后，思想就不再自由了，至少得看皇帝的脸色行事吧。这对惯做闲云野鹤的李冶来说，显然难以适应。果然，辞职后的李冶又完成了多部文史类著作，可惜它们都已佚失了。

公元1279年，李冶病逝于元氏县，享年88岁。同年，南宋灭亡，元朝统一中国。唉，一声叹息，既为大宋，更为李冶！

第十三回

毁誉参半秦九韶，功过鲜明各不消

如何给秦九韶写小传呢？这是一个问题，因为不同人群从不同的角度给出的答案竟有天壤之别！面对如此伟大的科学家，清朝以前的官方史料竟然集体失声，最重视科技的宋朝在《宋史》中甚至完全忽略了秦九韶，更不用说给他专门立传了。他犯有啥十恶不赦的大罪吗？非也！虽然他生前确实遭过贬，但始终都是在任的南宋朝廷官员，更谈不上犯有啥罪。莫非秦九韶的地位不够高？非也！若按官职，他生前曾官至“农业部长”（司农丞）；若按学术地位，其代表作曾得到皇帝的亲口肯定，而且是当时公认的最高数学权威。

退一万步说，就算秦九韶的地位不够进入国家级史料，那么他进入地方级史料的资格总该绰绰有余了吧！但是，查遍所有地方志，无论是他的出生之地、工作之地或成名之地等，竟然都没有为他立传，以至到了今天，连他的出生日期都成了迷。就算朝廷中有谁一手遮天，阻止他进入《宋史》，但谁能有本事操控这众多的地方志呢？更奇怪的是，他的子孙也选择了失声，至少没以这位祖先为荣。值得深思的是，到了500多年后的清朝中晚期，当年秦九韶成名的湖州在修订《湖州府志》时，再次忍痛割爱，没有将秦九韶纳入其中。此举的含义绝对非同小可。一方面，此时秦九韶的学术地位已在全球获得充分肯定；另一方面，这次修地方志的主持人陆心源本身就是湖州人，还是秦九韶的粉丝，也是当时有名的数学家，更是“清末四大藏书家”之一。可惜，即使拥有这诸多优势，秦九韶仍然没能进入湖州的地方志。无奈之下，陆心源只好撰写了《同治乌城县志跋二》，一边仰天大赞秦九韶“能于举世不谈算法之时，讲求绝学，可谓豪杰之士也”，一边却破口大骂秦九韶“不孝、不义、不仁、不廉”等，反正把“文人之骂”发挥到了极致。末了他还嫌不过瘾，又补充了若干“泼妇之骂”，骂秦九韶“其人暴如虎狼，毒如蛇蝎，非复人类也”。为证明自己并非无故陷害，陆心源还罗列了秦九韶的若干罪状，比如“多蓄毒药，如所不喜者，必遭其毒手”等。唉，看来做学问重要，做人更重要呀！

书中暗表，笔者不相信秦九韶真能被所有地方志遗忘，故动用了现代化的大数据手段，进行广泛挖掘。结果，嘿，还真在古老的《郪县志》中找到了一小段有关青年秦九韶的记载！那是公元1231年，即秦九韶刚刚考中进士那年的六月，因暴雨成灾，（三台县）郪江沿岸大量田地被水冲毁。在一个名叫核桃坝的地方，两个农民因田界不清而发生了争执。时任郪江父母官的秦九韶经现场勘验后，竟利用几何学知识，巧妙地恢复了被毁田界的原状，让双方口服心服地重归于好。

看来，历史还真没忘记他曾经做的好事。

面对秦九韶的功过，清朝以前的民间是啥态度呢？唉，态度非常鲜明：用一个字来说就是“骂”，用两个字来说就是“臭骂”，怎么难听怎么骂，怎么狠毒怎么骂。在学术圈外，很难找到为他唱赞歌的只言片语。其中“主骂手”有两位，而且都是秦九韶的同时代之人。其中，一位是南宋词人、文学家周密，他的“施骂平台”是其文学作品《癸辛杂识续集》，主要“施骂点”是秦九韶的贪暴。另一位“主骂手”是宋末文坛领袖、南宋豪放派词人刘克庄，其撒手锏骂词是这样一句话：“到郡仅百日许，郡人莫不厌其贪暴，作卒哭歌以快其去。”这句话翻译成白话就是，刚到琼州上任仅百日，就因贪暴而深为百姓讨厌，遂被编儿歌咒他早点去见阎王。更要命的是，刘克庄的“施骂平台”可不是儿戏，而是给朝廷的奏状，全名叫《缴秦九韶知临江军奏状》。换句话说，假若刘克庄胆敢有任何诬陷之词，他就可能招来杀身之祸。而事实证明，刘克庄后来平安无事。我们不愿对相关骂词妄加评论，只在这里提到这几段历史往事而已。

面对秦九韶的功过，外国人的态度也非常鲜明：用一个字来说就是“赞”，用两个字来说就是“大赞”，怎么好听怎么赞，怎么伟大怎么赞。在学术圈内，在中国历史上很少有人能得到如此广泛的全球盛赞。其中的“主赞手”也有两位，而

秦九韶纪念馆

且都是国际著名的大腕级人物。其中，一位是德国的著名数学史学家M.康托尔（1829—1920），他的“施赞平台”是奠定了全球数学史学科基础的名著《数学史讲义》，他的“施赞点”是颂扬秦九韶乃“最幸运的天才”。另一位“主赞手”是美国的著名科学史学家、号称“科学史之父”的乔治·萨顿（1884—1956）。他的颂词更是惊心动魄，他说秦九韶是“他那个民族、他那个时代最伟大的数学家之一”。客观地说，若从今天的纯学术角度来看，秦九韶获得这些盛赞确实当之无愧！由他最终完成的“中国剩余定理”已成为现代数论的基本定理之一，该定理还将随着数学及相关应用学科的发展而变得越来越重要。该定理现在已是今后也将继续是全球各中学和大学相关教材中不可或缺的重要内容之一。这确实值得所有中国人骄傲。唉，要是秦九韶没有其他人生污点就好了！

面对秦九韶的功过，国内学术圈是啥态度呢？唉，一言难尽，要是能再重视一点就更好了，虽然确实也越来越重视！首先来看他的成果的冠名情况。秦九韶的主要成果在国外叫“中国剩余定理”，在国内叫“孙子定理”。国内的这种叫法当然无可厚非，毕竟当年秦九韶所解决的这道数学难题确实最早出自另一部数学古籍《孙子算经》。所以，秦九韶自己也将该定理称为“大衍求一术”。但是，若后人再公正一点的话，那么它就该叫“秦子定理”。可惜，也许后人觉得秦九韶不够“秦子”之称吧，因为中国古代的“子”是对圣人的尊称，如孔子、孟子等。即使如此，称该定理为“秦氏定理”也没啥问题吧？在该定理的创立过程中，秦九韶的贡献确实远大于孙子。不过，稍微值得欣慰的是，秦九韶的另一项成果“正负开方术”总算被现代人称为“秦九韶程序”。可惜该成果的学术价值远远不如“中国剩余定理”。

其次，再来看看秦九韶的著作所经历的时代变迁。他的代表作问世后，很长一段时间内都未被大规模印刷，甚至原稿都几乎佚失，书名也不确切。早在南宋时期，该书曾被称为《数学大略》或《数术大略》。后来，历经宋、元，到明初，该书也几乎无人问津。直到明永乐年间，朱明王朝在编撰《永乐大典》时才将该书收录其中，并定名为《数学九章》。又过了100多年，该书的名称才变为今天的《数书九章》，并以手抄本形式被收入清朝的《四库全书》。在完稿约600年的1842年，秦九韶的著作才终于被首次大规模印刷，并很快在民间广泛流传，成为中国古代算经十书中最重要的一种。为避免混淆，本回随后都称该书为《数书九章》。

最后，再看看《数书九章》的历史待遇。该书完成于1244—1247年。那时，秦九韶正在湖州为母亲守孝。书稿完成后的第二年（即1248年），秦九韶就将该书献给了朝廷。据说，皇帝非常重视，不但象征性地翻阅了几页，还亲自召见了秦九韶，并肯定了书稿的价值，以至多位高官都放下身段，争相前来向秦九韶请教。在成书仅仅3年后的1250年，秦九韶被升为苏州州守。不过，在宋元时期的学术圈中，秦九韶的成果并未引起太大的反响，甚至随后的杨辉和朱世杰等数学大咖都未引用过秦九韶的成果。这可能只是学术认识问题，应该不含其他偏见，毕竟“中国剩余定理”的重要性是在很久以后才被全球数学界真正认识到的。于是，秦九韶才与李冶、杨辉、朱世杰等一起被尊称为数学界的“宋元四大家”。总之，面对秦九韶，我们确实非常矛盾，既为他本人的道德污点而遗憾，又为他的伟大成果而自豪。

○三斜求積

問沙田一段有三斜其小斜一十三里中斜一十四里大斜一十五里里法三百步欲知爲田幾何

荅曰田積三百一十五頃

術曰以少廣求之以小斜冪併大斜冪減中斜冪餘半之自乘於上以小斜冪乘大斜冪減上餘四約之爲實一

數書九章卷五

宜稼堂叢書

《数书九章》中的三斜求积

那么，秦九韶到底是啥样的人呢？下面就来描述一个真实的、《数书九章》完成前的早期秦九韶，希望我们没有介入过多的历史评价纷争。

1208年（或1202年），秦九韶生于四川安岳县。他比上回的主角李冶只小16岁，所处“大三国”的乱局也基本相似，只不过他生活在南宋而已。刚刚步入少年的他就遭遇了一次大兵变，不得不与时任巴州州守的父亲连滚带爬地逃到南宋的都城杭州。在此期间，他的父亲先后在“建设部”和“图书馆”谋到了不同的差事，分别担任过工部郎中和秘书少监等职。因此，作为父亲的“小尾巴”，秦九韶从小就有机会阅读大量典籍，接触众多天文学家和建筑专家，甚至还深入工地了解相关施工情况。他非常聪明，处处留心，好学不倦，还曾向一位神秘隐士学过数学，向多位著名文人学过诗词歌赋，且进步神速，很快就成为学识渊博、多才多艺的小帅哥。时人夸他“性极机巧，星象、音律、算术，以至营造等事，无不精究”，还说他“游戏、毬、马、弓、剑，莫不能知”。一句话，他文武双全，出类拔萃。

在他18岁那年，兵变暂时平息，他的父亲也重新回到四川，任职于三台县。可是，内忧刚歇，外患又起，蒙古军队已打入陕甘境内，官军忙于应付北方外敌，哪有余力顾得上西南危机，只好让各地想办法自保。于是，秦九韶这位英雄便有了用武之地。他义不容辞地出任了民团首领，并在21岁时成为郪县县尉。23岁时，他考中进士。可仅仅5年后，蒙古军队就攻入四川，占领了三台等地。秦九韶也不得不随着南宋的节节败退，先后被调到湖北和安徽等地，担任不同官职。在他30岁那年，父亲去世，他便回杭州丁忧，其间曾为百姓设计建造了一座西溪桥。若干年后，数学家朱世杰为纪念秦九韶，还将该桥命名为道古桥呢。31岁时，秦九韶带着母亲和妻子回到湖州祖宅，为父亲守孝。后来，他又担任湖州州守。可是，千不该，万不该，他不该在如此国难当头、民不聊生之际滥用职权贩卖私盐，牟取暴利。据说，他在湖州期间生活奢华，“用度无算”，不但兴建豪华别院，还圈养大批歌姬。

36岁那年，既是他的悲伤之年，也是他的幸运之年。悲的是，这一年（1244年）妈妈不幸去世；喜的是，他从此不得不离职回家为母亲守孝三年，从而可以远离官场纷争，躲去战乱侵扰，全力以赴从事科研工作，系统整理自己长期积累的数学成果。终于，在3年后的1247年9月，他完成了那部举世瞩目的《数书九章》。后来的事情嘛，唉，不说也罢！反正，在官场上一路高升的他在53岁那年终于被贬至梅州，直到1268年郁郁而死，享年61岁。

唉，本回咋结束呢？纠结了半天，还是改编一首流行歌曲《塑料花》送给过去、现在和将来的秦九韶们吧。

握的手，张开吧，面对钱权别犯傻；问一问，查一查，做事做人别掺假；你毁了，我哭了，松开贪手结束吧；剧终了，人散了，别捡了芝麻丢了西瓜；算了吧，算了吧，有些话儿不说它也罢；时过了，境迁了，原来名利只是一把握不住的细黄沙！

第十四回

君臣无能南宋亡，杨辉擎天数学昌

对许多人来说，一提起数学家杨辉，几乎无人不知，无人不晓。像什么杨辉三角、纵横图、垛积术等名词，人们张口就来；对于杨辉曾在日韩产生过长期影响等事实，人们更是津津乐道。不知从何时开始，也不知是谁煞费苦心杜撰了许多有关杨辉如何刻苦钻研和勤政廉洁的故事。其中一则流传较广且活灵活现的传说是这样的：从前台州府官员杨辉外出巡游，一路上鸣锣开道，好不威风。正行间，突然队伍被强行拦住，无法前行，因为道路中央蹲着一个正在冥思苦想的小孩，他怎么也不肯离开，声称自己正在求解一道数学难题，害怕车马过后，他的演算图会被毁掉。杨辉见状很好奇，连忙上前凑热闹，看看到底是啥数学难题能让小孩着迷到如此地步。原来，那是一个九宫格数学游戏：将数字1到9填入不同的格中，使得无论是纵向相加、横向相加还是斜向相加，结果都等于15。杨辉瞬间就被这个奇怪的数学游戏给迷住了，竟不顾身份蹲在地上与小孩切磋起来，把数字按不同顺序摆入格中，反复试错。摆呀摆，算呀算，他俩一次次地试验着，直到中午，才偶然摆出了一种排列结果。于是，狂喜的杨辉不但奖励了小孩，而且开始系统地研究此类问题。后来，他干脆辞了官，一步步走上了数学家之路。

该故事确实结构分明，情节感人，颇能励志。但是，非常遗憾，必须明确强调：有关杨辉的此类故事都是后人凭空杜撰的，完全没根据！实际上，史上留下的有关杨辉的生平事迹少得可怜，至今能确认的信息只有区区这样几行字：杨辉，字谦光，汉族，生于钱塘（今杭州），也许曾任南宋小官，且为政清廉。作为杰出数学家，他的足迹遍及苏杭一带，主要数学著作有5种21卷，即《详解九章算法》12卷（1261年）、《日用算法》2卷（1262年）、《乘除通变本末》3卷（1274年）、《田亩比类乘除捷法》2卷（1275年）和《续古摘奇算法》2卷（1275年）。

面对如此稀少的生平信息，在不动用数学公式和不胡编乱造的情况下，如何给杨辉献上一篇有内容的、逻辑清晰的、可读性很好的小传呢？还是老办法，密码破译！而这次打开奥秘的钥匙将是杨辉著作的4个完成时间，即1261年、1262年、1274年和1275年。当然，还得适当配合当时的大环境和著作内容等。

杨辉最早的一本书《详解九章算法》完成于1261年，此时刚好是“宋元四大家”之一秦九韶的去世时间。而此刻，“宋元四大家”中的朱世杰只有12岁。因此，可以推知杨辉的年龄介于秦九韶和朱世杰之间，否则杨辉将不得不成为不足11岁就完成数学巨著的神童了。这显然几乎不可能。换句话说，若按年龄从大到小排序，“宋元四大家”分别是李冶、秦九韶、杨辉和朱世杰。若再结合当时宋、元、

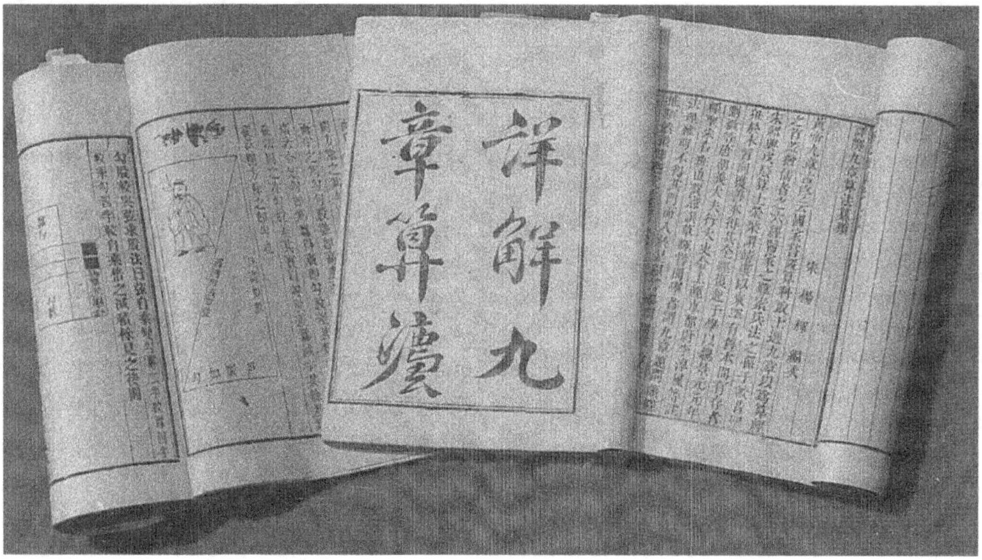

《详解九章算法》

金的“大三国”争斗，便可进一步知悉：在“宋元四大家”中，朱世杰的命最好，他终生都没遭受过战争灾难，因为其出生地燕山（今北京）最早归北宋，后来归金朝，再后来被蒙古人占领，但等到他于1249年出生时，燕山早已无战事。秦九韶的命运次之，年轻时虽多次经历过兵荒马乱，但整体上在摇摇欲坠的南宋境内度过了一生，甚至在物质生活方面还极度奢侈。比较苦命的是李冶，他不但历经战乱，还当过亡国奴，以至不得不隐居山野，饥寒交迫。但是，命运最为多舛的人应该是本回的主角杨辉。君若不信，请继续阅读下文。

杨辉最晚的两本书完成于1275年，还有一本书完成于仅仅一年前的1274年。啥意思呢？信息量可大啦！因为仅仅在翻过年来的1276年，南宋就灭亡了，至少其都城杭州沦陷了。而杨辉又是那里的居民，其主要生活区域也限于苏杭一带。换句话说，杨辉处在宋元双方最后决战的主战场中，厮杀最惨烈之处。各位稍加想象，就能猜到当时是怎样的哭爹喊娘的惨状。若杨辉死在了混战中，那谁有闲情去给他写传记呢？若杨辉幸运地躲过了这一劫，那么他肯定做了亡国奴，而当时的统治者压根儿就没把南宋居民当人看。请问，刚刚放下屠刀的元朝统治者哪有雅量来给他写传记呢？总之，杨辉没留下任何官方传记在当时是再正常不过的事了。

其实，杨辉于1274年和1275年完成的那两本新书竟然能流传下来，这才是奇迹呢！因为它们刚刚完成，还没来得及广泛扩散，所以更难逃战火之劫，除非要么有人誓死保护，要么运气特好，要么特别有用，且人见人爱。那么究竟是哪种原因呢？一方面，肯定有人誓死保护，比如杨辉自己。另一方面，也少不了运气成分，不过我们拿不出证据。在仔细分析了这三本新书的内容后，我们发现：它们虽是听起来就让人头痛的数学书，但确实非常有用，且浅显易懂，完全可能人见人爱。比如，在《乘除通变本末》一书中，杨辉既为初学者提供了数学教学大纲和关键知识点，又介绍了老百姓喜闻乐见的快速算法，大大简化了乘法运算。这对生活在经济发达的南宋的商人来说，当然极具诱惑。在《田亩比类乘除捷法》中，杨辉编写了许多朗朗上口的口诀，从此使得筹算不再“愁”。客观上讲，这些口诀后来不但推进了算术进程，而且间接加速了算盘的普及。

杨辉到底是靠什么维生的呢？这个问题好像很难回答，但其实不然。虽有间接证据表明杨辉曾当过芝麻小官，但没铁证，所以此处不再深究。不过，即使杨辉当过官，也很可能不是通过考试而得到的，因为但凡进士出身的官员在朝廷档案中都该有记录，而此类记录一般不会被后继的元朝销毁。杨辉的第一本书《详解九章算法》已部分佚失，其余部分收藏于《永乐大典》中，从其书名和序言中便可大致断定：杨辉是一名数学老师，靠教书维生。这里的理由主要有三。

首先，在中国古代的几千年历史中，除极少数情况外，凡是撰写数学书的人基本上都是在写教材，准确地说，是在为自己写教材。毕竟写不出教材的老师不算好老师，对学生的吸引力也就不大，维持生计就更难。

其次，至少从周朝开始，贵族子弟以及梦想成为新贵的布衣都得勤奋学习“六艺”，而“六艺”中的第六艺便是“数”，即数学。数学的传统教材几乎一直就是《九章算术》及其各种注解和增删版本。所以，杨辉撰写的《详解九章算法》更像教材，且是学习“六艺”的“高等数学”教材。

最后，由于杨辉的这本教材比以往的同类教材更加全面和系统，当然也就更具吸引力。实际上，一方面，他归纳整理了从魏晋刘徽、唐朝李淳风到北宋贾宪等历代数学家对《九章算术》的注解，并从中选取了80个问题进行详细解答。另一方面，他还增加了三卷新内容，这也是对经典教材的再版改编吧。换句话说，杨辉的这本书是当时水平最高的“高等数学”教材。

但是，与循规蹈矩的其他数学老师不同，杨辉除了讲授“高等数学”之外，也许还讲授“初等数学”，其对象是那些并不打算成为贵族的普通平民。这个猜测的根据是，杨辉在第一本书刚刚完成后的第二年（即1262年）就又完成了另一部显然不够“高大上”的、面向平民的著作《日用算法》。此外，他还在1275年完成了另一部很接地气的《田亩比类乘除捷法》，介绍乘除运算的快速算法。为啥会有此举呢？无非以下两个原因。

第一，数学的社会化培训市场越来越大，希望接受普通数学教育并将其用于日常生活的人越来越多，而其他老师也许还没意识到这个机会，因为至少未见流传至今的同类“初等数学”教材。关于这第一个原因，我们就不细述了，毕竟整个宋朝的商业气息很浓，日常数学运算的民间需求本来就很大。

第二，杨辉的生活压力越来越大，或者他自己觉得生活压力越来越大，需要面向更多的受众，招收更多的学生，以便更好地养家糊口。虽然并不知道他是否有过家室，但他至少得养活自己吧。关于这第二个原因，其秘密可能仍然隐藏在其教材的完成时间（1261年和1262年）中，这又得再回到“大三国”的环境中去。首先，从教材完成之日往后看，面对蒙古军队的超强进攻，南宋的日子越来越不好过，以至仅仅十余年后，南宋就被灭了。再加上南宋朝廷自己不争气，老百姓的生活就更难了。1264年，宋理宗死后，宋度宗虽然继承了皇位，但不理朝政，整日沉湎于声色犬马。1267年，忽必烈下令攻打襄阳，南宋岌岌可危。1271年，忽必烈在北京建立元朝，号称“大元”。1273年，樊城失守，襄阳陷落。1274年，宋度宗死亡，其长子继位，但南宋的统治已瘫痪。1275年，蒙古军队先后攻克军事重镇安庆、池州、常州等。1276年，宋朝都城易主。南宋如此节节败退，早在杨辉1261年完成教材之前就有明显的预兆了。当然，如今回头再看时，会出现如此局面，与南宋的数次愚蠢决策不无关系。其中最大的战略失误当数过于感情用事，竟傻乎乎地与蒙古人联合，于1234年灭掉了金朝。果然，第二年（1235年）蒙古人就调转枪口，向南宋宣战。1238年，蒙古军队攻入安庆府，后来的攻势更加一发不可收拾。唉，甭谈伤心事了，还是只说杨辉吧。

杨辉仅仅拿数学当维生工具吗？非也！相关证据隐藏于他在1275年完成的《续古摘奇算法》一书中。想想看，在即将亡国的乱局中，杨辉竟然还在此书中研究许多无助于糊口的数学问题。这不是对数学的纯粹热爱还是什么呢？比如，此书中首次系统地研究了名叫“纵横图”的幻方，而在当时幻方既不属于“高等数学”，也不属于“初等数学”，只是一种数学游戏而已。当然，现在情况大变了，幻方已成为组合数学的重要研究课题，并在工艺美术、程序设计、人工智能、组合分析、实验设计、对策论、图论、数论、群论等领域得到广泛应用。1977年，四阶幻方还被当成地球人的礼物，由“旅行者号”飞船携入太空，送给可能遇到的外星人呢。

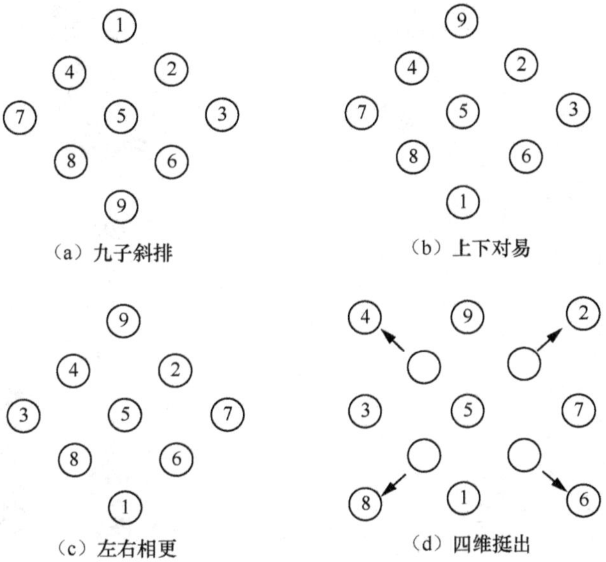

（a）九子斜排　（b）上下对易

（c）左右相更　（d）四维挺出

洛书图三阶幻方

杨辉的贡献其实还远不止这些呢。比如，他还在高阶等差数列的求和公式方面取得了名叫“垛积术”的若干重大成就。又如，他还在保护古典数学的“非物质文化遗产”方面功不可没。实际上，若无他的忠实抄录，贾宪这位杰出的数学家就可能被遗忘，另一位数学家刘益的“正负开方术”也可能被忽略。总之，在那个兵荒马乱的年代里，伟大的南宋数学家杨辉仅凭一已之力，愣是将中国古代数学的水平提升到了一个全新高度。只可惜他保护了别人的成果，却没能保住自己的，以至如今连他的生卒年月等生平信息都已佚失，人们更不知该在何时何地祭奠他了。

第十五回

四元玉鉴集大成，算学启蒙育众生

伙计，别听见“游侠”就精神焕发！因为本回不说鲁智深那样的“十步杀一人，千里不留行”的武侠，也不说李白那样的“三杯吐然诺，五岳倒为轻”的文侠，而是要说“事了拂衣去，深藏身与名”的数侠，即数学之侠。此侠姓朱，名世杰，字汉卿，号松庭，乃宋元时期燕山（北京）之汉人也。此侠数十年如一日，仗剑闯天涯，北上降“天元”，南下服“大衍”，东进写巨作，西出传玉鉴，终于练就了千古一绝的“屠龙刀”和“倚天剑”，并最终登上了中国古代数学之巅。朱世杰被美国著名科学史学家、号称“科学史之父”的乔治·萨顿称赞为“他那个民族的，他那个时代的，同时也是贯穿古今的一位最杰出的数学家”。萨顿觉得言犹未尽，又称赞朱世杰的《四元玉鉴》是“中国数学著作中最重要的一部，同时也是中世纪最杰出的数学著作之一”。在国内声名显赫的英国史学家、《中国科学技术史》作者李约瑟在评价朱世杰和《四元玉鉴》时也说：“他以前的数学家都未能触及这部精深巨著所包含的奥理。”而在中国数学界，朱世杰与李冶、秦九韶和杨辉一起被誉为“宋元四大家”。

但凡游侠都有一个共同点，那就是来无踪去无影，神龙见首不见尾。数侠朱世杰也不例外，而且有过之而无不及。从一开始，他就不见首，甚至其生日都是一团谜。有的说他的生日不详，更多的资料说他生于1249年。本回采信后者，这样才有助于解释其身世的谜团。实际上，他的祖辈们的身世都很迷幻，因为他们在不幸的时间生在了不幸的地点。朱世杰的出生地燕山本归宋朝，但在1127年被金人占领，归属短命的金朝。到了1234年，蒙古人又灭了金朝，在第二次成为亡国奴之后的约15年，朱世杰呱呱坠地，来到了人间。如此算来，他的父亲若算是第二次亡国的“亡一代”的话，那么朱世杰就是典型的“亡二代”了。总之，无论是亡几代，肯定处于社会最底层，没被冻死和饿死就已谢天谢地了。

除生日外，朱世杰的整个身世更是一团谜。这就另有原因了，很可能是朱世杰本人不重视，不愿留下蛛丝马迹，只崇尚“事了拂衣去，深藏身与名”，而这恰恰就是典型的侠客精神。君不见那风流侠客李白一生纵情山水，留下无数精美诗篇，却唯独没留下自己的多少生平事迹。当然，朱世杰的这种“雁过不留声，人过不留名”的做法也许是他家的传统。

朱世杰肯定在北京长大，且前半生都生活在北方，因为那时蒙古与南宋对峙，彼此是不共戴天的仇敌，当然不可能有多少学术交流。即使身为汉人，朱世杰作为蒙古人统治下的臣民，既不能也不敢跨越南宋领土半步。所以，有关他前半生的经历人们都不得而知，只能通过对大环境的分析来给出一些推论。早在朱世杰出生前的30多年，成吉思汗就攻占了当时已归属金朝的北京，并将北京建成了中都，使这里的科技和文化氛围得以改善。因此，朱世杰出生后，北京地区的文化基础就已有了数十年的积淀，故我们有理由假设朱世杰的早期教育不会太差。在朱世杰15岁左右，继承了汗位的元世祖忽必烈为便于今后统治中原地区，把北京提升成了元大都，使北京不但成了整个北方的政治中心，而且成了文化中心。因此，少年时期的朱世杰便有机会受到更好的“中等教育”。在朱世杰22岁左右，忽必烈正式建国，取国号为“大元”，并拉开了向南宋全面进攻的序幕。各位也许知道，忽必烈绝非等闲之辈，他早就开始了战略布局，既为了早取天下，也为了今后稳坐天下。他非常重视人才，并以罕见的气魄将所有能搜罗到的各方人才都团结起来。无论是数学家、天文学家或医学家，哪怕他们隐居在深山荒野中，忽必烈也要千方百计将其请出、诱出或逼出，以组成自己的智囊团。因此，作为北京本地居民，青年时期的朱世杰当然有机会在家门口接触到云集于此的众多隐士高人，从而有机会获得相关“武林秘籍”或“祖传秘方”。至于在这段时间内朱世杰到底都有啥奇遇，或是否已开始周游各地，行侠布道，讲授数学，现已不得而知。但有一点是肯定的，那就是他已掌握了以天元术为代表的、当时北方数学江湖各大门派的“镇派之宝”，后来正是他亲自将北方的这些最先进的数学知识传播到了南方。

在朱世杰30岁左右，蒙古人迅速灭掉南宋，统一了中国。忽必烈一方面采用“以汉治汉”的策略，在朝廷中保留了许多汉人高官，在文化上基本沿用了汉人的传统；但另一方面又把国人分为4等，蒙古人当然是一等人，色目人是二等人，接下来才是像朱世杰这样的第三等北方汉人，最低一等的便是南方汉人。而由于前二等人的数量太少，忽必烈便明里暗里采取了若干政策，鼓励属于第三等的北方汉人前往南方发展，毕竟北方汉人对元朝的忠诚度可能高于南方汉人。从北方汉人的角度看，如果自己待在北方，将是最低等的人群；如果前往南方，至少相对地位会高一等，况且南方的经济确实更加发达。所以，不少北方汉人真的来到了南方。虽不知朱世杰是否也因此而来到南方，但若考虑到其寿命是65岁，他在北方生活了30多年，在南方又闯荡了20多年，那么掐头去尾，基本上可以断定：就在南宋刚刚灭亡，全国形势基本稳定后不久，朱世杰就开始了自己的“南漂”生涯。

从此，江湖上才有了朱世杰的八卦。由于有关朱世杰的确切信息实在太少，因此明知是八卦，也不妨选一个说说。选哪个呢？嘿嘿，就说那个流传最广的朱世杰行侠仗义娶妓女的故事吧。

话说朱世杰刚刚来到扬州，正准备招生授课，突然“啪”的一声，一位遍体鳞伤的弱女子就摔倒在自己的眼前，吓得他目瞪口呆。就在他惊魂未定，还没来得及反应时，早已扑上来一位泼妇，不管三七二十一，抡起棍子就雨点般砸向那可怜的姑娘，一边猛打一边狂骂。眼见那女子就要咽气了，可泼妇全无住手之意。“路见不平一声吼，该出手时就出手”，数侠哪能容忍如此兽行。他怒从心头起，只使出一招“神针定海”就止住了那泼妇。原来这泼妇是妓院老鸨，正强迫这位女子接客呢。咋办呢？帮人帮到底，于是朱世杰二话不说，拍出银子赎出了这位女子。后来在朱世杰的帮助下，这位女子不但养好了伤，而且很快学会了许多数学知识，甚至成了他的得力助手。不几年，两人情投意合，终成眷属。据说，扬州至今还流传着这样一首歌谣：元朝朱汉卿，教书又育人；救美出苦海，婚姻大事成。

除八卦外，朱世杰到底有无确切生平呢？有，但非常少，只有区区两句话。第一句话就是，当他终于练成“屠龙刀”并于1299年在扬州刊印《算学启蒙》时，他的一个朋友在该书序言中所写的“汉卿名世杰，松庭其自号也。周流四方，复游广陵，踵门而学者云集”。其大意是：朱世杰曾四处讲学，后来到了广陵（扬州）施教，且求学者众多。有关朱世杰生平信息的第二句话就是，当他终于练就“倚天剑”并于1303年在扬州刊印《四元玉鉴》时，他的另一位朋友在该书序言中所写的“燕山松庭朱先生，以数学名家周游湖海二十余年矣。四方之来学者日众，先生遂发明《九章》之妙，以淑后图学，为书三卷，名曰《四元玉鉴》”。其大意是：朱世杰闯荡江湖20多年，名满天下，桃李遍地，他博采众家之妙，写成了三卷本《四元玉鉴》云云。

那么《算学启蒙》和《四元玉鉴》的主要内容到底都是什么呢？简单来说，前者是一本数学普及书，主要讲述如何简洁快速地完成日常生活中所遇到的一些基本计算，并给出若干易学易用的算法口诀，比如人人能背的九九乘法表等。看来朱世杰还真是科普高手呀！其实，做科普很难，做好科普更难，以至像爱因斯坦和霍金那样的世界顶级科学家都不得不亲自上马做科普。可惜，在许多国家，科普却被严重忽视，甚至被误解为二流学者的消遣。《四元玉鉴》则是一本集古代中国数学成果之大成的学术专著，其主要贡献在于给出了现在称为四元多次方程组（当时称为“四元术”）的某些有效求解法。有关该书的学术评价前面已述，此处就不再重复了。

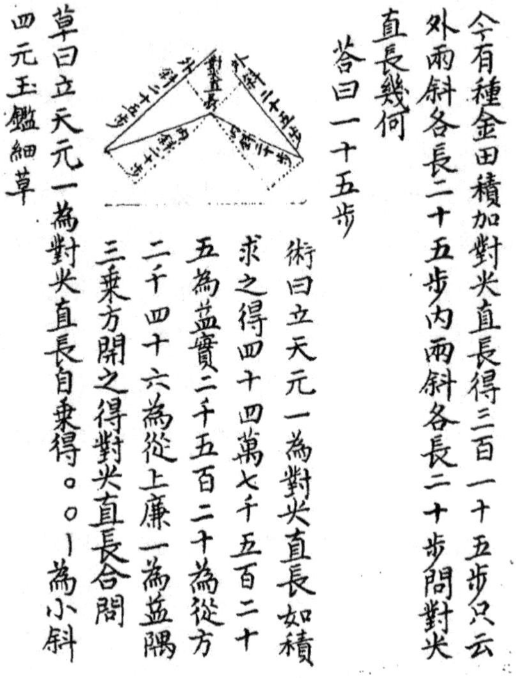

今有種金田積加對尖直長得三百一十五步只云外兩斜各長二十五步內兩斜各長二十步問對尖直長幾何

答曰一十五步

術曰立天元一為對尖直長如積求之得四十四萬七千五百二十五為益實二千五百二十為從方二千四十六為從上廉一為益隅三乘方開之得對尖直長合問

草曰立天元一為對尖直長自乘得。〇丨為小斜

四元玉鑑細草

《四元玉鉴》部分内容

客观说来，朱世杰的这两本书在当时的民间确实非常火爆，可惜并未获得官方的充分认可。朱世杰并未因此而升官或发财，以至刊印这两本书的经费都来自朋友赵元镇的赞助。这两本书后来的遭遇更令人惋惜。朱世杰于1314年在扬州去世后不久，元朝又开始内乱，以致四分五裂，军阀割据。后来，好不容易才由朱元璋再次统一。可这位叫花子皇帝建立了一个非常糟糕的王朝，对外闭关锁国，狂妄自大，对内更是绝对的家天下，罕见地实施了极端的奴化、愚化和极权化统治，以致中国科技出现了全面的严重倒退，数学更是重灾区。

明朝的数学水平几乎达到历史新低，以至明代数学大家竟然看不懂《四元玉鉴》。不过，据说1521年登基的明世宗在年轻时还学过《算学启蒙》，看来好的科普图书确实有生命力。

更可悲的是，到了明朝中叶，朱世杰的这两部宝典几乎已佚失。实际上，当1404年编撰《永乐大典》时，《四元玉鉴》就已无影无踪了。即使1772年清政府为编撰《四库全书》在全国大面积深入挖掘数学典籍，也仍未发现《四元玉鉴》。

1799年左右，即朱世杰的《四元玉鉴》完成约500年后，才有人偶然在浙江发现了此书的手抄本，旋即将其补入《四库全书》。几年后，才有人将此手抄本加以刻印，从此才有了《四元玉鉴》的首次重刻。朱世杰的《算学启蒙》更惨，直到1839年，即该书完成约540年后，才有人偶然在朝鲜发现了一本1660年由朝鲜全州府尹金始振所刻的翻刻本。这才又使得《算学启蒙》“出口转内销”，奇迹般死而复生。

唉，但愿如此大倒退的悲剧别再重演了！

第十六回

明朝徽商数学家，成就算盘巨无霸

伙计，请听题：中国的第五大发明是什么？嘿嘿，答不上来了吧。告诉你吧，是算盘！若论普及程度和对中国经济的实际贡献，算盘的作用远大于火药和指南针，因此它至少是“第三大发明”。

不过，无论算盘是第几大发明，有个事实不容否认，那就是仅仅在十几年前，当计算机还未普及时，在大街小巷的店铺里，无论是白天还是黑夜，几乎随时都能听到噼里啪啦的算盘声。谁家的算盘声越响，谁家的生意就越兴旺。那时对老板们来说，算盘声之美妙绝不亚于莫扎特和肖邦的音乐。算盘对每个商人来说，简直就是不可或缺的标配。只可惜在称霸中国和东南亚500多年后，算盘竟被迅速而彻底地淘汰了，而且是永远淘汰了。在日常口语中，若想揶揄某人过于精明，往往会说他“算盘打得噼啪响”。有关算盘的成语和俗语就更多了，比如“如意算盘”“打小算盘”等。敏感的读者也许已注意到，这些成语和俗语好像都不是啥好词，而这正好从另一个角度体现了中国文化对商人的偏见，同时也说明了算盘与商业的密切联系。

既然算盘已被彻底淘汰，这里就不再啰唆它的技术细节了。本回将以算盘和主角程大位的背景为例，阐述过去、现在和将来都非常重要的科技创新问题。

科技创新可分为两大类：其一，从无到有的“0到1创新”；其二，从有到普及的“1到N创新”。必须强调的是，这两类创新同等重要，缺一不可，特别是不能轻视后者。坦率地说，过去在“1到N创新”方面的教训很多，重视不够，甚至颇有偏见。比如，就拿活字印刷、指南针和火药来说吧，它们的“0到1创新”确实相当领先，但在“1到N创新”方面就吃大亏了，甚至是“起了个大早，赶了个晚集”。活字印刷术发明于北宋，但过了150多年后，它才首次在南宋得到实际应用。火药也没能用于本该发挥重大作用的领域，比如矿山开采和国防建设等。指南针用于为人们指引方向，结果其自身的应用方向就跑偏了。好了，闲话少说，还是回到算盘话题上来吧。

先看算盘的“0到1创新”。其实，算盘是一种承上启下的计算工具。往后看，算盘的“儿子”当然是产生于20世纪中叶的电子计算机；往前看，算盘的“老爸”应该是一种名叫“算筹”的东西。从硬件上看，算筹仅仅是一堆筷子样的小棍子。从软件上看，利用算筹进行筹算的核心是若干算法口诀，它们告诉用户如何摆弄这些小棍子。从寿命上看，算筹可谓是老寿星了，它早在2600多年前的春秋时期就已出现，一直使用了2000多年。直到本回主角的成果推广后，算筹才算最终退出历史舞台，消失在历史长河中。而算盘的“0到1创新”至少可追溯到2000多年前东汉数学家徐岳所著的《数术记遗》一书。从软件上看，该书介绍了14种珠算口诀。不过，从硬件上看，算盘至少经历了两个版本。其中，1.0版本的外形很像一个凹槽更深的搓衣板，算盘珠子是一些散放的核桃或小石子。后来的2.0版本才基本上变成现在的样子，即嵌在木框里的若干“糖葫芦”。使用者只需按口诀上下拨弄这些“糖葫芦”，就能完成相关计算。

再看算盘的“1到N创新”。坦率地说，在这方面，算盘也不是成功典范，因为它竟与其“老爸”算筹一起被并行使用了1500多年，而久久不能发挥其后来居上的优势。究其原因，主要有二：其一，对数量更多的游商来说，算筹的携带更方便，无非多带几根筷子而已，甚至可以在需要时就地掰几根树枝替代；其二，算盘的运算速度虽比算筹快一点，但快得不多。综合而言，算盘和算筹难分伯仲，谁也替代不了谁。问题出在哪呢？当然是算盘的软件，即各种珠算口诀不够先进。经过前人上千年的不懈努力，珠算口诀虽有不断改进，但始终改进不大，只有量变而没质变。

终于，一声惊雷般的啼哭后，1533年5月3日最终完成算盘“1到N创新”的人物、本回主角程大位诞生在了今天黄山市的一个世代经商的人家里。善于结帮经商的老爸一看，哇，又是一个精明能干的徽商坯子。他赶紧掐指一算，给儿子

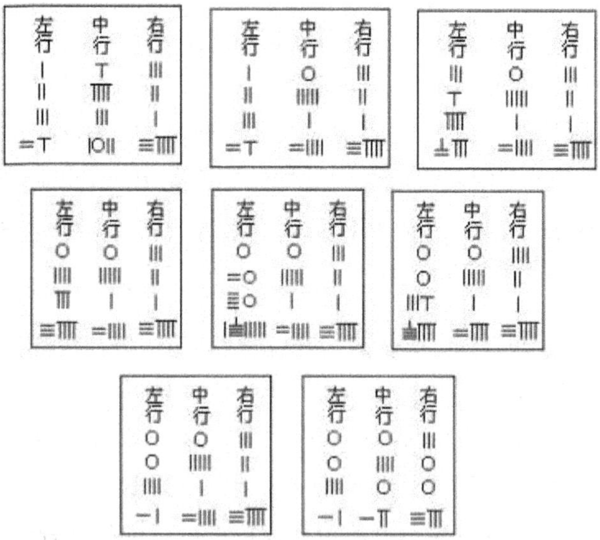

算筹

算盘

取名为程大位，字汝思，号宾渠。既然从谐音上看，老爸准备让儿子“承大位”，当然就得精心培养，务必使他能精打细算，策无遗算，能掐会算，老谋深算，满打满算，神机妙算，稳操胜算，胸有成算。反正，算算算，因为商人成功的秘诀除了算还是算。

若配合算盘“1到N创新”的过程，重新回顾程大位的生平经历，不难发现他的一生可清晰地分为如下4个阶段。

第一阶段，夯实理论基础，拓展知识面。对“1到N创新”来说，虽然技术成分更多，但也少不了必要的理论基础，否则，当事者可能连前面“0到1创新”的内容都无法消化吸收，就更谈不上改进和推广了。算盘的主要理论基础是数学和相关人文知识，而程大位刚好在该方面占有一定优势。当然，这得归功于他的老爸。作为持续千年的中国三大商派之一的徽商是典型的儒商，即以儒家文化来指导经商。所以，儒商老爸自然也想再培养一个儒商儿子。因此，从幼年开始，程大位就受到了良好的儒家文化教育，既熟悉四书五经，也懂得八股技巧，掌握了极为广博的知识，特别是对书法和数学更有研究，被时人称赞为“精于古篆，善算数”。少年程大位不但聪敏勤学，而且爱好广泛，更像他爸爸一样视书如命。只要听说哪里有好书，特别是数学书，无论多贵，他都要想办法买回来，认真阅读，深入钻研。他的这个良好习惯一直保持终生，所以他家的藏书颇丰，这也为他后来“集珠算口诀之大成”奠定了坚实的物质基础。另外，程大位绝不死读书，更不读死书。他很早就随爸爸走南闯北，周游各地学做生意。每到夜晚，当爸爸埋头算账时，他就凑过去取经，不但熟记了当时流行的诸多珠算口诀，而且能自由操作算盘，很快就成了爸爸的财务助手。

第二阶段，发现问题，求助外力。与“0到1创新”不同，“1到N创新”的目的性很强，比如要大规模市场化。为此，必须找准阻碍技术推广的关键问题，特别是难点和重点问题。用行话来说，就是要找准用户的“痛点”。谁最清楚用户的“痛点”呢？当然是用户自己。而算盘的用户主要是谁呢？当然是商人，而且是那些有心发现问题的商人，而程大位刚好就是这样的商人。实际上，在20岁左右，程大位娶回了自己的小脚媳妇。按当时习惯，此后他就得自立门户，养家糊口。于是，他只身离开家乡，在长江中下游一带闯荡，既与三教九流谈生意，又与眼花缭乱的账目打交道。这时，他才更深切地感到了珠算口诀的重要性。对商人来说，因错账而导致的纯利润损失才是最不该的损失。同时，他也发现了当时珠算口诀的许多不足，比如既复杂又难操作，更易出错。慢慢地，他找到了自己的人生方向，开始暗自下决心，要化繁为简，编撰一部简明实用的算盘口诀大全。为此，他开始了长达20年的“发现问题之旅”。至于他当年到底发现了哪些具体问题，现在已无法考证。不过，从大的方面来看，无非是影响珠算速度的问题、影响正确性的问题、影响简便性的问题、影响口诀易记性的问题等。发现问题的目的当然是解决问题，而解决问题的手段无非是亲自动手解决，请专家解决，或者学习前人的经验。程大位一边经商，一边广泛搜集算盘资料，竭力遍访数学名家、珠算高手和贤人达士等，虚心向他们学习请教，孜孜不倦地与他们研讨。同时，他自己也用心琢磨，只要有任何心得就马上记下来，以至达到了废寝忘食的地步，用当时的话来说就是“每有慧悟，辄忘食”。

第三阶段，潜心攻关，解决问题。经过长期积累和思索，程大位决定孤注一掷。大约40岁那年，他一咬牙，扔掉全部生意，隐居在家乡，开始向算盘的“1到N创新”发起总攻。虽然如今已不能复盘其研究过程，但如下两点是肯定的。其一，他非常专注，几乎两耳不闻窗外事，一心只读算盘书。其二，他特别重视前人的经验，充分撷取各家所长，同时也随时总结心得体会。总之，用他自己的话来说，面对经典，他“绎其文义，审其成法”；面对时人，他“举平生师友之所讲求，咨询之所独得者”，简言之就是“三人行，必有我师”。所以，他才总算“一旦恍然若有所得，遂于是乎参会诸家之法，附以一得之愚，撰集成编”。改用白话来说，那就是程大位经过20年的不懈努力，终于在1592年的六十大寿时，完成了自己的代表作《算法统宗》17卷，首次给出了近代珠算的完整叙述，完善了珠算口诀，确立了算盘的快速操作法。其后6年，他又对《算法统宗》进行了简化，写成更加浅显易懂的《算法纂要》4卷，使其成为后世民间算家的最基本的读本。

第四阶段，成果推广，市场普及。这是“1到N创新”的最后一步，也是检验成败的关键，而检验的标准也很清楚，那就是能否淘汰其他同类技术，能否抓住用户等。结合程大位的情况来看，他显然成功了。一方面，自他以后，古老的算筹就被迅速淘汰了，算盘终于成了独霸中国和东南亚地区500多年的计算工具；另一方面，程大位的两本巨著也成为古代最完善的珠算经典之作，在明清两代不断被翻刻和改编。用当时人们的话来说，这两本书“风行宇内”，以至“海内握算持筹之士，莫不家藏一编；若业制举者之于四子书、五经义，翕然奉以为宗”。这两本书之热销，已使洛阳纸贵；其地位之高，几成珠算“圣经”。总之，程大位也因此获得了许多头衔，比如算盘鼻祖、珠算宗师、珠算之父等。

关于上述“1到N创新”的成功，其实还有两个容易被忽略的因素。其一，当时正处于鼎盛时期的徽商及程大位的徽商身份等都不可忽视。设想一下，若经济萧条，谁会在乎珠算口诀是否快捷呢？若这两部巨著只流行于秀才之中，算盘能称霸吗？其二，这两部巨著的写法非常风趣，其文学水平虽不咋的，但用户喜欢，毕竟在“1到N创新”中，用户才是上帝！

对了，程大位还有另一项包揽了“1到N创新”全过程的实用发明，那就是他的“卷尺车”，即在手推车上架一卷电缆样的绳子，只需推车，便可像巨型墨斗那样收放自如，测量距离。在今人看来，该发明当然平淡，可它揭示了“1到N创新”的重要原则，那就是只讲应用驱动，别太求高大上。

1606年9月18日，程大位在家中安然逝世，享年73岁。

第十七回

触底反弹树新标，西学东渐掀惊涛

唉，坦率地说，撰写本回时，我们非常矛盾。一方面，我们对主角梅文鼎非常崇敬，他在中国科技水平整体急速倒退300多年后，还能以血肉之躯为中国数学界撑起一片天，至少让中国数学开始触底反弹。他让中国人开始基于实力获得一点自信，让中西融合开始艰难地向前推进。其实，我们不但要感谢梅先生本人，而且要感谢他的整个家族。自他开始，他家祖孙四代竟然出现了十余位当时中国顶级的数学家，缔造了中国数学史上的“梅氏家族传奇”。但另一方面，若站在当时的全球角度去重新审视，那么客观地说，我们就不得不对梅先生说一些可能不敬的话了，甚至不得不否认他的某些“重要成果”。当然，造成如此悲剧的责任肯定不在梅先生，而应归咎于那个时代。

好了，下面开始为梅先生写小传。

本回主角梅文鼎生于1633年3月16日。这一年的故事可多啦！表面故事至少有：在国际上，罗马宗教裁判所正式宣布，伽利略因否定绝对真理地心说而被判终身监禁；在国内，中西科技融合的先锋徐光启不幸逝世。而深层次的故事就更多啦。在国际上，早在此前14年，开普勒的行星运动三大定律就已公布。换句话说，在西方科技界中，日心说已成共识，教皇对伽利略的“封口”早已无济于事了。在国内，明朝末代皇帝崇祯将在11年后上吊自尽。换言之，中国将由一个极度封闭自大的王朝进入另一个仍然封闭自大的王朝，因此，闹出天大的科技笑话就在所难免了。在中西融合方面，由于腐朽的朱明王朝走向灭亡，再也没有什么力量阻止历史车轮滚滚向前了，所以，在漆黑的深井中，总算照进了一丝丝微弱的亮光。利玛窦等外国传教士可以按自己的好恶带进一些西方科技信息。虽然“青蛙们”仍不能跳出井口，但至少部分人已嗅到了外界的一丁点新鲜空气，个别人开始自我反省。

各位，梅文鼎的家族可不简单，何止“书香门第”4个字就能概括得了！他的先祖竟是“宋诗开山祖师”、与欧阳修并称为“欧梅”的名儒梅尧臣，其曾祖父和祖父也相继为明朝高官，母亲是大家闺秀。他的父亲曾是明末达官大儒，只因对崇祯太忠诚，明亡后便心灰意冷，后来干脆举家回乡，过起了隐居耕读的生活。果然将门出虎子，梅文鼎聪颖异常，绝对是一位货真价实的神童。他在幼时便随老爸夜观天象，还能了解众星之运旋大意；9岁熟五经，通史事，悟《周易》；14岁入县学；15岁中秀才，补博士弟子员。可惜，此后其天才神迹突然消失，竟“屡应乡试不第”，即连乡试都年年补考不及格！为啥会出现这种“急刹车”呢？嘿嘿，算算时间就清楚了！原来，他的神童灵光是随明朝的灭亡一起消失的，“急刹车”源于父亲的失意和家族隐居。可见，像梅文鼎这样的好苗子对环境非常敏感，外部环境很好时，他就会是天才。据他后来的表现，我们有理由推测：如果当时的开放环境很好，他没准儿真能成为世界级科学家。可惜，没有这种“如果”，以致他选错了科研大方向，白白浪费了许多才华。

20岁那年，梅文鼎先是高高兴兴地娶回了满意的媳妇，接着老寿星祖父无疾而终。最后，他的父亲竟也忧郁西去。面对生儿育女和守孝服丧的双重压力，梅文鼎从此放弃功名，老老实实地隐居在乡野，准备一辈子当陶渊明。就这样一晃7年过去了，27岁时闲不住的梅文鼎开始外出拜师学习传统历法，并且很快发现了前人的一些错误，惊得那位老师目瞪口呆，连声“叹服”，赞他“智过于师”。于是，这位曾经的天才又捡起了信心，打算在历算方面大干一番事业。29岁时，他将兴趣扩展到天文观测，意在为更深入的历法研究打基础。此时，他好运不断，再次发现了以往权威的多处重大失误，一时间名声大振。后来，他把一生中的大部分精力都花在了历算研究上，终成清代“历算第一名家”。

书中暗表，我们不得不非常遗憾地指出，梅文鼎此时的这一“立志”犯了重大的方向性错误，无异于在计算机年代去研究算盘快速算法。当时真实的情况是：传统历法研究作为一门学科早已被淘汰，全球科学界对太阳系已很清楚，甚至对行星绕太阳运转的轨迹都了如指掌。换句话说，历法研究差不多只是业余爱好者的游戏了。退一万步说，我们现在使用的公历在当时已相当成熟，且被多国使用了上百年之久。若清朝不太封闭的话，完全可以直接选用公历。可惜，朝廷既不了解世界，也不想了解，以至直到300多年后清朝灭亡时都还在使用古老的历法，甚至还为这种无知而狂妄呢。更可惜的是，传教士们根据自身好恶，传入中国的地心说在当时已过时。虽然他们并非故意误导中国人，但事实上把那时的梅文鼎等历法家们引入了死胡同。

大约在36岁时，梅文鼎通过一位名叫方中通的学者接触到了传教士们引入中国的一些数学著作，比如欧几里得的《几何原本》等。于是，梅文鼎的天才又有了用武之地。果然，仅仅在3年后，他就撰成了自己的第一部数学著作《方程论》。在随后的8年中，他又在数学领域取得了许多成就，终于登上了当时中国数学的新巅峰，为中国数学的触底反弹树立了第一座里程碑。啥意思呢？唉，说来惭愧，其实早在元代中叶以前，中国的数学和天文学已遥遥领先于世界。可是，到了梅文鼎生活的时代，竟然出现了经典散佚、算法失传、历法失修的悲惨局面，中国传统数学几乎成了绝学，宋朝的数学著作也成了明朝和清初数学家们读不懂的天书。总之，中国的科技全面倒退了300多年。更可悲的是，几乎就在明清统治者超级自信之时，欧洲发生了文艺复兴，科学技术突飞猛进。到梅文鼎的《方程论》完成时，现代科学巨人哥白尼、伽利略、开普勒、笛卡儿、费马、波义耳、惠更斯、牛顿、莱布尼茨等均已纷纷携其代表性成就登上了历史舞台。

客观说来，梅文鼎的《方程论》在当时确实起到了提升国人自信心的正面作用，而且该自信心确实基于实力而非盲目吹嘘。《方程论》在当时得到了中国学者和外国传教士的好评。注意，我们特别在这里强调了外国传教士，以区分于当时和后来所有宣传中的“西方学者”。某些传教士确实是西方学者，但坦率地说，他们不是一流学者。他们对中国科技的褒也好，贬也罢，其实都只够作为参考，而不必过于计较。为啥要特别指明这一点呢？因为当时及后来的许多宣传对《方程论》和梅先生的吹捧都有过分之处。比如，有这样一种夸张的说法，它声称梅文鼎被世界科技史界誉为与英国牛顿和日本关孝和齐名的“三大世界科学巨擘”。这也从一个侧面反映了当时中国人对世界认识的无知。

梅文鼎终生博览群书，潜心研究学问，甚至谢绝了朝廷的聘用。他的科研成就当然不限于数学和历法。据不完全统计，除了2000多首诗词外，他的各类科技著作多达80多部，其中既有对中国古代历算的考证和补订，又有中西融会的历法阐述，还有回答他人的疑问和授课的讲稿，更有对天文仪器的考察和说明，甚至包括对古代方志中天文知识的研究等。当然，数学著作在其中占有相当大的比重，多达26部，集古今中外之大成。后来，这些数学著作被汇成一部巨著，名为《中西算学通》。当时包括皇帝在内，人们对他有许多好评。其中，清代学者钱大昕的评价最准确，他认为梅文鼎是“国朝算学第一”。

梅文鼎的成功与某位热心西学的大人物密切相关，此人就是在他“立志”那年以8岁幼龄登上皇位的康熙。康熙对传教士们送上的西洋玩艺儿和西学颇感兴趣。既然康熙好西学，自然就有人赶紧研读《几何原本》，这才使得梅文鼎能在“立志”9年后偶然接触到西洋数学。既然皇帝好西学，也自然就有马屁精矫枉过正，声称要立即全盘西化。于是，关于中西融合之争拉开了序幕。有的坚持祖宗之法不可变，蛮夷之物不足挂齿；有的则完全相反，盲目崇洋媚外。当时双方斗争之激烈简直难以想象，仅仅是新旧历法之争就演变成了长达10年之久的大规模“历讼”，甚至多次闹出人命。平心而论，在过左或过右的两派人物中，到底哪些是真心，哪些是假意，还真难区分。但是，相对而言，梅文鼎的做法就值得肯定了。他既不盲目排外，也不盲目崇洋，而是客观地对中西学问进行了深入研究，并公正地给出了问心无愧的结论。

非常遗憾的是，梅文鼎当时所能获得的所谓西学压根儿就不是真正的西学，至少不是西学的主流。想想看，当时全国最高的西学权威就是传教士利玛窦，他在西方科技界能入流吗？于是，经过一番虔诚的以管窥豹后，梅文鼎便惊人地发现：妈呀，原来西学是从中国偷去的，即“西学中源”。如今看来，这一结论显然荒唐，甚至根本不值一驳，但在当时震动朝野。皇帝很高兴，守旧的大臣更是无比自豪。客观地说，该“西学中源”的结论对中国历史的发展确实产生了不小的负面影响，但这确实不能全怪梅文鼎。我们相信，若他当时就知道了牛顿的万有引力定律，或知道了同时代的任何一位真正的西方科技大腕的成果，他就一定不会再说“西学中源”了，因为他确实在真正做学问。

实际上，梅文鼎一生的大部分时间都处于隐居状态。他以读书著书为事，以教书育人为业。中年丧妻后，为便于专心著述，他甚至都没再娶。在56~69岁期间，迫于朝廷之邀，他才多次到北京，断断续续地待了总计5年左右。当然，每次到京后都会掀起一股“梅旋风”。1705年，康熙在南巡途中竟三次召见了时年72岁的梅文鼎，并给予了高度评价。康熙评价的原话是：“历象算法，朕最留心，此学今鲜知者，如梅文鼎实仅见也。”临别时，康熙还亲赐“积学参微”四字。

1721年，梅文鼎在书桌前安然逝世，享年89岁。梅文鼎去世后，康熙派使臣专程前往治丧，营造墓地，后来还荫封了他的后代。

第十八回

欲出深井万般难，紧咬牙关向上攀

本回的主角是明安图。但别误会，他并不姓明，也不叫安图，明安图只是他的全名巴彦·明安图的简称。他是内蒙古锡林郭勒的蒙古族同胞，但确实又有一个汉族的字，叫静庵，故又可昵称为明静庵。按主流说法，他可能生于1692年。虽然这只是大概年份，但蕴含着许多深意。这一年，以热衷西学著称的康熙皇帝已登基31年，平定了吴三桂等“三藩”叛乱，平定了噶尔丹叛乱，平定了西藏、青海等的众多叛乱，收复了台湾，击退了蚕食边境的沙俄。总之，康熙几乎完成了自己的所有重要使命，并且终于勉强取消了自己颁布的只允许外国传教士在京师传教的禁令。从此，外国传教士可以在全国各地自由活动。由此可见，恢复开放是多么困难，开放的成果是多么珍贵呀！想想看，此前320年，明初皇帝一声令下，就在航海时代轻松实现了禁海，从此过上了狂妄自大的井底之蛙生活。此前90年，明末皇帝才在帝国行将崩溃前，通过传教士利玛窦勉强接触了西方科技知识，让漆黑的王朝深井中飞进几只萤火虫。20多年前，康熙再次倒退，亲手将这些萤火虫罩进了京城这个玻璃瓶中。直到明安图出生这一年，萤火虫们才终于被允许自由飞翔了。

但是，请务必注意，此时康熙所谓的“开放”只是单向开放，国人没机会接触真正的西方先进科技。实际上，直到此后约200年的1872年，清政府才在行将就木时勉强向西方派出了30位娃娃留学生。

此处为啥要交代这么多对外开放的背景呢？唉，就是想让大家明白当时的科学家有多难呀！形象地说，他们只能通过眼前萤火虫的那一丁点亮光来努力理解井外的世界。他们有心与西方科学家同台竞技，但无力去掉身上的沉重枷锁；他们盼望着攀上井台，但只能仰天长叹。万般无奈的他们只好横下一条心，仅凭空空双手在漆黑的井壁上挖呀挖，一个台阶接着一个台阶地挖，一代接着一代地挖。这样挖了300多年，才终于勉强来到地面。因此，大家在缅怀清朝科学家时，别忘了具体的时代背景，既敢于承认我们当时与国际水平的巨大差距，也敢于面对严峻的竞争环境；既不必自吹，也不必自卑。客观地说，在“挖壁不止”的清朝科学家中，数学家们的表现最为突出。早于明安图约60年出生的数学家梅文鼎为中国数学的触底反弹树起了第一座里程碑，晚于明安图约70年出生的数学家汪莱树起了第三座里程碑，而树起第二座里程碑的人物便是本回主角明安图。他至少重新独立证明了连传教士都没能证明的多个数学问题，虽然这些问题当时在西方其实早已不是问题了。

明安图的早期生平事迹并不多，家庭信息更少，这也许是蒙古人的习惯，毕竟早在元朝之前，蒙古人不屑记录自己的历史。但考虑到当时蒙古的王公贵族已开始向汉人学习，创建自己的家谱，歌颂祖先的功绩，记录家庭成员的生卒信息等，因此，另一种可能性就是明安图大概只是普通的八旗子弟，既没资格拼爹，也无贵戚可攀。但是，他并未输在起跑线上，看来他要么勤奋，要么聪明，当然更可能是既勤奋又聪明。据说，他早在少年时期就以连续“三级跳”的优异成绩，一口气通过了县级考试、府级考试和院试，开始享受朝廷发放的俸禄，吃上了皇粮。随后，他再接再厉，在岁考中因表现突出而被选为贡生，然后被送入国子监，开始接受为期4年的深造，专攻天文历法。时年，他年仅18岁。

各位，明安图入学的国子监可不得了，它是当时的全国最高学府。明安图所学的天文历法又是国子监的重点专业，更是与“国家天文台”联合办学的专业。当时的办学条件非常好，那里收藏着丰富的图书资料，还备有当时国家水平的各种天文仪器。在师资方面，国子监更可谓人才荟萃，既有全国著名的天文历法家，又有掌握近代科学知识的西方传教士。特别是还有一位地位奇高的数学老师，他不但能随意进出皇宫，甚至连皇太子都怕他，以至不敢直呼其名。这位数学老师到底是谁呢？还是请明安图的弟子陈际新老先生来揭晓答案吧！这位陈老先生后来在回忆自己的老师明安图时曾说：“明静庵先生自童年亲受数学于圣祖仁皇帝，至老不倦。”哇，原来这位数学老师竟然就是康熙皇帝本人呢！此外，明安图听课的教室和同班同学也不得了。有时他们的教室真会搬入皇宫，有时教室里还会进来几位老年旁听生，尤其是那位年龄比明安图大38岁的旁听生更引人注目。他总是带着一大帮人跑来听课。原来，此人又是康熙皇帝，他经常邀请高水平的传教士到皇宫报告西方自然科学新进展。每遇这种情况，康熙就会让明安图等国子监的师生前往皇宫陪听，还要在课间进行自由讨论。

如此良好的学习条件，对原本就具有强烈求知欲和坚韧毅力的明安图来说，简直就是天赐良机。他因学习成绩突出而被时人赞为“精奥异人”，更深得康熙皇帝的赏识。在他21岁那年，康熙皇帝陪皇太后到热河避暑山庄休养，明安图竟作为唯一的在读学生被编入了当时最豪华的专家顾问团，陪同皇帝一起前往承德，切磋天文、历法和数学等知识。康熙对随行的明安图特别照顾，甚至“亲临提命，许其问难，如师弟子”。这句话翻译成大白话就是：康熙待明安图如亲传弟子，允许他就任何学术问题与自己进行讨论。而此次同行的其他权威专家都不能享受此等待遇，这让众人好不羡慕甚至嫉妒。康熙的重视和鼓励让明安图更加用心，他积累了更丰富的科学知识，为随后的成功打下了坚实基础。

4年的国子监生涯结束后，明安图作为优秀毕业生被分配到钦天监工作，担任“时宪科五官正”一职。时年，他刚刚22岁。此后，他踏踏实实地在这里工作了51年，直到1765年以73岁高龄去世为止。

那么，明安图在钦天监的工作业绩到底咋样呢？要回答此问题，就得先搞清这钦天监到底是啥机构。一方面，钦天监绝对是清政府最重要的机构之一，也是皇帝经常亲临的机构，还是全国最聪明的人扎堆儿的机构，更是当时科技含量最高的机构。钦天监主要负责若干“国脉所系的重中之重”工作，比如天象观测、日月食推算、漏刻计时和历法修订等。另一方面，这钦天监干脆就是一个多余的机构，是一个早该被淘汰的机构。因为只需根据牛顿和开普勒的已有成果，就能轻松推演各大行星和月亮的运行轨迹，日月食也不再神秘，公元历也可拿来就用。可惜，关于当时外界的真相，明安图他们无法知道，皇帝不想知道，“萤火虫”们既不想也不能让“青蛙”们知道。

为啥说“萤火虫”们不想让“青蛙”们知道真相呢？原因很简单，传教士不会传播砸自己饭碗的科学成果。比如，他们明知“日心说”更合理，却非要“去精取粗”，把早已淘汰的第谷地心说传入中国。若按这个模型，即使运用当时全球

清朝钦天监官员研究天文

最先进的数学手段，也无法预测各星体的运行轨迹。在机构庞大的钦天监中，像明安图这样的天才进行着无谓的辛勤劳动。

为啥说“萤火虫”们不能让“青蛙”们知道真相呢？原因也很简单，传教士只是业余科技工作者，虽然也曾出现过像孟德尔这样的伟大生物学家，但绝大部分都不能代表西方科技的先进水平。来中国的传教士也很明白，他们所传播的所谓先进科技只是敲门砖，只是想讨好中国皇帝而已。比如，大约在明安图9岁时，有一位名叫杜德美的法国传教士带来了三个神奇的无穷级数展开公式，一时间引起了数学界的轰动，甚至被奉为“西士杜德美法”。可是，轰动过后，中国数学家就开始思考这三个公式该如何证明呢？它们真的正确吗？对于这些疑问，当时的主流说法是杜德美有意“藏匿根数，秘而不宣”“故作繁难，以炫异欺愚”。换句话说，大家都认为杜德美是在故弄玄虚，蔑视中国人的智商。但从今天的分析结果来看，另一种更可能的情况是杜德美根本就不知道这些公式到底该如何证明，他只是从相关文献中东拼西凑，抄了几段而已。其实，这三个公式分别是在半个多世纪前已由牛顿发现并证明了的圆周率展开公式，以及由数学家格雷戈里给出的有关正弦和正矢函数的两个展开公式。若当时在西方的话，只需花上半小时到图书馆里翻翻早期的公开文献就行了。可是，为了证明这三个公式，当时全国的数学家竟又埋头苦干了上百年！其中前30年左右，数学家们甚至完全处于迷茫状态。直到康熙去世，雍正已登基5年的公元1727年，时年35岁的明安图才接过接力棒，开始利用业余时间努力证明这三个公式。可哪知明安图这一干就干掉了自己的一辈子，直到雍正去世多年，直到明安图自己也即将去世前，才总算找到了答案，基本完成了证明初稿。明安图的儿子明新和弟子陈际新等人从弥留之际的明安图手中接过接力棒，又经过了近10年的精心整理，在乾隆已继位39年后的1774年才总算将明安图的遗稿整理成了《割圆密律捷法》一书。可惜，该书完成后竟被一位收藏家锁进密室长达47年之久，直到道光已继位的1821年才被数学家罗士琳发现。然后又等了18年，直到1839年，《割圆密率捷法》才正式出版。

唉，前后算来，由于半罐子传教士杜德美的无能或不配合，由于当时的闭关锁国，本来任何人只需半小时就能查到答案，明安图却为此耗费了一辈子，数学界翘首盼望了138年（从1701年到1839年），先后熬死了康熙、雍正、乾隆、嘉庆皇帝后，只差11年就又熬死了道光皇帝，这才终于重新独立找到了答案。真不知这是该悲叹还是该庆贺。但无论如何，明安图的伟大是不可否认的。若他真有机会站在巨人肩膀上的话，毫无疑问，他肯定也能成为巨人。

2001年5月，经国际天文学联合会批准，第28242号小行星被正式命名为“明安图星”。确实，今人真该特别敬佩那些在漆黑的深井中努力向上攀爬的清朝科学家！

第十九回

穷困潦倒融中西，闭关锁国非时机

汪莱的人生注定就是悲剧，因为他太矛盾了！

他出生于1768年。一方面，这是一个很好的时代，是少有的康乾盛世。此时，国力强盛，社会稳定，疆域辽阔，经济发展，人口快速增长。凭汪莱的聪明才智和勤奋努力，无论如何，他都不该穷困潦倒。另一方面，这又是一个很坏的时代，因为随着经济好转，君臣上下又急剧地自我膨胀，以致在对外开放的态度上出现了重大倒退。此前11年，乾隆再次正式闭关，只允许西洋商船在虎门停留。此前9年，闭关政策再度加码，只允许洋人每年待5个月，还只能与官方机构做生意。总之，这种闭关锁国政策不可避免地影响了中西方科技交流，为汪莱的悲剧人生埋下了种子。

汪莱出生于安徽歙县。一方面，这是一个很好的地方，不但山清水秀，而且人杰地灵，更是当时徽商的大本营。换句话说，只要愿意，汪莱完全可以像左邻右舍那样在商场上赚个盆满钵满，没准儿还能成为大富豪呢。汪莱既拥有大老板的外表，“长身玉立，须眉秀发”；又拥有大老板的气魄，成功时拿得起自不必说，失败时也放得下，甚至敢当众“抱头而泣”，敢于藐视各种社会陋习。他为人仗义，“性喜饮，酒酣耳热，跪磊不平之气，往往慷慨悲歌，声音激越”。更重要的是，他还拥有大老板的自信，甚至是罕见的自信。他志大才高，行为举止几近狂放，年轻时曾赋诗称“我亦乡间肆志人”“兴来大叫鬼神惊”。另一方面，汪莱的出生地歙县又是一个很坏的地方，对汪莱来说更是如此。歙县这个弹丸之地竟是中国数学与西方融合的前哨，更是明清数学的高地，在汪莱之前至少出现过程大位、江永和戴震等顶级数学家。其中戴震对汪莱的影响最大，他不但是汪莱的偶像，而且是中西融合的前辈，最早引进了西方的乘除法和开平方等。正是在戴震等同乡的激励下，年轻的汪莱才走上了中西融合的“错误”道路。

为啥说汪莱走错了方向呢？从大环境上说，当然归咎于当时的闭关锁国政策，因为至少中西融合的成就在当时肯定得不到官方的嘉奖。更糟糕的是，恶劣的大环境会加速毒化小环境。汪莱一生中遭受的最大且最直接的打击来自一个著名的学者群体乾嘉学派中的复古派。其实，乾嘉学派源于明末的松散民间组织，在历史上还发挥过正面作用，其宗旨为“复古”，即试图将被元明毁掉的中华文化恢复到唐宋时期。可到了乾嘉年间，在闭关锁国政策的影响下，该学派竟将“复古”与“开放”严格对立起来，甚至演化出了一个纯粹的复古派。复古派本由著名儒雅之士组成，但在全面否定汪莱的中西融合成果时一点也不儒雅。斯文者不点名批评汪莱是“黯黔之词以欺世”；彪悍者干脆指名道姓地骂汪莱“算学砭愚”；骑墙者劝汪莱别“过苦”；就算数学外行也要从侧面开火，批评汪莱“做人过矣”“未免失于偏”等。其实，这种现象很值得今人深刻反思！想想看，欧洲学术界在经历了黑暗的中世纪后，首先出现的是复兴；而中国学术界在经历了元明两朝后，首先出现的是复古，且是与开放对立的复古，全然不顾当时文艺复兴的现实。这种为复古而复古的行为显然不能赞扬为爱国，而是在误国。

后来的事实表明，倒霉的汪莱在经济上穷困潦倒，在学术上成为笑柄，以至差点死无葬身之地。实际上，汪莱在P进位制、方程论、弧三角术和组合计算等方面都取得了重要成果，发现了“二次方程有二根”，论证了不同情况下三角函数的解，发现了多项组合规律等。

好了，下面还是从头说说汪莱吧。

汪莱，字孝婴，号衡斋，自1768年9月27日出生后就成了典型的“苦二代”。他的祖上本是书香门第，一直以“诗书继世，孝友传家”为家训。可惜，他的父亲早年失去双亲，从此家道中落。他的父亲希望用知识改变命运，不仅博览群书，而且能写诗著文，还曾中过举人，更撰有《静山堂诗文集》等。可命运越改越糟，再加上连年水旱之灾，以至全家依靠典当过日子。一次，小汪莱奉父母之命，进城典当仅有的一条无补丁的裤子。可哪知他的破衣烂衫惹怒了街边的恶犬，只听得“咔嚓”一声，接着红光一闪，汪莱屁股的命运被改变了。不过，这种艰难环境造就了汪莱坚强刚毅和独立不羁的个性，也让他下决心要用知识改变命运。他的许多同乡前辈都是通过金榜题名改变命运的。

汪莱天资敏绝，非常早慧，6岁能诵诗，14岁能著文，自学能力特别强，被赞为“其学由自得，不假师授”。同时，他也很勤奋，自立自强，很快就成了当地的饱学之士。他既能写诗，又精于天算，也善于工篆书法，还通晓经史，更熟悉释老、音韵、训诂、乐律、金石等学问。他治学非常严谨，坚持“人所言，不复言；所言皆人所未言或不能言”。用现在的话来说就是，不创新，毋宁死。

在他20岁那年，他的父亲过早去世了。为生存计，汪莱不得不前往苏州打工，当了一名私塾先生。从此，他就以舌耕为生，拉开了悲剧人生的序幕。他在苏州期间结识了自己的第一位知音、当时的著名数学家焦循。后来，汪莱、焦循与另一位知音李锐被并称为“谈天三友”。此乃后话，暂且不表。不知是有幸还是不幸，在焦循的引导下，汪莱开始研读以往中西融合的数学著作（比如《梅氏历算全书》和《数理精蕴》等），并走上了中西融合之路。他在研究算学时往往“参用西法”，即用西法研究中学，或用中法研究西学。

4年后，汪莱离开苏州返回故里，在家中完成了自己的数学处女作《参两算经》。接下来，在28岁至30岁之间，他又一鼓作气，在同乡好友巴树谷的帮助下，完成了另外两部数学著作《弧三角形》和《勾股形》。次年，这两本书被合并公开刊行，改名曰《衡斋算学之一》。它们也是汪莱后来的同名系列的代表作之首。当然，这次出版的费用是由巴树谷资助的。可惜，巴树谷也是苦命人，他虽有钱，但在汪莱乡试不第那年老来丧子。唉，真是苦命人遇苦命人呀！于是，两人抱头痛哭之后“移情于数学”并“演得三千言”，合作完成了《衡斋算学之二》。31岁那年，汪莱又应亲戚汪应埔的要求，再次速写神奇，魔术般完成了《衡斋算学之三》。

32岁那年，汪莱结识了自己的第二位知音、大数学家李锐。至此，在“乾隆盛世”这个中西融合的至暗年代，深受复古派排斥的“谈天三友”就两两相识了，只是三人还未同时见面而已。小人物汪莱是如何认识李锐的呢？那时汪莱正好完成了《衡斋算学之四》，可当他把该书恭送给多位数学家征询意见时，竟都如石沉大海，唯有李锐理解其价值，并大赞此书为“穷幽极微，真算氏之最也”。李锐还嫌不够，又专门为此书写了跋文一篇，认定“孝婴之学，深妙入微”。

33岁时，汪莱应邀到扬州的一位翰林家里当家庭教师。哇，这下可大开眼界啦！原来这位翰林的家中藏书颇丰，汪莱在这里竟然读到了秦九韶、李治等多位宋元数学家的经典著作，从而对中国数学巅峰有了深刻的认识。更幸运的是，这位翰林的家里常有各界名流来访，汪莱也就顺便沾光，结识了一大批著名数学家，比如张敦仁、江藩、钱献之等。其中，张敦仁时任扬州知府。在这些数学家的帮助下，在宋元数学经典的启发下，汪莱又神思如泉涌，把自己的中西数学融合又推向了新高峰，写成了关于方程论的《衡斋算学之五》。接下来，他还不肯罢休，在同年秋天从扬州到六安的途中，竟火速撰成了《衡斋算学之六》。汪莱36岁那年，李锐应张敦仁之邀来扬州充任幕宾。当时焦循也在扬州，于是“谈天三友”终于团聚了。他们相见恨晚，交往频繁。汪莱更是受益匪浅，在此期间又在方程论方面撰成了《衡斋算学之七》。至此，历经奇迹般的短短5年，汪莱的主要数学著作都完成了。同年底，在另一位朋友的资助下，汪莱的7卷汇总本《衡斋算学》终于在扬州公开刊印了！

若是在康熙年间，仅凭这一部《衡斋算学》，汪莱就可以衣食无忧，甚至加官晋爵。可是，官方对汪莱的成果压根儿就充耳不闻。传进汪莱的耳朵里的不是掌声，而是复古派的骂声；在汪莱的面前晃动的不是鲜花，而是被饿得两眼昏花。最后，可怜的汪莱带着自己的著作逃回了老家。37岁那年，他终于遇到了自己的伯乐夏銮。夏銮是一位学者型官员，一次他路过歙县时，闻知汪莱之名，便立即前往造访。两人“一见称莫逆，与语终日”。夏銮不但盛赞汪莱为“天下奇才”，还立即让儿子和门生拜汪莱为数学老师。在夏銮的推荐下，汪莱于次年应两江总督之邀，前往主持黄河入海口的测算工作。汪莱不负众望，很快就顺利地完成了任务，然后回老家继续忍饥挨饿，研究数学。

39岁那年，知识好像真的要改变汪莱的命运了。他以全县第一名的成绩考取了八旗官学教习，被选入京师深造4年，参与国史馆修历工作。在京期间，他有幸读到了明安图的《割圆密率捷法》遗稿，于是重新自审了当年的数学成果，并对其加以改进和补充。官学毕业后，43岁的他被分配到安徽石埭县当了一位公办教师。至此，曾经的民办教师总算端上了铁饭碗，不必再为衣食担忧了。可此时病魔又来了，搞得汪莱依然清贫。更不幸的是，他已被复古派学术圈全面封杀了，以至很难与外界取得联系。临终前几个月，伯乐夏銮专程前来探望，见其“颜色憔悴，悄然不乐”，就劝他做些复古派认可的研究。可他断然拒绝道：“今世考据家陈陈相因，不过抄袭前言耳。”这句话的大意就是：复古派那帮人只会抄袭前人而已，谈何创新！

1813年12月4日，汪莱死于贫病交扰之中，年仅45岁！据说，其家境之萧然，竟然囊无余资。师生叹其清贫，便集资送其灵柩回归故里，总算让这位伟大的数学家入土为安了！

后来，夏銮及其儿子等在整理和出版汪莱的遗作方面做了大量工作，终使汪莱的辉煌成就未被淹没在复古派的唾骂声中。

第二十回

打开国门才能强，闭关自大难防狼

哈哈，不懂数学的翻译家肯定不是优秀的教育家！若说本回主角同时是优秀的数学家、翻译家和教育家，你也许不觉得惊奇；但若告诉你他竟是不懂外语的翻译家，你还信吗？但这是事实！你也许不熟悉他的名字，但在过去200多年来，所有中国人几乎都享受过他的成果，且今后也会永远这样。若你学过物理，那么像分力、合力、质点等名词就是他的创造；若你学过植物学，那么像细胞、豆科、植物、蔷薇科等名词也都出自他的手；若你对天文学感兴趣，那么像历元、方位、视差、本轮、均轮等术语的提出也归功于他；若你学过数学，嘿嘿，抱歉，就算你想躲也躲不过他的天罗地网，因为数学各领域的许多名词都是他的杰作，比如代数学中的函数、代数、常数、系数、已知数、未知数、方程式、单项式、多项式等，解析几何中的轴、原点、切线、法线、抛物线、双曲线、渐近线、圆锥曲线等，微积分中的无穷、极限、曲率、微分、积分等。

也许有人不屑道：哼，不过翻译几个名词嘛！伙计，此言差也！想想看，在黑暗的荒野中，当有人举着火把帮你脱险后，你会讥笑那个火把不够高科技吗？对，本回主角在翻译这些名词时，中国的近代科技正处于极度黑暗中，整个中华民族正处于西方列强的炮口之下，甚至几乎没有懂英语的中国人。翻译之难，简直难于上青天。比如，一部《几何原本》竟然从明到清翻译了整整250年！在如此恶劣的环境中，能把大量西方科技准确引入中国，拯救华夏于水火，难道不是伟大壮举吗？当然，本回主角更是当时中国顶级的数学家，他取得了“19世纪中国数学界的最高成就”，创立了二次平方根的幂级数展开式和自然数幂求和公式等。虽然这些成就相较于当时的世界水平还有很大差距，但那时中国已闭关锁国500年了。所以，看待清朝科学家的成就时，一定要客观，要结合当时的历史现状，既别自吹又要敢于承认不足，更别自卑，毕竟中国科学家具有成为世界级大家的潜能，只要去掉他们的枷锁，只要允许他们站在巨人的肩上。那么，本回主角到底是何方神圣呢？各位别急，且听我们慢慢道来。

话说1811年1月22日，随着一声惊天啼哭，本回主角就从娘胎里来到了浙江海宁。他的老爸一高兴，便给他取名为李心兰，字竟芳，号秋纫，别号壬叔。可这李心兰长大后小嘴一撇，心下暗想：“老爸呢，您赐这名，孩儿不满意呀！待儿21岁考中秀才后，定改名为李善兰，以不负此生之使命。”所以，下面就称这个小胖墩为李善兰。这个李善兰可不是一般人，只见他还没顾上吃奶，就掐指一算，哇，这一年好不热闹呀！好消息是：抽象代数创始人、天才数学家伽罗华在法国出生了；清朝著名政治家、洋务运动首领，也是李善兰未来事业的主要支持者曾国藩也呱呱坠地；鸦片战争的核心人物林则徐刚刚考中进士。坏消息是，这年7月14日，糊涂的嘉庆皇帝又在紧锁国门的众多大锁上再加了一把大锁，“严禁西洋人潜往内地”。这意味着李善兰的未来事业难上加难。

唉，先别管未来事业了，还是看看自己的前世今生吧。于是，李善兰睁开天眼一瞧家谱，结果又是一悲一喜。好消息是：哈哈，自己原来生在一个书香世家。他的先祖乃南宋末年京都汴梁人李伯翼，此人终生读书论道，不乐仕进；其子李衍举乃元初高官，因工作之需迁居海宁。从此，李家在此生活了500年，第17世孙名李祖烈，号虚谷先生，娶名儒崔景远之女崔氏为妻。他们便是李善兰的亲爹和亲娘。李善兰有两个弟弟和一个妹妹，其中大弟弟李心梅后来也成了数学家。坏消息是：唉，自己命中无子呀！李善兰早年在家乡娶妻许氏，无子；晚年在京纳妾米氏，仍未得子。无奈之下，他只好过继外甥崔敬昌为嗣。

李善兰自幼家教良好，资质出众，所读之书，皆过目成诵。他后来进入私塾，更是勤奋好学。9岁时，他从老爸的书架上看到了古代名著《九章算术》，立即发现其新奇之趣，从此就迷上了数学。14岁时，他靠自学读懂了欧几里得《几何原本》的前6卷。书中暗表，为啥只有前6卷呢？唉，这只是200多年前由明末徐光启等翻译的半成品。至于其全译本嘛，嘿嘿，还得等李善兰长大后自己亲自动手呢。此乃后话，暂且按下不表。单说这6卷《几何原本》，它那严密的逻辑体系和清晰的数学推理让李善兰的眼前一亮。再结合之前所读《九章算术》中的众多实用解法和计算技巧，李善兰发现：哇，原来数学世界竟如此精彩，数学思维竟能迥异，各种技巧竟各有所长呀！后来，他又拜“重差之术尤精”的数学家吴兆圻为师，从此数学造诣日趋精深。

不过，别高兴得太早，李善兰其实并非学霸，原因很简单：他擅长的数学在那时只是选修课，而真正的“高考科目”是八股文章，这也是他的克星。17岁那年，他作为州县考生前往省府杭州参加乡试，毫无悬念地落榜了。对此，他毫不介意，甚至还如释重负地自我安慰道：“于辞章训诂之学，虽皆涉猎，然好之总不及算学，故于算学用心极深。”这句话的大意是说：没事儿，八股不够，嘿嘿，数学来凑嘛！于是，他干脆扔掉八股，利用这次来省府的机会，广泛搜寻资料，买回了许多数学典籍，比如李冶的《测圆海镜》和戴震的《勾股割圆记》等。这些典籍又让他的数学水平更上了一层楼。

李善兰不仅时时学数学，还处处用数学。有一次，他召集朋友到“东山别墅”吟诗绘画，结果一高兴，利用相似勾股形对应边成比例的数学原理测出了东山的高度，惊得大家目瞪口呆。他的经学课老师也说：“孰习九数之术，常立表线，依节候以测日景，便易稽考。”啥意思呢？原来，这位老师抱怨李善兰同学在经学课上玩数学！他的一位诗友也在《白岳诗话》中说他：“夜尝露坐山顶，以测象纬躔次。”就是讥笑他深夜呆坐山顶不归，傻乎乎地只顾测星。据说，在新婚之夜，他竟把新娘子晾在一旁，独自探头于阁楼窗外，痴迷地仰望星空。不管这些传说是真是假，有一点可以肯定，那就是他特别钟情于数学。

在他29岁那年，清政府终于为自己长期以来的闭关锁国政策付出了沉重代价。这一年是耻辱的1840年。心痛之余，李善兰经深刻反思后大呼：“呜呼！今欧罗巴各国日益强盛，为中国边患。推原其故，制器精也；推原制器之精，算学明也。”这句话的大意是：中国之弱，貌似武器不精，实则数学不明。后来他又盼道：“异日人人习算，制器日精，以威海外各国，令震慑，奉朝贡。”这句话的大意是说：但愿有朝一日，国人都成数学家，造出撒手锏，威震四海，让各方前来朝贡，云云。从此，他便在家乡更加刻苦地从事数学研究。

34岁那年，李善兰到嘉兴当了私塾先生，并结识了许多著名学者，与大家随时讨论数学问题。这时，他灵感爆棚，竟一口气完成了有关“尖锥术”的5部专著。次年，他又结识了著名数学家戴煦，并就“余弧与切割二线互求之术”与后者进行了广泛而深入的讨论，甚至还帮戴煦改进了某些成果，以至戴煦在其专著中对他表达了真诚的谢意。此外，李善兰还通过书信方式与当时的数学大咖罗士琳等相互切磋，取长补短。他们彼此之间的交流非常频繁，以至“邮递问难，常朝覆而夕又至”，即有问必答，事不过夜。

41岁那年是李善兰的重要年份。这一年，他带着自己的数学专著前往上海的墨海书馆，希望在来华传教士中找到学术知音。果然，伟烈亚力慧眼识珠，两人一拍即合，立即开始了合作翻译工作。从此，国人才有幸能全面系统地接触众多现代西方科技知识。不懂英文的李善兰是如何与不会写中文的老外伟烈亚力合作进行翻译的呢？原来，这老外口述，李善兰再据此努力读懂原著，经二次创作后，用中文写出。可见，若不深谙相关内容，就很难完成翻译任务。

李善兰与伟烈亚力合作翻译的第一本书便是他在小时候只读了一半的《几何原本》的后面9卷。由于合作愉快，后来又有其他几位老外加入了翻译团队。于是，大家同心协力，一鼓作气创造了中国翻译史上的新奇迹，先后翻译了物理学著作《重学》20卷、天文学著作《谈天》18卷、数学著作《代数学》13卷和《代微积拾级》18卷、植物学著作《植物学》8卷等。这些著作在李善兰46~48岁期间先后由上海的墨海书馆刊行。其实，李善兰等还翻译过牛顿的代表作《自然哲学的数学原理》，可惜没能译完，故未被刊行；否则，国人将再早若干年接触到这部经典，虽然此时牛顿的著作已出版了差不多200年。

在李善兰49岁那年，太平军攻占苏州，致使他留在那里的所有著作和手稿全部散失。从此，他“绝意时事”，逃到上海租界，埋头进行数学研究，重新著书立说。后来，洋务派首领、两江总督曾国藩在安徽筹建安庆军械所，邀请许多著名学者担任顾问。李善兰也于51岁那年进入了曾国藩的智囊团，“兼主书局”，即负责与图书有关的工作。李善兰在安庆积极参与洋务新政，更加努力地引进西方科技。在他53岁那年，曾国藩率军攻陷太平天国占据的南京，李善兰等也跟着到了南京。在曾国藩和李鸿章的资助下，他又再版刻印了早年翻译的多部专著，对促进国内科技发展产生了重大影响。

除了作为数学家和翻译家外，李善兰还是一名教育家呢。大约在他57岁那年，朝廷在京师添设了天文算学馆，李善兰受邀成为该馆的总教习。从此，他完全转向教研工作，直至1882年12月9日以71岁高龄去世。在此期间，他虽已升为三品高官，但仍潜心从事教育，淡于名利，从未离开过教学一线。他“口讲指画，十余年如一日”，所培养的学生不但数量多（先后约百人），而且质量高（“诸生以学有成效，或官外省，或使重洋”，即其弟子毕业后要么去外省当官，要么到国外任使节）。看来，他确实无愧于中国近代教育鼻祖之称。晚年时，他特别重视选拔优秀生源。每当发现好苗子时，他便急不可待地向好友报喜道：“近日之事可喜者，无过于此，急欲告之阁下也。”你看，一位爱才如命的慈祥老先生简直跃然纸上了吧。他还特别重视教材的编写工作，61岁时编《考数根法》，66岁时编《代数难题》。据其继子的回忆，他在去世前几个月还“手著《级数勾股》二卷”！佩服，佩服，老而勤学如此，不得不让人佩服！

总结李善兰的一生，不必深究其数学水平到底有多高，或翻译技巧到底有多棒，或教育思想到底有多先进等。他的一生其实可简要归纳为“中国科技洋务先锋”，这一点就足够了！我国若能更早更多地涌现此类英雄，也许就不会有鸦片战争，更不会有接二连三的被动挨打了。

本书到此，“数学篇”就结束了。回顾一下，从有据可查的刘徽开始，中国数学一直在蓬勃发展，宋末元初甚至达到全球顶峰。可是，由于明清两朝的闭关锁国，中国科技全面落后。因此，我们在谴责侵略者的同时，更该深刻反省。只有改革开放才是正道，文化融合才是大势所趋，顺之则昌，逆之则亡。

农学篇

泛胜之　贾思勰　陆　羽　陈　旉　王　祯

黄省曾　喻　仁　喻　杰　陈淏子　杨　屾

第二十一回

农学巨著第一部，泛胜之书传千古

在所有学科中，农学可能是最容易被误会的了！一方面，许多人误以为农学没啥高科技含量，其实刚好相反。也许在人类还未解决的所有科学难题中，涉及农学的难题数量最多，难度最大，而且这种局面还将长期存在，甚至可能越来越明显。换句话说，科学的真正珠穆朗玛峰其实在农学这座喜马拉雅山上。

另一方面，许多人误以为我国农学家的数量最多，毕竟农民的人数一直占绝对优势，其中拥有一技之长者数不胜数。他们在某种程度上可算是农学家，但他们的农学成果对后世的影响甚微，故可忽略不计。有些人的农学成果的影响虽大，但其本人只是传说，也不宜被当成农学家。比如，似乎所有的上古传说人物都绝对称得上农学家。你看，在最早传说的“农耕五祖”中，伏羲氏教民养六畜；炎帝神农氏发现五谷，教民刀耕火种，还发明了形似铁锹的木质农具耒耜；黄帝教民男耕女织，黄帝的元妃嫘祖教民养蚕制衣；大禹兴修水利，三过家门而不入。在更晚一些的传说中，黄帝的玄孙后稷善种庄稼，发明了优于刀耕火种的新方法，因而被国人奉为“农耕始祖”“五谷之神”“农神”和“稷王”等。但是，如果去掉神话，去掉传说人物，那么真正有名有姓且有著作传于后世的第一位中国农学家便是本回主角泛胜之。他的代表作为《泛胜之书》。其实，在泛胜之生活的年代，农学好像很热门。据《汉书·艺文志》的记载，从先秦到汉末，至少有农书9部114篇，其中包括《神农》20篇、《野老》17篇、《宰氏》17篇、《董安国》16篇、《尹都尉》14篇、《赵氏》5篇、《泛胜之书》18篇、《王氏》6篇、《蔡癸》1篇。可惜，很多著作都已失传，甚至连作者的姓名也不知，当然也就无法为之立传了。

还有人误以为农学著作可有可无，农学知识不过是直观经验的总结而已，农业技巧只需口传面授就够了，但事实刚好相反。实际上，作为中国古代“四大农书”之首的《泛胜之书》的学术水平很高，它总结了我国秦汉之前黄河流域的主要农业经验，记述了耕作原则和栽培技术，创造了区田法等使用至今的多种耕种方法。

关于农学，为啥有那么多误会呢？本书不打算回答这个问题，只希望各位读者朋友在读罢包括本回在内的农学篇后，能重新发现一个不一样的农学。中国农学当然并非源于泛胜之，故在为其写传前，先基于考古资料来看看主角诞生前的情况。

中国农学主要发源于以种粟为主的黄河流域和以种水稻为主的长江流域。其中，黄河流域的原始农业遗址按时间先后顺序主要包括公元前5500年至公元前4800年的裴李岗文化遗址、公元前5400年至公元前5100年的磁山文化遗址、公元前5000年至公元前3000年的仰韶文化遗址，以及公元前2500年至公元前2000年的龙山文化遗址等。此外，还有与黄河流域大体一致的若干边疆文化遗址，比如约公元前5300年至公元前4800年的辽宁新乐文化遗址及小珠山一期文化遗址、约公元前3500年的红山文化遗址及小珠山二期文化遗址，以及约公元前3000年至公元前2500年的小珠山三期文化遗址等。长江流域的原始农业遗址按时间先后顺序主要包括约公元前5000年的河姆渡文化遗址、约公元前5000年的马家浜文化遗址、约公元前4000年的崧泽文化遗址、约公元前4400年至公元前3300年的巫山大溪文化遗址、约公元前3000年至公元前2600年的屈家岭文化遗址、公元前2900年至公元前2700年的曲江石峡文化遗址、约公元前2800年的跑马岭文化遗址以及公元前2200年至公元前2100年的白羊村文化遗址等。

综合分析上述农业遗址后，能发现若干秘密。在最早的原始农业阶段，农具材质以磨制石器为主，兼有少量的骨器、角器、蚌器和木器等；农具的种类主要有伐木的斧，翻土的耜，松土的铲，收割庄稼的刀和镰，加工粮食的磨盘、磨盘棒、臼和杵等。若对这些原始农具进行功用分析，就可按时间先后顺序将原始农业的耕种阶段再细分为刀耕和锄耕两个阶段。其中，刀耕就是常说的刀耕火种，即砍倒树木，纵火开荒，再用尖头木棒凿地成孔，点播种子。在这种情况下，不施肥，不除草，土地只能用一年，收获后必须弃之，来年再找另一块土地如法炮制。因此，耕种者必须年年迁徙。后来到了锄耕阶段，由于有了石耜、石铲等农具，便可对土壤进行翻掘等处理，因此可在同一块土地上连续种植多年，农民也就定居下来，慢慢形成了村落。无论是刀耕或锄耕，原始农业都严重依赖自然条件。所以，黄河流域因为气候干燥，主要适合种植旱地作物粟、黍、麦等；长江流域因为气候温润、水源丰富，主要适合种植水稻及耐阴的块根作物木薯、芋等。此时，驯养的家畜已有猪、狗、牛、羊、马、鸡等。

到了夏商周时期，农具得到进一步改进，不但出现了少量青铜农具，传统的木石农具的种类也更加丰富。比如，《诗经》等古籍都提到了除草工具和木质榔头，还描述了整地、中耕和除草等耕作程序。此外，铲和镰等也已普及。到西周时，已开始实行井田制，即土地归国家所有，然后分封给各级贵族，按井字形划分为九区，中央一区为公田，四周八区为八夫的私田。公田由八夫助耕，收获的农产品全部上交。男子成年时受田，老死后还田。农业需要集体劳动，大规模的土地开垦和种植活动也已出现。此时，酿酒也较为普遍，农作物新品种至少有禾、谷、梁、麦、牟、稻、芑、菽、麻、苴等，已开始种植果树和蔬菜，养蚕已成为农事活动。

到了春秋战国时期，鲁国率先实行初税亩制，即按亩征收赋税；秦国等也废除井田制，土地不再统归国家所有，可以自由买卖，农业已家庭化，农具也私有化。农业发展进入了快车道，其重要标志就是铁质农具的出现。比如，耕地用的耒耜、锄地用的铫（一种大锄）、收割时所用的镰等都有了铁刃，功效空前提高。铁犁的出现催生了牛耕等畜力生产方式。铁器掀起了水利工程新高潮，以至出现了都江堰等大型水利工程。铁器不但增强了农民的开荒能力，而且扩大了耕地面积，提高了粮食产量。铁器还从根本上改变了农作物的栽培方法，出现了精耕细作，发明了畎亩法，开始施用肥料。在畜牧方面，此时出现了相畜术，其中尤以伯乐相马和宁戚相牛最为著名。“兽医”一词已出现，甚至还区分了兽病和兽疡，即兽医内科和外科。同时，也出现了绣、锦、罗、纱、绢、缘等精美的丝制品。更重要的是，农学理论实现了零的突破。在《吕氏春秋·审时》中有这样一句话：“夫稼，为之者人也，生之者地也，养之者天也。”这句话的大意是：农业嘛，靠人耕，靠地长，靠天养。这便首次揭示了农业的三个核心关联因素——天、地、人。

好了，现在到了本回主角泛胜之生活的时代。当然，首先亮相的是其祖先。当秦始皇忙于统一六国时，周朝王室中有一凡姓人家因逃避战乱来到今天山东曹县的氾水一带，改姓为氾，并在此繁衍生息。也不知过了多少代，大约在公元前1世纪的某一年，该家族降生了一个小瘦猴。早已衰落成普通农民的老爸一高兴就给儿子取名为氾胜之。由于“氾”是“泛”的古体字，为避免出现不必要的生僻字，下面将主角称为泛胜之。

泛胜之的生卒日期和生平信息几乎不得而知，但可以肯定的是，在西汉末代昏君汉成帝在位期间，即公元前33年至公元前7年，他曾担任过朝廷的官员，官名为“议郎”，职责为“知农事”。而他的主要农学著作《泛胜之书》正是在这个官位上作为职务作品而完成的。他作为负责农业的官员，曾受朝廷遣使，以“轻车使者”的名义，在陕北一带亲自指导过农业生产，并使该地区连年丰收。为此，他名利双收，不但升了官，被提拔为黄门侍郎，而且青史留名，后来的《汉书·文艺志》和《晋书·食货志》等古籍都专门表扬过其功绩呢。至于他到底是如何完成《泛胜之书》的，如今已无法考证。但他在此期间确实进行了认真研究和实地考察，总结和推广了多种先进农业技术，特别是发明了区田法（把土地分成若干个小区块，通过深耕、勤浇、精管等手段，增强土壤的保水保肥能力，并采用宽幅点播法或方形点播法，推行合理密植）。区田法到底有多重要呢？这样说吧，它不但使当时的农民受益，而且一直被沿用了2000年，直到清朝还在关中地区大受欢迎，甚至到了20世纪中叶，在陕北地区还有部分农民在使用这种方法。当然，《泛胜之书》中被沿用至今的农学成果还有种子穗选法（即如今的良种选育）、溲种法（即今天的浸种法的原型，对种子进行若干增肥和防病的预处理）。

据说，泛胜之虽为朝廷命官，但时时想着农学研究，处处推广农学技术。他常常微服出访，虚心向民间高手请教，及时将他人的实践经验同自己的理论相结合。一次，他听说某位农民善种葫芦，就亲自登门拜访，并与他交上了朋友。他长期仔细观察该农民的种植过程，还亲手反复试验，终于总结出了一套葫芦高产技术。这便是《泛胜之书》中的种瓠法。接着，他又对该法进行了广泛推广。据说，用该法栽种的葫芦比普通葫芦大10倍。正是采用此类理论结合实践的方法，《泛胜之书》总结了冬麦、大豆等13种农作物的栽培技术，还给出了有关嫁接、轮作等技巧。不过，为了不影响可读性，本回不打算复述《泛胜之书》中的相关内容。古代农学研究很像设计魔术，寻找解决方案时非常困难；可一旦找到答案并将其公开后，现代人都会说“哦，原来如此简单”。《泛胜之书》最早叫《泛胜之十八篇》，后来又叫《泛胜之种植书》或《泛胜之农书》，再后来才叫《泛胜之书》。可惜，到北宋时，此书原本已失传。幸好《齐民要术》及《太平御览》等古籍摘录了它的不少内容，所以，后人才又重新辑录出了今天所见的三千余字的《泛胜之书》。

泛胜之晚年时，王莽乱政，西汉灭亡，中原不宁，唯河西走廊富庶平安，一些大族纷纷避乱西迁。碰巧，泛胜之的儿子时任敦煌太守。于是，与其祖先一样，泛氏家族又再次迁居。不过，这次没隐姓埋名，而是长期定居于敦煌，后来还成了当地的一大望族。

第二十二回

齐民要术传世界，官史未记贾思勰

一提起《齐民要术》，几乎无人不知！在过去约1500年中，该书以20多个版本传遍全球许多国家，至今仍被奉为古代农学经典。该书以11万字之巨，总结了秦汉以来黄河流域的农技知识，保存了汉朝农技精华，介绍了《泛胜之书》以后的新经验和新成就，首次形成了中国农学的完整体系。无论是学术价值还是实用效果，该书在中国农学史上都是绝无仅有的。比如，自它以后，一方面北方旱地农技的发展都没超出它总结的方向和范围；另一方面历代著名农书几乎无不深深地打上了它的烙印，其中尤以元代的《农桑辑要》、明代的《农政全书》和清代的《授时通考》等为甚。该书受到了社会各界的高度重视。在前500年里，它主要以手抄本形式广泛传播，早在唐朝就传到了日本。后来，雕版印刷术投入实际应用后，北宋朝廷从1020年8月26日开始，历经5年多时间，才最终印刷了它的首次官刊善本，并视之为国宝，以至“非朝廷人不可得”。不过，这仍未挡住日本人对它的渴求，至今日本还珍藏着北宋最早刊印的此书残本，国内却只有再晚一些的南宋绍兴本，以及转自该版本的、更晚一些的明代嘉靖湖湘本。该书还经常被用作介绍物种演化的经典。据说，为佐证进化论，达尔文在其代表作《物种起源》和《植物和动物在家养下的变异》中引用的那本“中国古代百科全书”就是《齐民要术》。此外，《齐民要术》在保存更早的中国古典方面还意外地立了一大功。由于它的全面清晰引用，西汉末年的《泛胜之书》、东汉的《四民月令》和范蠡在春秋末年所著的《陶朱公养鱼经》等名著得以重见天日，它们在已失传多年的情况下终被后人重新部分恢复。

一提起《齐民要术》的作者贾思勰，几乎无人不晓，他的画像遍布全国各地的中小学教室，中国邮政为他发行了纪念邮票，其家乡也为他建立了大型纪念馆，博物馆更少不了拿他讲故事。他的若干名言警句至今仍在网上疯传，比如“顺天时，量地利，则用力少而成功多”（此语当然不仅仅适用于农作物种植），“力能胜贫，谨能胜祸”（此句也非只是农民脱贫致富的注意事项），“智如禹汤，不如常耕”（告诫我们即使有大禹和商汤之智，也要不懈努力），“入泉伐木，登山求鱼，手必虚”（指出了正确选定科研方向的重要性），“采捃经传，爰及歌谣，询之老成，验之行事”（点明了所有科研工作的基本原则，就是说既要重视理论，也要重视经验，还要向专家学习，

贾思勰塑像

更要亲自实践)。至于“天为之农，而我不农，谷亦不可得而取之”这句名言嘛，表面上是说上天虽给我耕种时机，若我不动，则依然没有收获，但实际上它有着众多借题发挥之处。由此可见，许多学问确实是相通的。目前，有关贾思勰及其著作的研究非常热闹，甚至在欧美、日本都出现了类似于“红学”那样的所谓“贾学”。这里的“贾”当然不是贾宝玉，而是贾思勰；“贾学”研究的著作当然不是《红楼梦》，而是《齐民要术》。

与上述热闹情形相反的是，历代官方史料竟都完全忽略了贾思勰，在各类野史中也没他的靠谱信息。有关他的确切生平信息，至今只有区区10个字，那就是他本人在《齐民要术》封面上的落款“后魏高阳太守贾思勰撰”，其中显然只有前6个字值得研究。仅仅基于这6个字，该如何给贾思勰写小传呢？目前同类作品的普遍做法是，要么编一些虚幻故事，要么在《齐民要术》上做文章。比如，把他的传记写成对《齐民要术》的简评，告诉读者：该书的组织架构怎样，土壤耕作和农作物栽培方面的要点是什么，园艺和植树方面的核心在哪里，蔬菜和果树栽培方面的内容是多么丰富，在动物饲养和畜牧兽医等方面又如何精妙，在农副产品加工和烹饪方面是多么全面，在引用古籍方面是多么严谨和系统。但我们认为，虽然《齐民要术》非常重要，但普通读者可能并不想阅读太多的古代农技知识，而对《齐民要术》有特殊兴趣的读者也宁愿直接阅读《齐民要术》。因此，我们打算另辟蹊径，基于历史事实，与各位读者一起扮演一回福尔摩斯，把本回写成一篇侦探小传。以真实案例来做一次脑力体操，将更具知识性和趣味性，而且这种严谨的逻辑推理能力和发现蛛丝马迹的观察能力在所有科研活动中都是不可或缺的。

从哪里开始破案呢？当然是从最简单的、与贾思勰生平相关的问题入手，比如他到底是哪里人，生活在什么年代，是什么职业，为啥没被记入官方史料，《齐民要术》是何时完成的，书名为啥要叫《齐民要术》等。猛然一看，这些问题中的一些好像非常简单，但其实回答起来非常困难；而另一些好像非常困难，但又意外找到了答案。这就是所有科研工作的魔幻之处，也是科学家的魅力所在。正可谓“山重水复疑无路，柳暗花明又一村”。

现在唯一的确切信息只有“后魏高阳太守”这6个字。其中，“太守”是官名；“后魏”指北魏，但其延续时间长达150年；“高阳”是地名，是关键。可惜，在北魏时期有两个高阳：一为瀛洲高阳，即现在河北高阳县一带；二为青州高阳郡，即现在山东寿光一带。到底是哪个高阳呢？贾思勰在《齐民要术》中提到，他曾见过一个人，即西兖州刺史刘仁之。此人便是打开谜团的钥匙。据可靠史料的记载，刘仁之曾于公元532年担任过朝廷中负责编修国史的“著作郎兼中书令”，不久改任西兖州刺史，后来卒于公元544年。换句话说，贾思勰的生活和著书年代应该在公元533年至544年，误差不会超过11年。这也是到目前为止，“贾学”给出的有关这两个问题的最佳答案。不过，下面我们将给出更精确的答案，此处暂时不表，继续破解“高阳”之谜。

由于刘仁之任职的兖州位于今山东省，所以高阳是寿光的可能性就增加了一点。另外，北魏官方史书上还记载了两位名叫贾思伯和贾思同的人，他们都是齐郡益都人，而齐郡又名青州，山东高阳也刚好属于青州。此外，贾姓并非大姓，在特别重视按辈分取名的古代，贾思勰和贾思伯、贾思同三人很可能是同族同辈人。因此，贾思勰是山东人的可能性又增加了一点。早在北魏之前约500年的西汉，在寿光附近的曹县出现过另一位著名农学家泛胜之，且《齐民要术》中大量引用了《泛胜之书》的内容，因此，有理由认为贾思勰可能是其古代老乡的粉丝，甚至可能以泛胜之为榜样，也将自己的一生献给了农学事业。这又为贾思勰的山东籍增加了一点可能性。寿光属于齐地，《齐民要术》中的那个“齐民”，也可解释为贾思勰是齐之民。另外，反观河北的那个高阳，它与贾思勰几乎没啥瓜葛。正反两相对比，便可认定贾思勰是寿光人。

下面继续推理，回头再来锁定《齐民要术》的完成时间。按常理，在上千年的史事中，这区区11年误差应该相当不错了。但该误差还能缩小吗？非常意外，还真能！原来，“贾学”专家们过去忽略了一个重要情况，那就是公元534年北魏灭亡了，代之出现的是另一个只持续了16年的短命王朝东魏，再接着又是一个只持续了27年的短命王朝北齐！因此，《齐民要术》完成的时间几乎肯定就是公元533年或534年的上半年。原因很简单，若晚于公元534年，那么已是东魏子民的贾思勰哪敢在自己的著作上署名为“北魏太守”，那不是自己找死吗？若该书的完成时间早于公元532年，则刘仁之还没担任西兖州刺史呢！如此掐头去尾，便可能是这样一出戏：刘仁之上任时，贾思勰拿着新作《齐民要术》拜访自己的新上司。因此，《齐民要术》完成于公元533年！

基于该精确答案，贾思勰的生活年代还能更准确一些吗？也能！实际上，与解决数学难题的突发灵感不同，撰写长达11万字的《齐民要术》属于劳动密集型科研，任何人都得耗费大量时间和精力。想想看，在《齐民要术》完成500年后的北宋，仅仅是刻印一次就动用了朝廷力量，花费了5年时间。那仅凭一己之力的贾思勰又得花费多少个5年呢？别忘了，他既要四处调研，又要反复试验，还要认真总结，更要亲自执笔。因此，有理由假设贾思勰的大半生都是在公元533年之前为撰写《齐民要术》而度过的。他可能在进入东魏后很快就去世了；否则，农学巨著《齐民要术》的作者很可能因受到东魏新朝廷的重用而被载入官方史册。这也顺便给出了他未被载入史册的一个可能原因，而另一个可能原因则是在《齐民要术》未完成前的北魏，他作为区区高阳太守，在北魏即将灭亡时，谁顾得上将他写入官史呢？总之，贾思勰未进入正史的原因很可能是被改朝换代耽误了。

贾思勰的职业到底是什么呢？一方面，在《齐民要术》完成之际，他肯定是高阳太守；但另一方面，情况可能更复杂。比如，他可能只是在《齐民要术》基本成稿后才出任太守之职的；甚至是刚刚上任不久，还没来得及被北魏官方记入史册，就因改朝换代而离职了。除了《齐民要术》的巨大工作量之外，另一个理由基于这样的事实：为撰写《齐民要术》，贾思勰曾多次前往山西、河南、河北和山东等地实地调研，还饲养过200只实验羊。想想看，一个地方太守在国家即将灭亡的动乱之际花费大量时间和精力跨省调研农学，这可能吗？若他也像氾胜之那样，曾是“知农事”之类的朝廷命官，则撰写《齐民要术》就属正业；但如此官员就该记入正史哟，这又出现了矛盾。若他曾是商人，则可一边经商，一边从事农学研究；但他明显歧视商业，因为《齐民要术》的序中就有“故商贾之事，概不收录”之语。

若在出任太守前，贾思勰只是平民，却乐于自费四处调研，甚至为此奉献一生，那就可能另有深意了。啥深意呢？这也许就该追问他的书名为啥叫《齐民要术》了。“要术”两字没啥歧义，意指关键技术，实际上整本书都在讲农业关键技术。而“齐民”两字就令人浮想联翩了。“齐民”是不是比“齐家治国平天下”更大的鸿鹄之志呢？实际上，在《齐民要术》序中确有“要在安民，富而教之”一语。此外，再大胆地假设：莫非《齐民要术》在暗应当时当地的“复齐”诉求？因为向前看，据《魏书》的记载，在《齐民要术》成书前62年的公元471年，“青州高阳民封辩，自号齐王”，而此时距贾思勰的出生时间也不该太远。再直白一点，贾思勰的父亲或爷爷是否参加过这次“复齐”运动呢？向后看，在《齐民要术》完成后仅仅16年，“复齐”真的成功了，东魏被北齐代替。

但愿上述推理，没制造啥冤案。

第二十三回

茶仙茶圣与茶神，原来陆羽是凡人

人们都说“人一走，茶就凉”，可本回主角陆羽已走了上千年，他的那碗茶不但没凉，反而越来越烫。他在活着时被调侃为茶仙，去世后被追封为茶圣，后来更被人们奉为茶神，年年享祭，处处受贡。哈哈，你看，如今他又摇身一变，竟以茶学奠基人的身份成了中国古代最伟大的科学家之一。如此红红火火，经久不息，到底是咋回事呢？但凡中国人，谁没品过茶，谁不喜欢茶，君不见“开门七件事，柴米油盐酱醋茶”。但是，真正懂茶的人其实很少，因为茶实在太深奥，难怪连那煎茶、煮茶、沏茶的师傅都被戏称为茶博士。而历史上真正懂茶的第一人便是陆羽；最终一统茶江湖，建立茶帝国的茶学著作便是他撰写的《茶经》。该书全面总结了唐朝以前的茶学知识，分别从茶之源、茶之具、茶之造、茶之器、茶之煮、茶之饮、茶之事、茶之出、茶之略、茶之图等方面，叙述了茶叶的生长、种植、采摘、制造、品鉴及茶区的分布等，甚至还发现了多种名茶，并使其演变成了皇家贡品。《茶经》是陆羽笃行不倦的成果，是他在取得大量调研素材后博览群书、遍采众家之长的结晶。据说，陆羽著《茶经》时就像神农尝百草，“凡茶都亲历其境，亲揖而比，亲灸啜饮，嚼味嗅香”，以至他品茶的虔诚姿态竟成了如今茶迷的招牌动作。所以，《茶经》一问世就立马风行天下，既为时人珍藏，也为今人追捧，更被奉为茶学经典达上千年之久。

其实，在陆羽之前，茶的世界曾经“军阀混战，天下大乱”。那时，茶江湖到底有多凶险呢？恐怕其中的恩怨情仇只有金庸老先生才能说清。下面回顾一下茶的简史，实际上这是一部众说纷纭的混战史。

陆羽

首先，茶是用来干啥的？你也许会脱口而出：解渴、醒脑、提神嘛！抱歉，半对半错！茶之最早功用，至少有四说。一是祭品说，即茶最早与其他植物一起被用作敬神的祭品，后来偶然发现食之无害，便由祭品演变为菜品、药品，最终成为饮品。当然，现在回过头来重新将茶用作献给陆羽的祭品了。二是药物说，即茶之初其实是药品，是解毒药品，因为《神农百草经》中就说神农尝百草，日遇七十二毒，得茶而解之。三是食物说，即古代先民偶然发现茶叶既解饿又提神，故口口相传，代代相继。四是同步说，这是一种和稀泥的说法，属于江湖中的骑墙派。它认为最初的茶叶既可能是食材，也可能是饮品，还可能是药物。这几种方式经长年比较和积累，才最终演化成了现状。不过，无论上述四说谁对谁错，茶之所以能在民间普及，其首功非《茶经》莫属，难怪后人赞曰："自从陆羽生人间，人间相学事春茶。"而此前数千年中，茶其实少有人问津，尽管神农饮过茶，周公旦等也曾饮过茶。

其次，饮茶习惯源于何时？不出所料，答案仍然五花八门，至少又有四说。一是商周说，它认为3000多年前的古代巴人就已开始种茶和用茶了，其根据是东晋《华阳国志·巴志》中载有"(巴子国)土植五谷,牲具六畜，树有荔枝，园有香茗"(巴民已开始种植茶树了)，还载有"茶等，皆纳贡之"(茶已是献给商周王朝的贡品了)。二是西汉说，它认为"茗饮之法，始见于汉末，而已萌芽于前汉"，还搬出了诸如司马相如等人证和"武阳买茶"等物证。三是三国说，它认为饮茶始于三国时期，其证据是《三国志·吴书·韦曜传》中的一句话"密赐茶荈以代酒"。四是神农说，此说为陆羽所倡导，他根据《神农食经》中的"茶茗久服，令人有力悦志"一语，认定饮茶始于神农时代。所以，陆羽在《茶经·六之饮》中断言："茶之为饮，发乎神农氏。"可惜，如今的考古已确定《神农食经》成书于汉代以后，其所载上古传说并非信史。换句话说，虽然贵为茶神，但陆羽的这一"茶源神农说"仍然错了。你看，这就是科学，科学只讲事实，而不盲从于任何权威。

刘松年《撵茶图》

最后，茶树发源于何地？哇，答案更多啦。老师的提问还没结束，四川、云南、江浙等地的同学都迫不及待，纷纷举手抢答，并拿出了各自的铁证。比如，四川的同学带头拿出顾炎武《日知录》中的"自秦人取蜀后，始有茗饮之事”一语，并用川普解释道：“秦人入蜀后，咱祖先就开始饮茶啰！”于是，西南地区的同学趁机附和，搭便车道：“四川也属西南，干脆就说茶树源于西南吧。”可同属大西南的云南的同学不干了，非要咬定：“俺云南西双版纳才是茶树之源，作为植物王国，这里当然很早就有原生茶树嘛！”四川的同学不服，赶紧辩曰：“请云南的同学注意，原生茶树与制茶不是一回事哟！”跟四川的同学唱反调的还有更较劲的川东鄂西的同学，他非要拿出陆羽《茶经》中的“其巴山峡川，有两人合抱（茶树）者”一语，力辩道：“巴山峡川者，乃俺川东鄂西也，我们有如此合抱之茶树，唯独不会制茶乎？”江浙的同学哪顾吵作一团的大西南地区的同学，他模仿孔乙己的声调，摇头晃脑地唱曰：“安静，安静，这茶树之源嘛，非我莫属，君不见我们的茶业至今仍最发达吗？况且我们还有以河姆渡文化为代表的先进古越文化呢。”

茶江湖如此吵闹，终于惊动了玉皇大帝。经请示王母娘娘后，玉帝决定派一位天神降落人间，一统茶江湖。于是，只听得“嗖”的一声，公元733年在湖北天门某穷苦人家里诞生了一只小瘦猴。狂喜中的父母低头一看，笑容立即就僵在了脸上：“天哪，这是人吗？”原来那天神因走得太急，从天而降时竟是以脸着地，且是碎石之地，故其相貌之丑，简直无以言表：远看像是车祸现场，近看还不如车祸现场。不过，丑虽丑，总还是娘的心头肉。于是，父母二人收拾好心情，开始精心养育这位天神。一年过去了，这小子不说话；两年过去了，这小子竟是结巴；三年之后，可怜的父母实在受不了，终于一咬牙，就在深秋之夜将他弃于龙盖寺旁的小桥上。难怪后来陆羽在其自传中说自己“不知何许人，有仲宣、孟阳之貌陋；相如、子云之口吃”。这句话的大意是说：自己不知亲生父母是谁，奇丑无比，口吃至极。

书说简短，再说那一日，也许冥冥之中有啥感应，这龙盖寺的住持智积禅师一大早路过小桥时，忽闻哀雁之声。他走近一看，只见大雁们正张翅护着一个瑟瑟发抖的男婴。阿弥陀佛，禅师哪顾得上啥丑陋，赶紧把孩子抱回寺中收养。后来，为纪念陆羽，该桥就被命名为“古雁桥”，街道也叫“雁叫街”。

拾得孩子后，禅师可就犯难了。一难是该给婴儿取啥名呢？一阵冥思苦想后，禅师用《易经》占得一卦，卦辞说“鸿渐于陆，其羽可用为仪”。于是，禅师取其姓为陆，取其名为羽，取其字为鸿渐，以希望陆羽长大后能像鸿雁那样，翱翔天空，羽翼翩翩，四方皆为通途。二难是和尚庙里哪有奶水呢？也许是命中注定，这时寺庙附近刚好逃来一位难民秀才，秀才又刚好在养育一名新生女婴。更巧的是，这秀才又刚好与禅师一见如故，两人很快成了挚友。于是，禅师委托秀才夫妇共同哺养陆羽。善良的秀才夫妇非常高兴，将陆羽视为己出，更不避讳他那满脸瑕疵，并按辈分给他取了一个小名“季疵”，以配合闺女的“季兰”之名。所以，陆羽也叫陆季疵。秀才之妻同时喂养季兰和季疵，让他俩同桌吃饭，一起玩耍。秀才自己则一边在寺庙旁的私塾当先生，一边教季疵兄妹读书写字。正是在此期间，陆羽学到了孔孟之道。光阴似箭，日月如梭，很快陆羽就长到了七八岁。这时，秀才夫妇年事渐高，思乡之情日笃。于是，全家人又千里迢迢返回了当初逃出来的故乡湖州。这也许是后来陆羽长期隐居湖州并葬在那里的原因之一吧。

秀才夫妇离开后，陆羽回到龙盖寺，继续与禅师一起生活，并在禅师的精心教授下，重点习诵佛经。禅师希望将他培养成一代高僧。可此时的陆羽既不愿皈依佛门，更不愿削发为僧，甚至还偷偷继续修习儒家学问。郁闷至极的禅师便让陆羽挑水砍柴，试图以苦活磨砺其心性，断其尘缘。可哪知这机灵的小陆羽不但“死不悔改”，还借烧水备茶之机，从禅师那里学得了一手绝妙的煮茶手艺，成为全寺有名的茶博士。禅师一见陆羽与茶有缘，就干脆将自己多年积累的茶道经验特别是品茶经验毫无保留地传给了他。这就为他的“茶仙之路”铺上了第一块砖。

12岁那年，陆羽将一碗精心准备的香茶端到禅师面前，跪求离开寺庙。无奈之下，禅师双手合十，终于让他随缘去了。步入红尘后，为求生存，陆羽找到一个草台戏班，本打算以此暂时解决吃饭问题，可没想到他因为那罕见的外表和口吃，再加上奇特的幽默和机智，竟一炮走红，成了丑角明星。后来，他再接再厉，充分发挥文学天赋，又编写了三大本畅销喜剧专集《谑谈》，赢得了更大的名声。至此，陆羽的好运还没完呢。大约在他13岁那年，当地太守李齐物偶然看到了他的出众表演，经交谈后，又十分欣赏其才能和抱负，便主动推荐他到名儒邹夫子那里继续深造。19岁时，陆羽终于学成出师，从此开始了心无旁骛的茶道事业。起先，他主要在天门山附近活动，品茶鉴水，谈经论道。陆羽对茶十分痴迷，且有诗为证。他在一首被录入《全唐诗》的《六羡歌》中这样坦承道：“不羡黄金罍，不羡白玉杯，不羡朝入省，不羡暮登台，千羡万羡西江水，曾向竟陵城下来。”简言之，他当时的唯一愿望就是在天门山用西江水泡茶。

从21岁起，陆羽开始到全国考察，先是较近的襄阳、丹阳、义阳，再横跨南漳、无锡、上饶，最后远达四川、浙江、江苏等地，至少跑遍了23个州。在调研途中，他逢山驻马采茶，遇泉下鞍品水；目不暇接，口不暇访，笔不暇录，锦囊满获。他不但请教茶民，还亲自种茶制茶，以至经常身披粗衣，脚穿麻鞋，独行荒野，寻茶觅泉，评茶品水，杖击林木，手弄小溪，迟疑徘徊，每日至天黑兴尽，方才恋恋不舍而归。这样，经过长达16年的茶事考察后，他终于积累了大量素材，掌握了许多茶学知识，为随后的文字整理工作奠定了坚实的基础。于是，就在37岁那年，陆羽隐居在湖州妙喜寺，并在该寺住持、茶道高手皎然的全面帮助下，潜心撰写《茶经》。10年后，也就是47岁那年，他完成了被誉为茶叶百科全书的、最早最全面的茶学专著，从而将普通茶事提升为美妙的文化艺术。

陆羽的晚年处境甚佳，唐皇代宗曾诏拜他为太子文学，但惯做闲云野鹤的他更喜欢隐居生活。公元804年，他以71岁高龄安然逝世。

陆羽被尊为茶圣和茶神其实是他去世后的事情。他生前的主要光环还是来自其文学成就。若问他的文学功底究竟有多深，可读以下诗篇，该诗已入选《全唐诗》，曰："月色寒潮入剡溪，青猿叫断绿林西。昔人已逐东流去，空见年年江草齐。"由于本回只聚焦于茶学家陆羽，故未涉及其他方面。实际上，他还是著名的演员、诗人、音韵家、书法家、剧作家、史学家、传记家和旅游家等。

第二十四回

隐士陈旉献宝书，南方农学奠基础

公元1149年对中国南方农业来说是非常重要的一年，甚至可以说是“南方农学元年”。此处的“南方”意指长江流域，以便与黄河中下游的“北方”相区别。这一年的某一天，年逾74岁、自号“西山隐居全真子”、又号“如是庵全真子”的南宋道家隐士陈旉在去世前仅仅7年，长途跋涉，从隐居地来到江苏仪征，将自己花费终生心血完成的三卷本《陈旉农书》亲自呈送给时任仪征知州洪兴祖。从此，南方农学才有了理论基础，南方农业才开始慢慢走上科学、系统发展的快车道。

也许有人会质疑，在本回主角陈旉之前，不是早就有东汉后期崔寔的《四民月令》、北魏时期的《泛胜之书》、贾思勰的《齐民要术》和唐末或五代初期韩鄂的《四时纂要》等农书了吗？咋能说《陈旉农书》是南方农学的奠基之作呢？抱歉，确实如此。因为以前的所有农书都主要介绍北方农学，并不适合南方。反过来，篇幅仅为1.2万字的《陈旉农书》倒更像是一部农业版的《孙子兵法》，它的战例虽仅限于南方农业，但其战略战术思想对北方也适用，甚至还可推广到农业之外的许多领域。

也许有人进一步质疑，为何要区分南方和北方呢？莫非长江流域与黄河流域的农业有啥本质区别？是的，南方和北方的农业确实有天壤之别，在古代更是这样，而且越早差别越大。从气候来看，当时的南方温暖湿润，甚至比今天的南方还接近热带或亚热带气候。从地形来看，南方地形更复杂，既包括由石灰岩发育而成的喀斯特丘陵地貌（更适合狩猎、采集和捕捞，农业发展较晚），又包括由河流冲积或湖泊淤积而成的平原（这里开发更晚，直到进入金属时代，农业才起步），还包括介于上述丘陵和平原之间的浅丘和台地（这里才是南方农业的发源地）。从土壤来看，南方主要是红壤区，腐殖质少，植物养分少，酸性较强，土壤侵蚀严重。一句话，若无人为改造，红壤其实并不适合农业。可能让许多读者感到意外的是，像南方这样的自然环境不但不适合早期人类生活，甚至今天也不适合动物生存。实际上，热带雨林地区的动植物比例远远低于其他陆地生态环境。虽然那里动物的绝对数量确实占优势，但主要都是非脊椎动物，不能作为早期先民的食物。那里的脊椎动物要么住在树上，要么很少成群出现，难以捕获。总之，在进入文明社会前，与今天的情况刚好相反，南方的农业基础远不如北方。南方相对落后的事实一直持续到东汉之前。

也许有人还不服，认为人类都已进入文明社会几千多年了，南方和北方农业还有那么大的区别吗？是的，至少在本回主角陈旉所生活的南宋之前是这样。实际上，今天南北的差别也不小，其中最直观的差别就是农作物的主要品种很难大规模异地种植。南方的农业发展史可分为两个阶段。第一个阶段是“园圃农业”，此时主要种植芋薯之类的无性繁殖根茎类植物。这类植物的再生能力很强，随便扔一块根、一段茎或一片叶等，它们都能很快生长，且不受季节限制。第二个阶段才是“种子农业”，此时主要种植水稻等有种子的农作物。比如，在公元前5000年左右的河姆渡文化遗址中发现了人工栽培的稻种。但水稻的生长需要大量水源，而且对光照周期很敏感，早期很难大面积推广。此外，在农业生产技术方面，南北双方也大有差别。在南方的农具中，所使用的竹、木、骨、角、蚌等有机物质明显多于北方，这也会导致南北双方农业的形态之差。当然，相应的农学理论也就不能照搬了。

也许更有人质疑，长江流域的农业史那么悠久，而且南方人以聪明伶俐著称，咋能说陈旉之前就没理论呢？抱歉，确实没有！因为过去南方农民只管埋头种地，而没注意凝练理论。他们只拥有一些零散的农耕经验，甚至连某些基本的农学观念都不正确，当然也就不能使农业生产跃上新台阶。实际上，前人或多或少有所失误的问题至少体现在如下5个方面。而陈旉对这些问题的解决显然不仅有利于农业，甚至对所有产业和相关科研都有指导意义，故对它们逐一介绍。

第一个方面相当于《孙子兵法》的“兵势篇”和“地形篇”。过去，南方农民都没注意发现和利用自然规律，而《陈旉农书》首开先河，明确指出：只要顺应天时地利，认识此消彼长的道理，就能获得丰收；只要时机合适，一个月就能胜过两个月；种庄稼不能靠侥幸，只有合乎自然规律和善于利用规律，才能获得丰收。此外，陈旉并非完全被动地顺应自然，在不违背客观规律的大前提下，更要主动改造自然。比如，通过开挖水塘来防旱防涝；通过在水面上种庄稼的葑田来向水要地，解决南方人多地少的问题，这便是今天无土栽培的雏形吧；利用季节差，在湖滩上种植早熟水稻，避免水溢；在丘陵地区开荒时，要从低处向高处推进，以避免水土白白流失。

第二个方面相当于《孙子兵法》的“谋攻篇”和“九地篇”。《陈旉农书》特别重视规划，谋定而后动。他根据地形、温度、肥瘠、水旱等，将土地分为高田、低地、坡地、葑田和湖田5种，并给出因地制宜的措施。比如，针对高田提出就近选择汇水处挖水塘，其堤岸要高大，其上种桑树，树上可拴牛。如此一来，便能一举数得：牛得树荫而凉爽，桑树得牛粪而茂盛，桑叶茂盛可养更多的蚕，堤岸经牛蹄践踏后更结实，使得水塘更牢固，农田也更能旱涝保收。

第三个方面相当于《孙子兵法》的“地形篇”和“虚实篇”。《陈旉农书》提出了两条宝贵的土壤利用原则。其一，土壤虽有多种，好坏不同，但只要治理得当，都能种植庄稼；反过来，即使是上好的土壤，如果利用不当，照样不能丰收。比如，黑壤虽肥沃，但可能使庄稼疯长枝叶，而少结果实，此时就该混入一些生土。又如，贫瘠的土壤固然不好，但只要勤施肥，照样能使苗株茂盛、籽粒饱满。其二，只要措施得当，土壤便可常年保持其肥力。比如，及时掺入肥沃的新土，或施用适当的肥料，不必像以往那样定期休耕。

第四个方面相当于《孙子兵法》的“军形篇”和“作战篇”。人们都说“庄稼一枝花，全靠肥当家”，而《陈旉农书》则在继承《齐民要术》等成果的基础上，首次全面系统地阐述了施肥理论。书中不但有专门的肥料篇，而且在各篇适当处有更具体的描述。比如，在肥源方面，他提出了制造草木灰等火肥、发酵堆肥、粪坑积肥和沤池积肥等创新内容。这些行之有效的积肥办法被沿用千年，至今有效。在施肥方法上，他既强调按量、按苗、按时、按地合理施肥，又重视多次追肥，还提出了一些巧妙的混种施肥法。比如，在桑园里种植麻类，由于桑树根深，麻类根浅，所以在给麻类施肥时，桑树也就顺便沾了光，并未造成肥力浪费等。为照顾部分读者的感受，此处略去了更多的农肥细节。不过，必须指出的是，农肥理论是《陈旉农书》的主体，甚至还有一种观点认为陈旉的农肥理论引发了自畜力革命以后农业的又一次革命——肥力革命，因为它使得土壤从此具有了可持续发展的能力。

第五个方面也是《陈旉农书》与过去同类作品相比最具特色的地方，首次全面论述了水稻栽培技术和耕牛问题。它们对应于《孙子兵法》的哪部分呢？还真不好说，考虑到“用间篇”和“火攻篇”是《孙子兵法》的首创或独到之处，所以，就拿这两篇来与之对应吧。此外，在养蚕和栽桑等方面，《陈旉农书》也有不少创新。不过，鉴于水稻、耕牛、种桑和养蚕等内容过于具体，此处就不详述了。

花开两朵，各表一枝。现在回过头来，再继续追问本回开篇时陈旉献书的情况。陈旉为啥要将自己的宝书无偿献给仪征知州洪兴祖呢？原来，陈旉听说这位父母官非常重视农业科技，且正大力提倡农业生产。果然，洪兴祖得到《陈旉农书》后大喜不已，不但连读三遍，还立刻安排刊印推广，并欣然为此书作序一篇。至今，人们所知陈旉的生平信息也几乎全都来自该序。这篇序只有寥寥数语“西山陈居士，于六经诸子百家之书，释老氏黄帝神农氏之学，贯穿出入，往往成诵，如见其人，如指诸掌。下至术数小道，亦精其能，其尤精者易也。平生读书，不求仕进，以种药、治圃自给。”其大意是说：陈旉居士对当时的各方面知识都了如指掌，尤其精通易经，但他不想当官，只以种植药材和治薯圃干为生。序中还提到陈旉“时年74岁”，按此倒推，其出生年份应为1076年。由于陈旉没有功名，故《宋史》和仪征地方志等史料中都没有他的任何记载。后人依其活动范围和社会关系，大致推测他是江苏人。

陈旉为啥要写此书呢？洪兴祖在序中也引用了陈旉自己说过的一段话：“此吾闲中事业，不足拈出，然使沮溺耦耕之徒见之，必有忻然相契处。樊迟请学稼，子曰吾不如老农。先圣之言，吾志也。樊迟之学，吾事也。是或一道也。”其大意是说：各位见笑了，这是俺的业余拙作，但愿对农民兄弟有用；虽然孔子不重视农务，但我以儒学为志，以农学为事，其实农学和儒学是彼此相通的，云云。

在洪兴祖的亲自过问下，《陈旉农书》很快就面市了。可编辑人员对书中的某些内容“妄自删改”，以致严重失真，首尾错乱，前后矛盾，有违初衷。无奈之下，5年后的1154年，陈旉又取家藏副本，希望重新雕版刊行，以正其讹。可惜，就在新版面市前，陈旉却于1156年带着遗憾去世了，享年80岁。当然，这个时间也是后人的猜测，因为此后他就再没露过面了。不过，值得欣慰的是，在《陈旉农书》的帮助下，仪征百姓开垦了大量荒田，农业迅速发展，经济繁荣昌盛，仪征甚至成为南宋的粮油生产基地。

《陈旉农书》的历史遭遇也很有意思。因它只是私人作品，故未立即引起全国的重视。60年后，高沙郡守汪钢重新发现了它，并再次雕版刊行。160年后，《王祯农书》大量引用了陈旉的思想和观点。从此，《陈旉农书》才开始在全国知名。后来，《陈旉农书》先后被明朝的《永乐大典》和清朝的《四库全书》收录，更以10余种版本传播到日本等多个国家和地区。此外，《陈旉农书》还受到过一些不实的批评。比如，《四库全书总目提要》指责它“虚论多而实事少”。反过来，《陈旉农书》也错误地批评过别人。比如，它说《齐民要术》“迂疏不适用”就未免过分，毕竟《齐民要术》聚焦于北方农业，当然不能照搬到南方。客观地说，《陈旉农书》确实比《齐民要术》严谨，毕竟后者比前者要早600多年嘛。

最后，陈旉为啥要选择隐居，以至本回无料为他写小传呢？这就不得而知了！

不过，从他的出生日期来看，还是可以提出一些猜测。他出生的1076年刚好是王安石第二次被罢相的那一年，这意味着变法的彻底失败。从此，官场纷争愈演愈烈，直到51年后的北宋灭亡。身处如此末代乱世，隐居当然是一种“进可攻，退可守”的好办法嘛。

第二十五回

县令富民功劳大，王祯农书惠天下

本回主角名叫王祯，字伯善，1271年生，山东东平人，虔诚的道教信徒。他的最大功绩就是撰写了一部堪称“中国古代四大农书”之一的《王祯农书》。因此，他与汉代《泛胜之书》的作者泛胜之、北魏《齐民要术》的作者贾思勰和明代《农政全书》的作者徐光启一起被尊称为“中国古代四大农学家”。不出所料，他的生平资料也少得可怜。官方的《元史》中肯定无他，《山东通志》中也无他，只有《东平县志》中在介绍另一位名叫王构的人物时附带提了一笔说“同郡有王祯者，为丰城县尹，著《农书》行世”。所以，下面的内容都是结合当时的外部环境，从《王祯农书》的只言片语中挖掘出来的。《王祯农书》长达14万字，内容相当丰富，涵盖农、林、牧、副、渔和土、肥、水、管等，且兼论南北，着眼全国。另外，书中还用大量篇幅描述了257种农具、农机和生活用具的构造、来源、演变和使用方法等，绘制了306幅图，并配有诗歌和韵文说明等。

《王祯农书》

首先，从大环境上看，《王祯农书》虽非官方著作，却是职务作品，是王祯在担任旌德县和广丰县的县令期间，响应朝廷号召，以实际行动劝农、助民致富的技术白皮书。实际上，王祯出生那年刚好是忽必烈建立元朝的那一年。忽必烈早在登基前10年就已采纳其智囊的建议，开始重视农业。他曾命令手下的各路宣抚司选择通晓农事者充当各处的劝农官，设立劝农司指导农民耕作。登基后，忽必烈立即诏告天下“国以民为本，民以衣食为本，衣食以农桑为本”，同时采取一系列具体措施来落实其政策。比如，将劝农司升格为司农司，明确其职责为“劝课农桑，兴举水利，凡滋养栽种者皆附而行焉”；颁布了类似于法律条文的《劝农立社条规十四条》。登基后的第三年，忽必烈命令司农司组织全国农学专家编撰、发布并多次印行了现存最早的官方农书《农桑辑要》，对过去数千年的农耕技术进行了系统的总结。在忽必烈的重视下，在连年战争中遭受重创的江南经济得到快速恢复，运往元大都的粮食也逐年增加，最多时达到350多万石；棉花等经济作物也已推广到淮河和长江流域。尝到甜头的忽必烈随后更加重视农业和农书了。但是，《农桑辑要》所记载的内容主要是北方旱地农业知识，这又为后来王祯的农书留下了发展空间。

其次，从中环境上看，除了上述天时的优势外，王祯献身于农业还有地利与人和优势。王祯的家乡东平县位于山东西部，是大运河与黄河的交汇处，元初就文人荟萃，出现了一大批在当时担任要职的著名人士。其中有位名叫孟祺的农学家，他在王祯诞生的前一年突然平步青云，担任了山东西道的劝农副使。此人也是4年后发布的《农桑辑要》的主编之一。青少年时期的王祯是否受到这些成功人士的激励或影响呢？王祯所在的山东省从古至今就是农业大省，在王祯之前出现过泛胜之（山东曹县）和贾思勰（山东寿光）等著名农学家。因此，有理由相信年轻时的王祯一定耳濡目染地学到了许多有关农业的知识。

最后，从小环境上看，在拥有了天时、地利、人和等优势后，万事俱备，只欠东风。王祯可能是偶然借到了东风。这个东风就是他在24岁那年突然被任命为距家乡千里之外的安徽旌德县的县令，然后再被调任到距旌德县千里之外的江西广丰县当县令。至于他为啥会突然升官，由于缺乏史料，不便给出确切结论，但又不能完全忽略。《王祯农书》中所记载的许多农技内容都是王祯在担任县令前在旅行途中的所见、所闻、所思、所想。王祯很可能不是在家乡被直接任命为旌德县令的，理由有二：其一，若在家乡平步青云，必定引起轰动，而本回第一段中所说的《东平县志》中对他的记载是“丰城（广丰）县令”而非“旌德县令”，甚至他的家乡可能都不知道他担任过旌德县令；其二，若是在家乡接到任命后才匆匆赴任，那么他在旅途中哪有心思做那么多详细的农事考察呢？所以，另一种可能是作为虔诚的道士，王祯也许是在四处寻仙问道的途中偶尔路过旌德县并被意外任命为县令的。如此便可解释两个现象：其一，他在到达旌德县前的旅行内容实在太丰富，简直像一位闲游的神仙在做农学考察（当然，他享年97岁，这也确实像逍遥的神仙）；其二，他很清廉低调。作为追求“无为”的道士，他当然不愿背负过多的名利包袱，以至未留下任何生平事迹。

王祯的旅行内容到底有多丰富呢？这里只举《王祯农书》中提到的几个事例。他从家乡出发后，遍游了北方的山东、山西、河北等地。在北方，他看到了农民如何播种葫芦，如何制作和使用若干新奇农具（比如耧锄、推镰、辊轴等）；他品尝到了各地的土特产，比如粒小味美的燕山板栗、肉厚核小的御黄李子、色红个大的金刚拳杏等。然后，他渡过淮河开始南下，仅在淮河附近就待了差不多一年。

因为他在冬春水退后看到农民犁耕整地；在夏初时，又看到洪水淹没农田后农民如何撑着小筏将稻种直接播撒在水中，待到水位稍退，稻苗就生长出来，并能很快收获早稻。再往南，他又到过江苏、浙江、安徽、江西等地。他未记录江南美景，却仔细考察了农业状况。比如，他看见了秧马、高转筒车、镫锄、筛谷拐、水转连磨等农具，甚至绘出了它们的设计图。他还品尝了浙江的阴瓜、建宁的李子等，并详细记载了它们和许多其他农作物的生物性态。总之，他从北到南的旅行远远超过了普通的农业深度游，绝对是标准的农学家考察。他甚至还详细比较了南北两地农业的许多细微差别。比如，他发现南、北方农民犁地时所用耕牛的数量不同，南方是一犁一牛，而北方则是一犁多牛。他还发现江浙部分地区不用犁，而是改用一种叫“铁搭”的东西，在农忙季节几家人相互帮助。他发现南方种植水稻时要移栽，而北方的稻田不用插秧，直接撒种即可。

至于王祯是如何当上县令的，这也是一个谜，但又是一个不能绕过的谜。一方面，他肯定不是通过科举考试当官的，因为元朝初期没科举考试，直到1313年才恢复科举考试，那时已是王祯做第二任县令的第三年了。他也不是通过贿赂当官的，这从他随后的清廉表现便可知悉。所以，有一种可能性是这样的：王祯在自北而南的寻仙访道途中，一边向当地农民学习种田经验，一边把自己沿途学到的经验传播出去，毫无保留地帮助大家改善农耕。如此一来二去，王祯精通农技的消息就尽人皆知了。于是，当他云游到安徽旌德时，也许就被谁给“三顾茅庐”成了旌德县令。后来的事实表明，王祯开始撰写农书的时间大约是1298年，正是他担任旌德县令的第三年；初稿完成时间则是在他被调任永丰县令的任期内。直到1313年，王祯在写完书序后，才正式刻版发行，时年42岁。因此，《王祯农书》前后共耗时近20年。

实际上，从1295年开始，王祯一边担任旌德县令，热心于劝农兴桑、教民种植、奖励垦耕，积极发展农业生产，并认定农事乃“天下之大本”；一边撰写农书，搜罗、研读历代文献，回忆并整理云游时的所见所闻，更是经常观察现实的农事和农机等，推广和修正自己的阶段性成果。比如，某年大旱，禾苗即将枯死，农民眼巴巴地望着山涧溪水叹气，因为没有提灌设备。这时，王祯想起当年云游途中曾见到过一种水转翻车能把河水提灌到山地，于是绘制图样，令工匠按图赶制，组织抗旱，不但缓解了旱情，而且丰富了《王祯农书》的内容。总之，王祯在县令任上办了不少好事。《安徽省志・名臣》中赞他“种种善迹，口碑载道”；《旌德县志》则说他生活俭朴，常捐出奉禄兴办学校，修桥建路，施舍医药；时人对他更有好评，赞他“惠民有为”。1300年，王祯又被调往广丰县任县令。据说，他一如既往地积极富民，此时的《王祯农书》已初步成型，故他的劝农措施就更加具体和实用了。比如，他规定农民每年种植桑树若干株；对麻禾等作物，从播种到收获，他都逐一指导；还画出各种农具图形，让百姓仿造使用；更是亲自示范、躬务农桑。也不知他在广丰县令任上干了几年，此后他又从人间蒸发了。

王祯不仅是农学家，还是机械专家。实际上，《王祯农书》中包含了大量机械特别是农业机械设计图纸，有些还是此前早已失传的著名机械图纸。比如，东汉南阳太守杜诗发明的水排鼓风炼铁技术到元代时已经失传，但他经多方考证，搞懂了水排鼓风的原理，并绘制了结构图，经试验可用后将其载入《王祯农书》。此外，在复原过程中，他还做了必要的改进，比如把原来的皮囊鼓风换为风箱式木扇鼓风，既节省了费用，也减轻了劳动强度，更提高了冶炼技术。

在机械方面，王祯的最大业绩可能是重新独立发明了木活字印刷术，并真正将它投入实际应用。仍然是在旌德县令任上，他用两年多时间雕刻了3万多个私章式的木活字，并首先试印了长达6万余字的《旌德县志》。果然，不到一个月就印完了上百册，而且质量很好。于是，他将该印刷术写成文稿《造活字印书法》，并

《王祯农书》中的水排鼓风插图

绘制出“活字板韵轮图”，然后将它们一起作为《王祯农书》的附件，从此才出现了最早的系统介绍活字印刷术的文字材料。书中暗表，此处为啥要说他可能重新独立发明了木活字印刷术呢？一方面，早在北宋时，毕昇就发明了胶泥活字印刷术，但该发明直到元代都未普及。另一方面，木活字产生的确切年代和发明者已无法考证。在宁夏贺兰山拜兰沟的一座古代佛塔遗址中出土的西夏文经书《吉祥遍至口和本续》可能是迄今为止发现的最早的木活字印本实物，其印刷时间为公元12世纪中叶的南宋时期。专家估计木活字印刷的源起约在宋元之际，可能受到了毕昇活字印刷术的启发，从木料得到灵感而逐步形成，很难说是某人某时的独创发明。但将该技术大规模成功推广的人肯定非王祯莫属。王祯还独立取得了另一项配套发明，即转轮排字盘和按韵分类存字法，即用轻质木材制成一个大轮盘，轮盘装在可自由转动的垂直车轴上，木活字则按古韵顺序分别放入轮盘上的格子里。排字工只需坐在轮盘前，轻轻拨动轮盘即可找字，实现“以字就人，按韵取字”。

《王祯农书·卷十九》水磨插图

第二十六回

蚕经兽经养鱼经，菊谱芋经和稻品

唉，给本回主角黄省曾写小传实在太难了，特别是要写他的农学家小传。

一方面，他怎么看都不像农学家，若硬要称他是“某某家”的话，那么他更像是文学家、出版家、收藏家、旅行家、训古家、哲学家、史学家、经学家、地理学家、博物学家、作家、画家等。更不可思议的是，今人既不知他在何时，也不知他在何地，还不知他怎样，更不知他为何要从事农学研究。总之，从其家族背景、学识基础和人生经历来看，好像除了农学之外，他研究任何别的学问都不足为奇，但他像变戏法一样，吹口气，喊声“变”，就真的变出了一系列开创性的农学著作，如《蚕经》《兽经》《鱼经》《芋经》《菊谱》和《稻品》等。它们一本比一本冷门，一本比一本新奇。

另一方面，若只看学术成果的话，他确实又是响当当的农学家。他的《稻品》是现存最早的一部完整的水稻品种专著，就像现代植物学著作一样，对当时已知的所有34种水稻的性状、播种期、成熟期、经济价值等进行了科学而文艺的描述，还首次澄清了若干概念的模糊之处。而此前的农学家们都没注意到水稻还有品种之差。

《蚕经》则是江南的首部种桑养蚕专著，不但介绍了蚕室、器具（桑刀、方筐、圆箔、火箱）、蚕种（选种、育种、浸种和浴种）、饲养、上蔟、择茧、缫丝等，而且涉及种桑技巧，比如树种选择、嫁接方法、桑园管理、桑牛防治、桑下种蔬等。

《鱼经》又是现存最早的一部养鱼著作，全面介绍了鲤鱼、鳟鱼、草鱼、白鲢等多种鱼类的产卵、孵化、鱼苗池养等繁殖方法，鱼池建设和人工喂养等技巧，以及江河湖海中十余种鱼类的细节，还首次记载了海鱼淡养的情况。虽然在更早的春秋时期，范蠡也曾著有一本《养鱼经》，但该书早已失传，现存不过四百余字。

《菊谱》首次从园艺角度总结了观赏菊的培根、分苗、择本、摘头、掐眼、剔蕊、扦头、惜花、护叶、灌溉、除虫、抑扬、贮土、留种、登盆等栽培技巧，开创了此类书籍之先河，既有趣又实用。

《芋经》被业界称为“空前绝后”之作，因为它是研究芋类的第一部，也可能是最后一部专著。几乎以《芋经》问世的时间节点为分界线，芋类在人们的食谱中的地位发生了巨大变化：在以前的数千年中，芋类一直是南方人的主食之一，但此后由于甘薯的引入，芋类被挤下了主食谱，成为餐桌上的蔬菜配角，也就没人再为它写专著了。

《兽经》更奇特，它既像一部动物学专著，涉及各种动物的分类、生活习性、役用价值和食用方法等；又像一部精彩的科幻版《山海经》，因为书中还包括许多神话中的兽类。比如，开篇就煞有介事地说道：麒麟分雌雄，麒为雄，麟为雌，合称麒麟；麒的叫声类似“逝圣”二字，麟的叫声则像“归和”；春天，它们的声音又像“扶助”，夏天则像“养绥”。

综上可见，黄省曾写农书，从选题到内容再到笔法等，都像天马行空，根本没有条条框框，该严谨处非常严谨，该风趣时也尽情风趣。他的农学著作读起来更像文学作品，唯一的缺点就是太短，还没读过瘾就完了。果然，这些农学书籍不但当时很畅销，而且在他去世60多年后，《蚕经》《鱼经》《菊谱》和《稻品》四书又被合为《农圃四书》出版，一直流传至今，具相当高的历史和学术价值。

关于黄省曾到底是什么家的问题，还是请各位看完下面的内容后自行判断吧。他的整个家族都很传奇，就像《红楼梦》中的贾家一样，从玩枪杆子到玩秤杆子，再到玩笔杆子，最后衰败没落。

黄省曾，字勉之，号五岳山人，1490年生于苏州的一个大户人家。若问这家有多大？可能不亚于《红楼梦》中的贾家。他的先祖本来世居河南，大约在12世纪初才迁居江西袁州。家族辉煌的缔造者是他的曾祖父黄斌。此人骁勇善战。在元末混战中，当反元先锋徐寿辉占领袁州后，他就加入了反元队伍，并被封为将领。后来，徐寿辉被另一位反元先锋陈友谅暗杀，黄省曾的曾祖父则继续独立作战。再后来，反元新锐朱元璋又把陈友谅杀了。从此，他的曾祖父死心塌地成了朱元璋的干将。明朝建立后的第三年，他的曾祖父被皇上赐封为千户侯，并在苏州担任了一个肥差，负责漕运工作。黄家也就扎根在苏州了。黄斌去世后，他的儿子继承了爵位和漕运肥差。其中，老大和老二继续玩枪杆子，而最小的三儿子、黄省曾的祖父开始玩起了笔杆子。

黄省曾的祖父在39岁时总算考中了举人，直到黄省曾出生那年，52岁的祖父才勉强中了进士。看来，还是孙子带来了好运呀！可后来的事实表明，黄省曾自己在考场上的表现更差，42岁才考中举人，终生与进士无缘。幸好黄家有的是钱，他们完全可以实现学术自由，投身于自己感兴趣的任何研究领域。在这一方面，祖父可能对子孙们产生了重大影响。他一边在朝廷担任高官，一边积极收藏书籍，研究博物学。比如，他在玩遍苏州后，将苏州的历史和民俗等整理成书，至今我们在国家图书馆中还能查到他写的《蓬轩吴记》等书。

黄省曾的父亲虽没玩笔杆子，但玩起了秤杆子，特别擅长经商，为身材高大、样貌俊秀的黄省曾及哥哥继续玩笔杆子奠定了坚实的经济基础。比黄省曾大三岁的哥哥破天荒地在29岁时考中了举人，可后来仍未突破“进士魔障”。后来，哥哥也成了诗人、藏书家、文学家和博物学家，其诗集《南华合璧集》还被《四库全书总目提要》评述过呢；文学作品有《续列女传》和《钟吕二仙传》，从题目上可知，它们又属“旁门左道”——《钟吕二仙传》就是钟馗和吕洞宾的虚构传记。另外，哥哥的儿子也在考场上惨败后继承了家族传统，成了旅行家和诗人，还编选了流传至今的《唐诗纪》。

看来，黄家世代玩笔杆子的套路都一样，只不过到黄省曾时，他玩得更嗨了。他干脆以“搂草打兔子”的心态对待科举考试，也不分青红皂白见书就买，见书就藏，见书就读，甚至把一本古代词典《尔雅》背得滚瓜烂熟。由于家里祖传的藏书奇多，还有一个私人图书馆“前山书屋”，所以用学富五车去形容他就远远不够了。在看书之余，他就更疯狂了，怎么高兴怎么玩，怎么奇特怎么玩，哪里好玩就去哪里玩，后来干脆自称“五岳山人”。

27岁那年，他受兵部尚书之邀到南京，而任务竟是像他爷爷当年游玩苏州那样，玩遍南京的山山水水，然后写本游记。这对游侠黄省曾来说游刃有余，他自然很快就超额完成了任务。除了撰写亲历游记外，黄省曾还有一个本领，那就是对于那些没去过的地方，他也能根据别人的描述把游记写得绘声绘色，好像亲临其境一样。30岁那年，他完成了一本至今都还很著名的历史地理学著作《西洋朝贡典录》，记载了海外23个国家和地区的城市、山川、风土、人情、物产和进贡等情况，他也因此成了地理学家。你也许会纳闷，闭关锁国的明朝中后期人士咋能对海外了如指掌呢？哈哈，原来书中的内容都出自100多年前郑和率领的船队在7次下西洋途中的航海记录和收集的若干资料，只不过黄省曾又对这些素材进行了二次加工，并采访了相关当事人的后代。至此，有理由猜测，他写《稻品》等货真价实的农书时可能也没有躬耕于田野。

31岁那年，黄省曾又迷上了阳明心学，并开始与王先生直接通信。两年后，他干脆专程前往绍兴，当面拜王阳明为师。后来，他还将老师的语录汇编成书，其节选内容至今仍被收录在著名的《传习录》中呢。37岁时，王阳明被朝廷召回江西平乱，黄省曾便在大师兄湛若水的指导下继续学习阳明心学。当时湛若水在南京任国子监祭酒，黄省曾便转到了南京。他虽注意到老师和大师兄的思想有差异，但认为其本质都是一致的，故未介入相关的心学争论。其实，那时的黄省曾已经成名了，以至在他39岁那年，明朝复古派前七子的领袖人物李梦阳带着自己的作品前来请出版家黄省曾出版并为其作序。两人还经常切磋诗词歌赋。在南京的几年间，黄省曾结识了许多达官贵人，并从中学到了不少知识，也体会到了官场的复杂。

40岁那年，黄省曾自南京回到苏州，并在次年以乡试第一名的成绩考中了举人。不过，他并未出任官职，而是过起了谢客隐居的生活。此后，除了偶尔到长安、北京等地游历外，他主要都在苏州著书、收藏和出版图书。47岁时，他又进入南京国子监学习过一段时间，同年还在杭州西湖偶遇了著名文学家田汝成。据说，二人志同道合，一起游历并唱和，所写诗歌合集名为《西湖游咏》。这些诗歌至今仍流传在网上呢，所以，黄省曾也是个不折不扣的诗人。

黄省曾才学广博，著述颇丰，包括经、史、子、集及其校释等。他的代表性诗文集《五岳山人集》（38卷）是由家人在他去世后整理出版的。他还为许多经典文献作过补注，其中对《列仙传》《高士传》《续仙传》《申鉴》等的补注被视为同类作品中的权威，甚至被收录在《四库全书》中。在史学方面，他的《吴风录》惟妙惟肖地记录了苏州的风土人情。

作为著名的藏书家和出版家，黄省曾出版过20余种重要著作，包括经典文献、佛道专著、哲学、历史和地理等。他在1525年出版的《嵇中散集》（10卷）收集了诗人兼音乐家嵇康的作品，他在1534年出版的郦道元的《水经注》至今仍是重要的明刊本。

非常遗憾，1539年11月，黄省曾的母亲王氏去世，黄省曾本人因悲伤过度而染上了肺病，且日渐严重。1540年7月，黄省曾担心自己将不久于人世，便开始准备撰写自传。可仅仅一个月后，病情突然加重，还没来得及写自传的黄省曾就在1540年8月抱憾去世了，享年51岁。这便是现在很少有其生平事迹的原因。

各位，阅读至此，你觉得黄省曾到底该是什么家呢？他其实是“玩家”，至少还可以再加一个“玩家”的头衔！伙计，“玩家”可不是贬义词哟，因为人类历史上的许多伟大科学家其实都是玩家。他们玩自己真正感兴趣的东西，所以往往能取得重大科学突破。

黄省曾一生两次丧妻，前妻生了一个儿子，名为黄姬水。姬水13岁入府学，可仍像祖先们一样，始终过不了科举门槛，又只好在“旁门左道”上建功立业，果然又成了史上著名的书法家。今天，我们在网上也能轻松找到他的墨迹，许多原迹被收藏在台北故宫博物院。原来黄省曾觉得自己的书法差劲，但又不甘心，因此，他就把希望寄托在儿子的身上，让幼年的儿子拜明代书法名家、号称“吴中四才子”之一的祝允明为师，并最终如愿以偿。后来，姬水沉溺于收藏书籍、绘画及古董，最终耗尽家财，晚年穷困潦倒。幸好姬水生前留下的大量诗篇终于在1561年由黄省曾的孙子出版面市。

第二十七回

疗龙治风需奇术，兽医原来也很酷

伙计，请先听送分题：在中国古代，谁是第一位大夫？对，肯定是炎帝神农，人们不是说牛头人身的神农尝百草，寻找中草药为民治病吗？当然，你也可以说是黄帝，因为传说黄帝撰写了最早的医学圣典《黄帝内经》。

再请听脑筋不转弯的失分题：神龙若病了，谁是其大夫？哈哈，答不上来了吧！提醒一下，此人便是黄帝的御用马医。告诉你吧，他姓马，名叫马师皇，按神话传说，他确实给神龙治过病。据《列仙传》等的记载，在山西东南的阳石山中有一座神龙池，此乃云阳先生的养龙处。可这云阳先生不懂医术，神龙生病后，只好听之任之。有一天，马师皇路过这里，猛见云中探出一龙头，呆呆地盯着他，张嘴不做声。马师皇一看，哦，此龙有病，知我能治。二话不说，他先用针灸，再施汤药，很快就手到病除。于是，一传十，十传百，马师皇的名气很快就尽龙皆知了，以至他在任何地方都经常会遇到从水里跳出或从空中降落的病龙来找他治病。马师皇来者不拒，有求必应。有一天，马师皇正急匆匆地赶路出诊，突然又有一条神龙从天而降。该龙不是要找他治病，而是甘当其坐骑，载着他飞遍天涯海角。看来，这马师皇的待遇比他的老板还高呀，因为黄帝的坐骑也不过是骏马而已。不过，这马师皇的医马本领也十分了得。不管什么马，也不管马生什么病，他只要一看马之形气，就能诊断出马所患的疾病，并很快药到病除，以至皇帝的马厩里都没病马了。

又请听脑筋急转弯的失分题：若神农病了，除马师皇这样的传说人物外，在中国古代的真实人物中，谁最有资格给他治病？哈哈，答案就是本回的两位主角。

还请听脑筋不转弯的失分题：若白龙病了，除马师皇这样的传说人物外，谁最有资格来治病？哈哈，答案仍是本回主角、中国兽医学顶峰之作《元亨疗马集》的作者喻仁和喻杰兄弟俩。他们也是史上最牛的马医，而在马的20多个别称中，白马也叫白龙。

上面为啥要说那么多神话故事呢？嘿嘿，其实是想给兽医正正名。你看，兽医的患者一个比一个牛，不是龙就是凤，要么就是麒麟等神兽，哪一个的地位都高于普通凡人。可惜，在现实生活中，在本回主角的成果诞生前，兽医的地位却低得出奇。实际上，兽医的精彩程度远远超过一般人的意料。

从源头上看，兽医可追溯到野生动物被驯化后，国家还没形成时的远古时期，毕竟人类要生存，就不能无视家畜疾病。这里说的远古到底有多早呢？不同的家

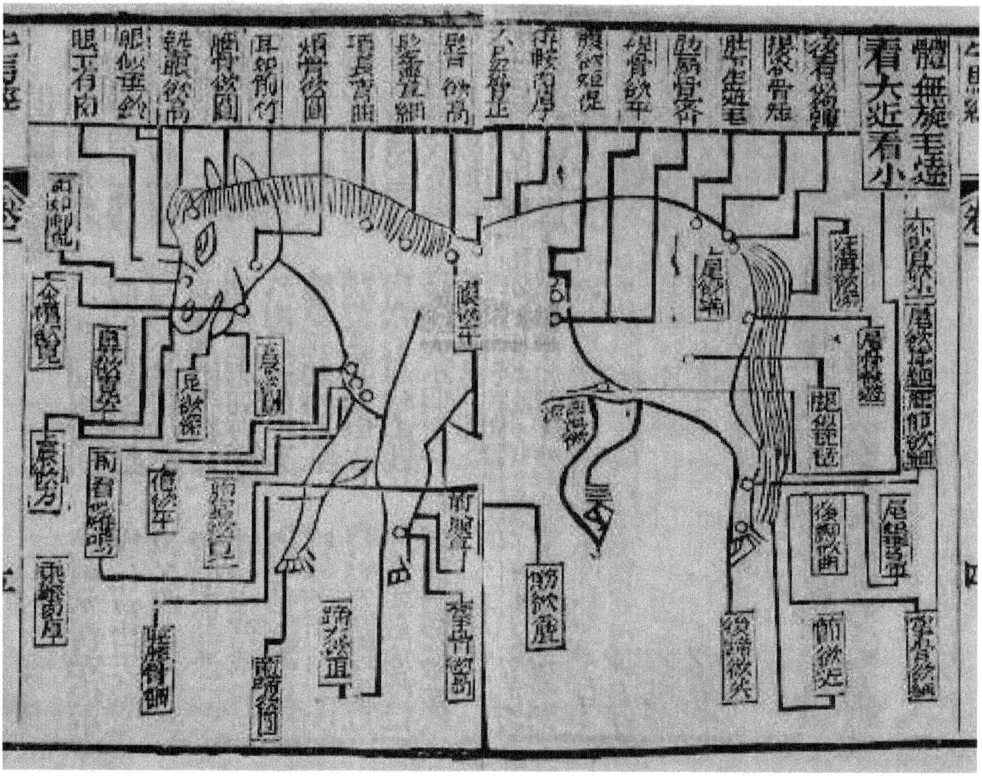

《元亨疗马集》插图

畜出现的时间也不一样。据相关考古资料的记载，早期被驯化的动物及时间大概是：大约在1.3万年前，狗在美洲被驯化了；大约在1.2万年前，山羊和绵羊在西南亚被驯化了；大约在1.1万年前，猪在西南亚被驯化了，同时鹿也可能在欧洲被驯化了；大约在1万年前，牛在西南亚被驯化了；大约在8000年前，羊驼在美洲被驯化了；大约在7000年前，水牛在中亚和东亚被驯化了；大约在6000年前，驴在西南亚被驯化了，同时马和瘤牛也在中亚和东亚被驯化了；大约在5000年前，骆驼（大夏型）在中亚和东亚被驯化了；大约在4000年前，单峰驼在西南亚被驯化了，同时猫在非洲被驯化了，豚鼠也在美洲被驯化了；大约3000年前，火鸡在美洲被驯化了。简单地说，早在5000多年前，在人类进入文明社会之前，至今仍被大量饲养的动物（牛、马、骆驼、鹿、狗、驴等）都已被驯化。此外，马和驴杂交生下骡子的时间大约是在公元前600年。实际上，一种说法是中国在春秋战国时代就已有骡子了。当时，它们还被视为珍贵动物，只供王公贵族玩赏。另一种说法是汉代通西域后，骡子才从中亚输入中国。

最早的兽医器具是火、石器和骨器等，采用的是温热疗法、针灸术等外治法。比如，内蒙古多伦县新石器遗址中出土的砭石就是用于切割脓疡和针刺的医疗器具。最早的兽药是草药，是在人药的基础上适当调整而得到的。兽医最早的治疗对象是马、猪、羊等高级家畜。甲骨文中已有人畜共患的齿病和寄生虫病等的病名；还有“贞多马亚”等卜辞，其中“亚”就是“马将生病”之意；更有公猪去势的象形字等。

从西周到春秋，兽医进一步发展。据《周礼·天官》的记载，西周兽医已分外科（兽疡）和内科（兽病）了，在用药方面也开始采用灌药了。在手术及护养等综合医疗方面更有飞跃：猪和马的去势手术已基本普及，甚至出现了“豮”（去势的公猪）和“攻特”（去势的马）等字和词。在兽病诊断方面，已能区分“瘈狗”（狂犬）、“瘯蠡”（家畜疥癣）、“玄黄”（马黄病）、“瘏”（马疲病）等疾病。《周礼》中还有“辨（肉）腥、臊、膻、香之不可食者”等记载，即肉品卫生检疫工作也已开展了。

从战国到秦汉是兽医的奠基阶段。战国时期，已出现马医，至少可治“马肘溃”和“马膝折”等常见马病，以及“牛疡”与“羸牛”等常见牛病。《晏子春秋》中还谈到马中暑的原因和后果，即“大暑而疾驰，轻者马伤，重者马死”。《庄子》中载有“络马首，穿牛鼻”，即役使牛马的控制手段已与现在一样。此时问世的《黄帝内经》虽是为人治病而写的，但它也已被当成兽医指南。随后，汉代的《神农本草经》给出了几种兽病药方。比如，牛扁（药名）可杀牛虱小虫，还能疗牛病；柳叶可治马疥痂疮；捣敷梓叶或敷桐花可治猪疮等。张仲景的《伤寒杂病论》也曾被兽医借鉴。在出土的汉简中还记载有兽医方剂、给马喂食的药丸、用针灸和药物配合治疗兽病的情况等。此时也出现了专职牛医，已开始给马穿皮鞋来保护马蹄，定期给马削蹄。河南方城汉墓中更有阉牛手术的示意图。《汉书·艺文志》中载有《相六畜》38卷，介绍如何观察六畜的综合情况，其中尤以伯乐相马最有名。随后，类似的《马经》和《牛经》等就更多了。

汉代以后，兽医逐渐形成体系。晋代名医葛洪在《肘后备急方》中专门大篇幅给出了治六畜的病方，包括十几种马驴疾病的疗法，比如用黄丹术治脊疮，用灸术治马的“椎间盘突出”，用直肠术治胞转等。北魏贾思勰的《齐民要术》更有畜牧兽医专卷，载有26种家畜疾病的48种疗法，以及家畜群发病的防治隔离措施等。此后，兽医专著大量涌现，先有梁代的《伯乐疗马经》，后有《隋书·经籍志》

记载的《疗马方》《伯乐治马杂病经》《治马经》《治马经图》《马经孔穴图》《杂撰马经》及《治马牛驼骡经》等。

到了唐代，已出现兽医教育。在唐神龙年间，太仆寺中就设有“兽医600人，兽医博士4人，学生100人”。唐贞元时，日本兽医平仲国等到中国留学。约在唐开成年间编著的《司牧安骥集》较系统地论述了兽医理论及诊疗技术，该书也是国内已知最早的兽医教材。唐代少数民族的兽医也具有较高水平，比如西藏有《论马宝珠》和《医马论》，新疆有《牛医方》等。

宋元时期，兽医体系全面发展。一方面，出现了名叫“上下监”的兽医院，负责“养疗京城诸坊、监病马”，且对病马就医分诊提出了明确规定（“轻病送上监，重病送下监，分十槽医疗之”）。另一方面，出现了名叫“皮剥所”的家畜尸体剖检机构，专门处理“耗失”病马。此外，还出现了兽药房。元朝《文献通考》中就载有“宋之群牧司，有药蜜库，掌受糖蜜药物，以供马医之用”。宋代的兽医著作更多，仅在《宋史·艺文志》中提到的就有《伯乐针经》《安骥集》《贾兽医经》《明堂灸马经》《相马病经》《疗驼经》《师旷禽经》等。此外，王愈的《蕃牧纂验方》中载方57个，并附针法。元代兽医卞宝的《痊骥通玄论》详细综述了家畜脏腑病理及常见病的诊疗方法等。

到了明代早期，兽医教育更是蓬勃发展，政府曾数次大规模培训基层兽医。比如，英宗时（1438年）规定“每群长（管马25~50匹）下，选聪明子弟二人左右学习兽医，看治马病”。到了明朝晚期，标志着中国古代兽医学走向成熟的代表性著作，同时也是体现古代兽医学最高水平的60万言巨著终于诞生了，它就是由本回主角完成的《元亨疗马集》。其中，原理、方法和药剂俱备，内容丰富多彩，含图112幅，赋3篇，歌150首，药方300余个。后来又加进了《疗牛集》和《驼经》，合称《元亨马牛驼经大全》。此书由时任“弼马温”丁宾亲自作序，于1608年正式刊行。从此，“兽医学”作为一门学科终于有了自己的坚实基础。该书对后世的影响很大。100多年后的1736年，此书又由许锵作序再次出版；清乾隆年间，六安州著名兽医郭怀西结合自己50余年的从业经验，对该书进行了全面改编和注解，并以《新刻注释马牛驼经大全集》为名出版；甚至到了20世纪60年代，中国农业科学院又校正出版了《元亨疗马牛驼经全集》，重印数十次之多，一直流传至今。总之，在过去的400多年中，此书不但深刻地影响了中国兽医的发展，而且远传到日本、朝鲜、德国等地，成为世界兽医学经典。

急性子的读者也许纳闷了，小传都快完了，主角咋还未登场呢？抱歉，快了，快了，这就来了。不过，在主角登场前，还得先请出前述的那位“弼马温”丁宾来暖暖场子。在1571年至1581年间，丁宾出任南京滁州太仆寺长官，相当于御马间的“弼马温”，负责为朝廷养马。可丁宾上任后发现：天哪，由于连年灾荒，牛马瘟疫横行，甚至大量死亡。情急之下，丁宾下令从全国各地广征兽医高手前来救急。于是，本回主角喻仁和喻杰兄弟俩应征来到御马间。丁宾发现，喻氏兄弟对古代名医的著作很有研究，而且掌握了伯乐相马之术，最擅长医马，扎针用药，手到病除。不到一年工夫，他们就让御马个个身强体壮。丁宾觉得如此“马界华佗”埋没于民间实在可惜，就鼓励他们将自己的经验和成果总结成书流传后世。20多年后，《元亨疗马集》终于完成了，此时早已官至正一品且告老还乡的丁宾欣然为此书作序。于是，喻仁和喻杰的所有生平信息便都包含在了丁宾序的寥寥数语之中。

喻仁，字本元，别号曲川；喻杰,字本亨，别号月川。所以，哥俩合著的书名便各取其字称为《元亨疗马集》。他们是安徽六安人，生卒时间不详，但丁宾任“弼马温”时他们已在民间成名，丁宾1608年为他们写序时兄弟俩都还健在。关于兄弟俩的人品，丁宾在序中赞曰：“不矜其功，不计其利，滋滋树德而衡泌自怡。”此外，另一种说法是，兄弟俩从1547年开始动笔，至1608年完成这部著作，前后耗时61载。这又为兄弟俩的生平增加了一点信息。

各位，抱歉，关于喻仁和喻杰的小传，只能写这么多了，除非瞎编。若硬要再追加其他信息，嘿嘿，只能从牙缝中挤出几个字：他们的性别为男，民族为汉。

第二十八回

书呆书虫陈淏子，花仙花迷与花痴

哈哈，看完本回主角陈淏子的素材后，实在忍不住想改编一首流行歌曲《对面的男孩看过来》：“对面的读者看过来，看过来，看过来，主角的表现很精彩，请别假装不理不睬。对面的读者看过来，看过来，看过来，别被花痴给吓坏，其实他也很可爱。前朝遗老的悲哀，说出来，谁明白；隐居玩起花草来，哄哄自己，逗乐开怀。你左看右看，上看下看，原来栽花养草不简单；你尽情地想，尽情地猜，紫竹牡丹，其实真奇怪。想想吟诗的陶醉节拍，左拍拍，右拍拍，何需别人来喝彩。无人问津，岂不更自在？对面的读者看过来，看过来，看过来，西湖花隐翁，竟也情窦开，撒向园艺无限爱。你左看右看，上看下看，原来诗情画意不简单。你尽情地想，你尽情地猜，《花镜》里外之事，真奇怪。你左看右看，上看下看，原来当个科学家有时也很简单。你尽情地想，你尽情地猜，科学研究之事，其实不奇怪。哈哈，真的不奇怪！”

伙计，为啥要先唱这首歌呢？嘿嘿，因为陈淏子从来没想过要当科学家，也没想到他能成为科学家，而且是很有文艺范儿的科学家。他的代表作《花镜》无论从题目上还是从写法上看，都更像文学作品。作为一位终生“拈花惹草”的书呆子、一位文科生，他戴上农学家的光环且还是中国古代最伟大的农学家之一的光环后，你猜猜他若穿越到现代将有何感受，他若在天堂读到本回为他写的小传时又将有何感受。看来还真是造化弄人呀！

当《花镜》完成时，陈淏子已是77岁高龄了。你猜，他的科学著作到底有多文艺？你肯定猜不到，故先从《花镜》中摘录几段，让你见识一下啥叫“花仙级”的科学作品。

关于牡丹花，《花镜》是这样介绍的：“牡丹为花中之王，北地最多，花有五色、千叶、重楼之异，以黄紫者为最。八月十五是牡丹生日，洛阳名园有牡丹数千本者，每岁盛开，主人置酒宴宾。若遇风日晴和，花忽盘旋翔舞，香馥一场，此乃花神至也。主人必起，举杯拜于花前，移时始定，岁以为常。”

关于菊花，《花镜》是这样介绍的：“菊有五美，圆花高悬，准天极也；纯黄不杂，后土色也；早植晚发，君子德也；冒霜吐颖，象贞质也；杯中体轻，神仙食也。”

关于六月雪，《花镜》是这样介绍的：“六月雪，或名悉茗，或名素馨。六月开细白花。树最小而枝叶扶疏，大有逸致，可做盆玩。喜轻荫，畏太阳，深山叶

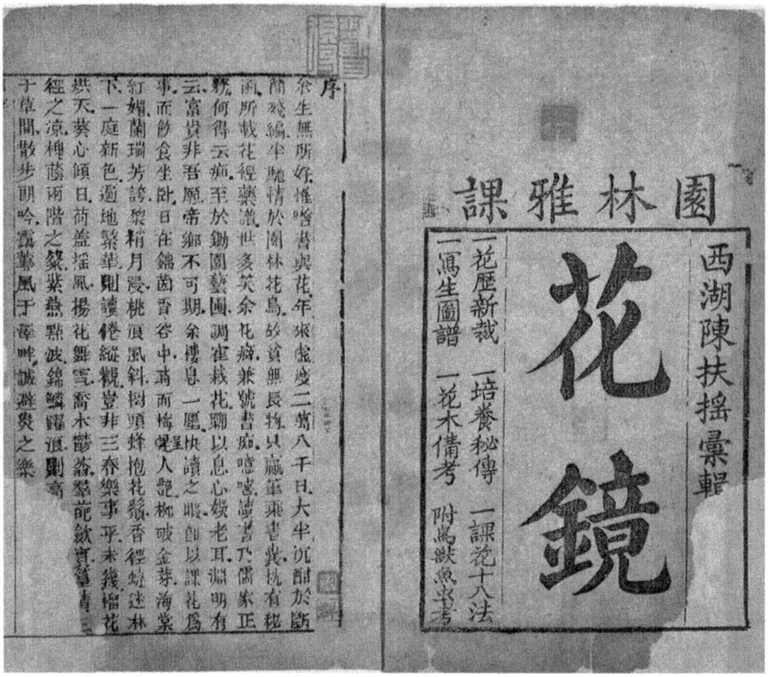
序
余生無所好，惟嗜書與花。年來虛度二萬八千日，大半沉酣於斷簡殘編，半馳情於園林花鳥。故貧無長物，只贏筆乘書囊，枕有秘函，所載花經藥譜。世多笑余花癖，兼號書癡。噫嘻！讀書乃儒家正務，何得云癡。至於鋤園藝圃，調灌栽花，聊以息心娛老耳。淵明有云：富貴非吾願，帝鄉不可期。余棲息一廛，快讀之暇，即以課花為事。而飲食坐臥，日在錦茵香谷中。甫而梅呈入艷，柳破金芽，海棠紅媚，蘭瑞芳誇，梨梢月浸，桃渲風斜，樹頭蜂抱花鬚，香徑蝶迷林下，一庭新色，遍地繁華，則讀倦縱觀，豈非三春樂事乎。未幾榴花烘天，葵心傾日，荷蓋搖風，楊花舞雪，喬木鬱蔥，翠葩斂實，篁清徑之涼，槐蔭兩階之綠，紫燕點波，錦鱗躍浪，則高于草間，散步而吟，霞箋風于畔，誠避炎之樂

園林雅課
西湖陳扶搖彙輯
花鏡
一花歷新栽 一培養秘傳 一課花十八法
一寫生圖譜 一花木備考 附禽獸鱗蟲考

《花镜》

木之下多有之。春间分种，或黄梅雨时扦插，宜浇淡茶。”

关于罂粟花，《花镜》是这样介绍的：“罂粟，或名御米，或名赛牡丹，或名锦被花。种具数色，有深红、粉紫、白紫者，有白质而绛唇者，丹衣而素纯者，殷如染茜者，紫如茄色者。多植数百本，则五色杂陈，锦绣夺目。”

关于茉莉花，《花镜》是这样介绍的：“茉莉，或名抹利，东坡名曰暗麝，佛家称之为鬘华，原出波斯国，今多生于南方暖地。有一种宝珠茉莉，花似小荷而品最贵，初蕊时如珠，每至暮始放，则香满一室，清丽可人。”

关于合欢树，《花镜》是这样介绍的：“合欢，树似梧桐，枝甚柔弱。叶类槐荚，细而繁。每夜，枝必互相交结，次晨一遇风吹，即自解散，了不牵绕，故称夜合，又名合昏。五月开红白花，瓣上多有丝茸。”

关于竹子，《花镜》是这样介绍的：“竹乃植物也，随处有之。但质与草木异，其形色大小不同。紫竹，出南海普陀山，其干细而色深紫，段之可为管箫，今浙中皆有。”

关于灵芝中的七明芝，《花镜》是这样介绍的："七明芝，生于临水石崖间，叶有七孔，坚实如石，夜见其光。若食至七枚，则七孔洞然矣。"

怎么样，这位科学家的科学作品文艺得让人发冷吧。但若将它当成文艺作品，那么读起来又会让人摇头晃脑，沉醉其中。但是，必须明确指出：从整体看，《花镜》绝对是货真价实的园艺学著作。从横向看，此书中研究的观赏类动植物很多。在植物方面，涵盖了花木类100种、藤蔓类92种、花草类103种，而且对每种植物的不同品种进行了更细致的深究。比如，书中研究了牡丹的131个品种、芍药的88个品种、兰花的35个品种、梅花的21个品种、莲花的22个品种、菊花的152个品种、荔枝的75个品种等，并都附有插图及栽培方法。在动物方面，叙述了如何调养禽鸟、兽畜及鱼虫等。从纵向看，对每种植物的栽培都进行了详细而系统的介绍，既包括每年每月花开花谢及栽培事项，又包括类似于降龙十八掌的"栽花十八法"（比如辨花之性情法、种植位置法、接换神奇法、扦插易生法、移花转垛法、浇灌得宜法、治诸病虫法、变花摧花法等），还包括许多观赏植物的栽培原理和管理方法，以及各种花木的名称、形态、生长习性、产地、用途及栽培等。《花镜》首次出版于1688年，后来更以坊刻、石印、铅印等多种形式在中国和日本重印不绝，流传甚广，至今仍是园艺界的宝典。历史上有关该书的研究更是层出不穷，甚至到了约300年后的1959年农业出版社还出版了《花镜研究》，1962年又出版了《校注花镜》等。

若你是恋花读者，《花镜》的许多内容也许仍值得参考；若你想知道如何养花，不妨直接找本《花镜》读读，没准儿你就成了文艺养花能手。若你一时找不到《花镜》原著，那么下面再摘录几段供你应急解馋。关于扦插，《花镜》说：扦插要选择阴凉处，避免阳光直射，以使水分不致失衡，保证植株成活；只要管理得当，随时都可移栽种植，不受季节限制；只要栽培技术适当，便可控制植物生长发育，满足主人之需。关于如何变花和摧花等，《花镜》举例说：欲使牡丹、梅花早日开放，可部署保温设备；不同花木需不同肥力的土壤；整枝修剪时，主要剪去下垂枝、内向枝、平行枝、重叠条、枯枝等。关于如何选种植物，《花镜》给出了整体原则："生草木之天地既殊，则草木之性情焉能不异？故北方属水性冷，产北者自耐严寒；南方属火性热，产南者不惧炎威，理势然也。"同时，书中还指出，植物种类不同，则本性各异，适宜生长的地区也不相同；若能了解和掌握植物的习性，顺其本性，满足其生活条件，就能在不同地区栽培所需植物。

但是，提醒各位花迷注意，若以科学态度阅读《花镜》，则务必注意去掉其中的艺术夸张部分。比如，在“接换神奇法”中，《花镜》就夸张道：“凡木之必须接换，实有至理存焉。花小者可大瓣单者可重，色红者可紫，实小者可巨，酸苦者可甜，臭恶者可香，是人力可以回天。惟在接换之得其传耳。”显然，即使今天的生物转基因技术等也都不能如此随心所欲。

哦，对了，别只顾欣赏《花镜》，该将镜头转向《花镜》的作者、本回的主角了。他的身世朦胧，籍贯不详，生卒时间不知。不过据《花镜》自序倒推，他的出生年份大约是1612年。他姓陈，名淏子，字扶摇，自号西湖花隐翁。你看，还真是人如其名，淏者，水清之样也。他那隐居的一生真如清水芙蓉。在园艺学方面，他又真是扶摇直上，意外地成了中国古代著名的科学家。至于自号“西湖花隐翁”嘛，那更是他的标准写真了。

生活在明末清初的陈淏子为啥要隐居呢？当初出版《花镜》的书社老板回忆说：陈淏子在明亡后不愿为清朝做事，便研究花草果木栽培，兼以授徒为业。若回顾明末风云，不难发现，这种说法对本欲“扶摇”的陈淏子来说确实很有道理。你看，当他于1612年出生时，当时的明朝皇帝已有20多年不理朝政了，军政事务等早已乱成一锅粥。在他7岁那年，努尔哈赤在萨尔浒之战中大败明军。从此，明朝对后金转入被动的防御阶段。在他10岁时，山东爆发白莲教起义，各地民变、兵变、抗租更是频繁爆发。在他12岁以后，魏忠贤擅权跋扈，制造了无数冤假错案，大量忠臣被害而死，内忧外患加剧。在他14岁那年，北京发生王恭厂大爆炸，造成2万多人死伤。在他15岁那年，意欲中兴明朝的崇祯皇帝总算上位了，结果内乱未停，外患更甚。在他24岁那年，皇太极在盛京称帝，改国号为大清，并数次经长城入侵明朝，再加上连年灾荒，民不聊生。在他28岁时，明朝边界退至山海关。在他32岁时，李自成攻陷北京城，崇祯自缢，明朝灭亡。一句话，在明朝未亡时，面对超级乱政，陈淏子这样的英雄压根儿就无用武之地，只好隐居；而明亡后，他又不愿向满人称臣，所以只好继续隐居。

终生隐居的陈淏子到底有啥生平事迹呢？幸好，陈淏子的隐居是“人隐心不隐”式的隐居，他仍有强烈的儒家入世愿望，故在《花镜》中留下了一篇精练的自序。这也是今人所知的有关陈淏子的几乎全部信息。由于该自序实在太精彩，故下面只经过了简单的通俗化处理，几乎原样呈上。

陈淏子在序中说：本人平生无啥爱好，唯爱书与花。至今虚度二万八千日，大半沉迷于旧书古文之中，或痴情于花鸟园林之内，故一无是处，只会读书写字。家藏之书，皆为花经与药方。哈哈，众人笑我花痴兼书痴！其实，读书乃儒家正业，痴从何来！至于锄地、园艺、驯鹤、栽花嘛，乃老夫休闲自娱自乐而已。陶渊明说："富贵非吾愿，帝乡不可期。"我身居山野陋室，读书之暇，栽花种草。关于饮食坐卧嘛，我每天都浸润在人迹罕见的五彩香谷中，春天梅花掩影，柳破金芽；夏天海棠红媚，蓝瑞芳夸；秋天梨梢望月，桃浪风斜。常见树头蜂抱花须，偶见美人醉于香径林下。满庭新色，遍地繁华。读书累了就观景，岂非人生乐事乎？看那石榴烘天，葵花倾日，荷盖摇风，杨花舞雪，香木郁葱，群花争艳。竹清三径之凉，槐阴两阶之美。紫燕点波，锦鲤跃浪，我高卧北窗，听蛙鼓于草间，散步朗吟，淹雾于泽畔，真避暑之乐土也。待到深秋季节，金风波爽，云中桂子，月下梧桐，篱旁丛菊，沼上芙蓉，霞升枫柏，雪泛芦苇。晚花挂冰，寒蝉偶鸣。鸥眯衰草，雁唳碧空。邀三五诗友雅聚，满园香沁诗脾。酒足饭饱之余，随心翘腿聊咏，真乃清秋佳境也。就算是隆冬季节，众芳凋落，而我的温室中也有不谢之花，更有枇杷累玉，蜡瓣舒香。茶苞含五色，月季逞四时。此时，或背晒太阳看书，或踏着檐前碧草，登楼远眺。哇，窗外松竹之美哟，何止怡情适志，简直乐此忘彼。焚香煮茶，卧榻洗花，不过休闲逸事，恢复疲劳之良法也。嘿嘿，我算花痴吗？书癖吗？反正老夫已死不悔改，将终老于此也。可笑那世人忙忙碌碌，要么想发财，要么盼当官，完全不懂园艺之理，即使面对名花，也不过傻玩几天。可怜那名花，转眼成槁木。

各位，上段就是陈淏子在77岁时为即将出版的《花镜》所写的序。怎么样，从该序中你看到了什么？农学不再是灰头土脸的了吧！陈淏子像你印象中的科学家吗？你也想成为他那样的、从心所欲的幸福科学家吧！可惜，在出版了《花镜》后，陈淏子又归隐深山了，世人甚至都不知他是何时去世的。当然，他也可能至今还活着，没准就隐居在你家附近的仙山里，一边浇花，一边欣赏你阅读他的小传呢。

第二十九回

养蚕缫丝始嫘祖，清朝杨屾终著书

伙计，作为华夏儿女，关于黄帝的英雄事迹，你肯定耳熟能详了吧。但是，黄帝的太太是谁，你知道吗？她的主要功绩是什么，你又知道吗？哈哈，告诉你吧。《史记·五帝本纪》称“黄帝居轩辕之丘，而娶于西陵之女，是为嫘祖”。黄帝的夫人系四川盐亭县人，名叫嫘祖。根据古代神话传说，她的主要功绩是发明了养蚕缫丝的方法。早在北周时，她就被奉为“先蚕（蚕神）”。诗仙兼酒仙李白的老师、唐代著名韬略家赵蕤更在《嫘祖圣地》碑文中写道：“嫘祖首创种桑养蚕之法，抽丝编绢之术，谏诤黄帝，旨定农桑，法制衣裳，兴嫁娶，尚礼仪，架宫室，奠国基，统一中原，弼政之功，殁世不忘。是以尊为先蚕。”

就算不考虑传说，我国养蚕缫丝的历史也相当悠久。《夏小正》中有“三月摄桑，妾子始蚕”之说，即夏历三月修整桑树，妇女开始养蚕。这暗示夏朝已有蚕事。当然，关于夏朝是否存在，还有学术争议，此处仅点到为止。但在商朝的甲骨文中，不仅有蚕、桑、丝、帛等字，而且有某些与蚕丝有关的卜辞（比如“叫人察看蚕事，要经九次占卜”等），更有关于蚕神和祭祀蚕神的记载。在河南安阳和山东苏埠屯等殷商古墓中，都多次发现过形态逼真的玉蚕。在殷商的青铜器上，也常发现绢丝残片或蚕饰痕迹。商代还设有蚕事官员“女蚕”，更有“亲蚕”制度，即天子和诸侯都有“公桑蚕室”。

到了周代，已开始大面积栽桑，养蚕业蓬勃发展，丝绸成为富人衣物的主要原料，养蚕织丝更是妇女的主业。《诗经》中多次提到蚕桑，比如《诗经·豳风·七月》中就有“春日载阳，有鸣仓庚。女执懿筐，遵彼微行，爰求柔桑”。这句话的意思是，春光明媚，黄莺欢唱，提箩美女浩浩荡荡，采摘嫩桑。该诗将在后面发挥奇效，此处暂且按下不表。又如，《诗经·魏风·十亩之间》中有“十亩之间兮，桑者闲闲兮”，即浩瀚十亩桑园啊，桑女多悠闲。从西周到春秋都只养殖春蚕，而禁养夏蚕，即一年只养一茬，以免过度采桑毁桑。此时养蚕技术已较成熟，比如已开始浴种，即浸除蚕卵上的杂菌等。

战国的青铜器上已出现妇女提篮采桑的生动形象，还出现了当时栽种的乔木式和灌木式两种桑树。战国的《管子·山权数篇》中说：“民之通于蚕桑，使蚕不疾病者，皆置之黄金一斤，直食八石，谨听其言，而藏之官，使师旅之事无所与。”哇，这时的养蚕高手真可谓名利双收，不但应邀到四处做报告介绍经验，而且被列入政府专家名单，可得到黄金奖励，免除兵役。

秦汉时期，人们已懂得适当的高温和饱食有利于蚕的生长，将缩短蚕龄，并开

《蚕织图》局部

始大规模利用野蚕。魏晋南北朝时，家蚕选种、制种技术大有进步，人们已懂得如何控制家蚕的孵化时间。唐代虽基本沿用旧法，但早已驾轻就熟，并普及了多化性蚕，即一年可收茧三茬甚至四茬。宋元时期，蚕事趋于完善，生产过程已标准化；南方蚕农发明了桑树嫁接术，可加速桑苗繁殖，培育优良品种。明清很重视蚕种选择和品种改良，已懂得如何应对某些传染性蚕病（如脓病、软化病和僵病等），已能采取某些淘汰或隔离措施来防止蚕病蔓延，更懂得如何防治蝇蛆病等。

与红红火火的蚕桑事业相比，中国古代有关蚕桑的书籍却很不理想。虽然自汉代起曾有过诸如《蚕法》《蚕书》《种树藏果相蚕》《秦观蚕书》等蚕学专著，但可惜皆已失传。虽然《泛胜之书》和《齐民要术》中也有蚕桑相关章节，但不够全面和系统。于是，终于轮到本回主角登场了，因为他撰写了现存最早的全面论述栽桑养蚕方法的专著。

本回主角名叫杨屾，字双山，生于1687年，是陕西省兴平县双山村杨家堡人。为啥对其出生地知道得这么准确呢？因为双山村后来就是为纪念杨屾而改名的，“屾”字的含义就是双山。虽不知能为杨屾取出如此别致的名字的父亲到底有多大学问，但他肯定很有钱，特别是拥有不少土地。所以，杨屾家即使算不上大富大贵，至少也衣食无忧，以至杨屾从小就受到良好的教育，长大后也能从心所欲，做自已真正喜欢的事情，而不必为了生存而勉为其难。他从不当官，始终都是一介布衣，故《清史稿》中无他的传记，《续修陕西通志》和《重修兴平县志》等地方性史志文献也只重点记述了他的学术成就和在家乡推广蚕桑的情况，很少涉及其他方面。

杨屾天资聪明，很早就熟读四书五经，少年时拜了一个大名师——明末清初的哲学家、被誉为理学"海内大儒"的李颙。果然名师出高徒，杨屾深得老师真传，尤其是老师重视实学的"经世宰物以为用"的见解对他的影响深远。他后来虽博学好问，天文、音律、农医、政治、实业无不通晓，但唯独不应科举，不求功名，不学八股，不拘于成法，不为书所愚，只讲实用。他将老师的理论发展成自己的重农观点：食出于耕，衣出于桑，二者皆民之命，万事之原，缺一不可；人若一日不食则饥，终岁无衣则寒；饥之于食，寒之于衣，得之则生，失之则死，故耕桑之事莫不大也！

杨屾终生都在家乡从事农技教育和实业活动，同时致力于农桑著述。他办学规范，成绩卓然，先后培养弟子数百人。他将农学列为重点课程，还撰写了教材《知本提纲》，其中不但涉及儒家修身齐家治国平天下的思想（"四业"），而且强调欲修"四业"，宜先知农务之要。他的农学代表作《豳风广义》再次强调农书为"四业"之首。他既是这样说的，也是这样做的。他的家乡当时只种粮食，既没棉麻，也无蚕桑，因而老百姓有食无衣，每年都要卖掉一半口粮到外省换布匹，结果衣食皆缺，生活艰难。杨屾一直试图铲掉这个"贫根"，他首先想到的是种棉麻，结果殚精竭虑，未得其善。后来，他又将精力转移到养蚕上，时时留意，处处上心。果然，在38岁那年的春天，有一次他出游终南山时，惊见满山槲橡（一种野蚕爱吃的植物），便知它们可用于养育野蚕。于是，他赶紧从山东购回野茧种苗，并请来山东专家具体指导。他自己也在山下搭茅屋居住，从头到尾亲历了化蛾、孵蚕、引蚕上树等全过程，终使野蚕养殖成功。从此，野蚕便开始在他的家乡附近大量放养。

野蚕试验的成功让杨屾看到了希望，他断定家乡也能养家蚕。大约是在40岁的某天，当他再次摇头晃脑地吟诵本回前面提到过的那首《诗经·豳风》时，突然意识到："豳风"二字中的"豳"不就是指家乡附近的区域吗？既然早在周朝这里就能种桑养蚕，为啥现在就不能呢？于是，他下决心要重兴"豳风"，恢复家乡的蚕桑事业。经过对历史和现实的深入研究，他认为全国各地都宜栽桑养蚕。从此，他锁定各种蚕书，博采众长，遍访蚕桑产区。但在阅读前人文献的过程中，他发现不能轻信书本。过去的农桑著述虽多，但著书者没有实践经验，有实践经验者又没著书，所以，许多著述只是泛泛而谈，或华而不实，或量多质劣。总之，这些著述很难经得起实践检验。

于是，为了及时验证前人和外地的蚕事经验，探索有效的养蚕办法，从41岁开始，杨屾干脆投巨资，拿出家中的一大片土地，耗时两年，建了一个“养素园”，以此作为树艺、园圃和畜牧的综合性教学、科研实践基地。该园四周栽种桑树和其他林木，园内套种各类蔬菜、果树和药材。园中央凿有一口大井，装有水车，供抗旱之用。园内盖有房舍，设学馆，藏图书，储学育才。他在这里精心试验养蚕、种桑、畜牧、粪田等事，指导学生从事实践活动。比如，他严格按古法描述的“区田法”，种植了一亩麦田，结果真的亩产上千斤，再次证明了这种古法的有效性。再如，针对古书中记载的某种桑树无性繁殖法，经多次按书实操，结果全都失败，于是他否定了该法。不过，他经长期摸索，终于找到了另一种有效的桑树无性繁殖法——九月盘栽法，从而不但指出了前人之误，还给出了相应的纠正办法。当然，养素园更是杨屾从事农学研究和著书之地。他验证各种学说，抛弃虚华之词，注重实用性和可行性。只有那些经得住检验的成果才会被他写入书中。这样，经过长达13年的艰苦摸索，他终于完成了自己的农学代表作《豳风广义》，一本适合全国的蚕桑专著。该书于1740年出版后，很快就传遍各地，陕西、河南、山东等地多次翻印。200多年后的1962年，农业出版社还出版了此书的校勘本。杨屾对“农”的理解也非常深刻，他已将“农”提升到“农道”的高度，甚至已有农业系统论的思想。他认为：“农非一端，耕桑树畜四者备，而农道全也。”所以，除蚕桑外，他还对耕作、树艺、畜牧等都有研究。该方面的学术成果主要体现在他在51岁那年完成的另一部综合性农学著作《知本提纲》中。

对杨屾来说，著书只是手段而非目的。他志在大面积推广蚕桑技术。他针对家乡及周边乡民，经多年努力，终于以实效让大家尝到了甜头。但是，对于更广大的地区，他就鞭长莫及了。于是，他又发挥自己的通才本领，在54岁那年干脆直接给陕西省的首长去信，请求省府出面推广栽桑养蚕，并附上《豳风广义》一书。他在信中陈述了蚕桑的诸多好处，比如可广开财源，以佐积贮，富国辅治，以厚民生等。他还在信中提出了切实可行的推广“八策”，建议同时采取行政“规劝”手段和经济“调税”手段，有赏有罚（凡栽桑百棵以上者，将给予相应奖励）。至于桑籽、树苗、灌溉等重要事项，则由官府统一筹划。经过一套天衣无缝的组合拳后，杨屾的建议果然得到官府的支持。官方随即下令各府、州、县大力推广蚕桑，并在多地设立了相应的办事机构。不到10年，陕西蚕业就真的发展起来了。

一时间，杨屾成了名人，各种荣誉纷至沓来，达官显贵慕名求见，门庭为塞。在他57岁那年，竟有人让他前往省里当官，既传经送宝，又讨论实业，但他不为虚荣所动，只借机尽力辅助推广栽树、植桑、养蚕等。由于不爱官场生活，不久他就离职返乡，继续做真正的自己。杨屾一直热心助人，服务乡亲。比如，由于家乡离城较远，贸易不便，他就牵头建了集市；由于家乡缺医少药，他又亲自探索脉理，熟悉针灸，甚至拿自己做医学实验。他还精于兽医，一次邻居家的牛误吞铁钉，他竟开一方，其药平常，钉却应时而下，令众人赞叹不已。他一生勤劳善学，又精于养生，90岁时竟面如童颜。更难能可贵的是，他还主张改革弊俗，如反对裹足，提倡简化丧葬等。可惜这次他未获得官方的支持，只好自己带头示范。

1794年（或1785年）临终前，他特别嘱托家人不要举行传统的土葬，只需把遗体安放在养素园内，让他躺在晚年藏书读书的明经洞石床上，与生前最爱的书本相伴，然后密封洞口就行了。杨屾以107岁的高龄去世后，皇帝手谕褒嘉，命祀乡贤祠。兴平县每年都为他举行祭祀活动，直至1958年。

医学篇

秦　缓	华　佗	张仲景	王叔和	皇甫谧	葛　洪
陶弘景	孙思邈	宇　陀	唐慎微	刘完素	宋　慈
朱震亨	李时珍	陈实功	吴有信	叶　桂	王清任

第三十回

大数据望闻问切，秦医圣起死回生

请问：中国医圣是谁？

你可能脱口而出：神农，尝百草的那个神农呗！

错！因为神农只是传说人物，更不可能是科学家。但是，该神话的内容相当科学。它不但科学，而且属于现代科学的热门，即大数据科学，包括大数据的采集、挖掘、应用及优化等。

真的，不是开玩笑，医学确实是大数据科学的一个重要应用领域。病例收集，等于建立数据库；药性鉴定，等于大数据清洗；疾病诊断，等于大数据挖掘；治病过程，则更是典型的大数据应用和优化。

当人类还拖着尾巴的时候，豺狼虎豹等天敌就开始扮演“医生”角色了。它们随时都对人类进行大数据采集和分析，知道哪几种人好对付。例如，若发现对方是软弱无力之人，那么就将信息输入经验数据库进行对比，马上挖掘出结果：吃掉他！于是，人群中的一个病号就这样被“治好”了。

后来，病人们开始自己给自己瞧病：健康时，随时关注同伴的经验，并将其整理成数据库，记在脑中；生病时，便根据病征，照猫画虎，比如去啃食某种树皮，虽然其味道确实很苦。如今，许多动物也都学会了这种大数据治病法。例如，为了医治消化不良，鸡婆婆们就会故意啄食几粒小石子。

再后来，巫医登场了，大数据疗法也就被抛弃了，因为任何病症似乎都可以用同一道咒语轻松搞定。至于是否真能治病，那就得看病人的造化了。心理暗示作用强的人可能真的就康复了，运气不好的人就只好前往阎王殿报到了。当然，这也可看成又一个病号被“治好”了。

终于到了神农时代，科学的大数据疗法再次被重用。不管神农是否真有其人，也不管他是否就是炎帝，人类开始有意识地、专门地、主动地建立药物数据库这件事本身就是一个巨大的进步，哪怕不得不通过“尝百草”等危险方法来进行大数据清洗。回忆一下神农的传说，许多细节都非常耐人寻味。作为三皇之一的神农天生就是大数据专家，他对小概率事件特别敏感。例如，偶然看见鸟儿衔种，他就发展了农业。在采集药物大数据方面，神农更具两大优势。

其一，他有神赐的解毒茶，若遇不测，便可马上饮茶救命，因此，可以反复品尝毒草，反复测试，直到最终建成所需的药物数据库，标出百草的药性。用大数据科学的行话来说，那就是神农的经验经过了反复学习和反复优化，因此，其挖掘结果就更加精准，其大数据挖掘算法也就更加成熟。他尝呀尝，尝罢一坡又一坡，尝完一山又一山，不但尝出了可食用的五谷杂粮，而且尝出了哪些草苦，哪些草甜；哪些辣，哪些酸；哪些热，哪些寒；哪些平，哪些淡；哪些温，哪些咸；哪些能充饥，哪些能祛病等。据说，最多的时候，他一天中毒 70 多次！

神农尝百草

其二，也是神农最重要的优势。据说，他通体透明，五脏六腑都清晰可见。因此，吃下药草后，他用肉眼就可以观察药效反应，看血管是否扩张，与肚里的食物是否相克，中毒的内部症状怎样，从而可确保每次的试验结果都得到精准记录，为后续的医治提供经验。用大数据科学的行话来说，神农能够获得完整的反馈信息，从而可以及时进行微调和迭代，迅速总结经验和吸取教训。因此，他发现了若干重要的大数据规律，比如酸味开胃，甜味滋补，苦味性凉，辣味性热；食物中毒可致呕吐、腹疼、昏迷，甚至死亡；某些动物的肢体和内脏有特殊疗效。

可惜，这样的大数据专家也终因误食剧毒断肠草而为中华民族的医药事业献出了宝贵的生命，享年 9000 岁。其实，神话归神话，但是它揭示了这样一个重要事实，那就是人类已开始大规模、多渠道地建立医药数据库了。只不过这些数据库及相应的大数据挖掘算法被当成祖传秘方，甚至传男不传女，因而也就无法形成真正的、规范化的医学，也当然不会出现医学家，直到本回的主人公出山，才终于“柳暗花明又一村”，中国的“医圣”才总算亮相了。

这位“医圣”的绰号几乎无人不知，但他的本名鲜为人知。即使我将他的姓氏名号等信息全部告诉你，你也许仍然莫名其妙。实际上，他姓姬，氏秦，名缓，字越人，号卢医。为简便计，下面就按现代规矩称他为秦缓吧。

秦缓于公元前 407 年出生在春秋战国时期的齐国，渤海郡郑（今任丘市）人。

那一年，世界好像不太安宁：齐伐卫，郑伐韩，魏国灭中山；鲁穆公登基，魏文侯变法；斯巴达海军惨败，古希腊悲剧大师欧里庇得斯去世。也是在这一年，20岁的柏拉图拜苏格拉底为师并成为其忠实的信徒。

秦缓的父母很平常，家族也很平常，平常得几乎没留下任何历史痕迹。其实，秦缓自己也本该很平常，因为他只是在某个微不足道的“宾馆”里做一个小小的“经理”而已。哪知天上突然掉馅饼，还真砸中了咱们的秦经理。一位名叫长桑君的住店客人神神秘秘地对他说：“我有秘藏医方，但年老无子，你想学吗？”“扑通”一声，秦经理一个响头就拜定了恩师，好像生怕对方反悔似的。从此，长桑君尽心地教，秦徒弟尽力地学。老师的祖传秘方到手了，诊病技巧学会了，药剂研制出师了，多年的经验继承下来了。总之，一句话，老师的病例、处方等数据库都被复制下来了，数据挖掘算法也掌握了，新数据采集和清洗机理也吃透了。

天资聪颖的秦缓毕业后，他的医术虽已炉火纯青，但他仍然十分勤奋，既虚心吸取前人经验，又努力改良民间偏方，对老师更是恭敬有加，直到为长桑君养老送终后，才开始大展拳脚。

首先，他广收弟子。只要是人品好、愿吃苦、爱学习的人，他都毫无保留地教，从而打破了以往医学界父传子的传统。这实际上为中医成为一门科学分支奠定了决定性的基础。设想一下，如果秦医生只把自己的绝招当作秘方的话，那么他的医学成就很可能早就被遗忘了，《难经》《外经》和《内经》等传世佳作根本就不会问世，他自己也不可能成为“医圣”，中国医学的诞生时间也许更会被大大推迟。事实也证明，正是因为秦老师无私地教授学生，他的徒弟子阳、子豹、子越等人才能把老师的学说发扬光大，并最终形成了影响千年的中医学派。

其次，为了积累更多的典型病例，增长实践经验，丰富医疗数据库，秦老师决定带领弟子们游医天下，巡诊列国。不管男女老少、高低贵贱，只要患病，他都尽力救治。什么样的病人多，他就重点医治什么样的病；急需解决什么样的病患，他就专攻什么样的难关。例如，当游医到秦国都城咸阳时，他见儿童的发病率很高，就认真研究病因，当上了儿科大夫，治好了许多疑难杂症。当游医到东周都城洛阳时，他发现老年病肆虐，就开始专攻老年病，使不少老人摆脱了耳聋、眼花等老年病症带来的痛苦。当游医到赵国都城邯郸时，他发现许多妇女都在病菌感染中挣扎，于是又转向妇科，创造了许多妙手回春的奇迹。据不完全统计，从46岁去赵国行医开始，他大半生几乎都在云游四海，济世救人。他在50岁左右到齐国都城临淄为齐桓公测病，52 岁在魏国都城大梁（今开封）给魏惠王开方，57 岁到秦都咸阳，甚至 90 岁左右还去周都洛阳出诊。最令人感动的是，就在去世的当年，98 岁高龄的他竟然再度前往秦都咸阳，在那里看小儿科。反正，无论是内科、外科、妇科、儿科、五官科，他都大胆创新；无论是医、药、技等，他都刻苦钻研。秦郎中绝对称得上是一位学识渊博、医术高明的“全科大夫”。

汉画像石《扁鹊行医图》

最后，大数据治病的关键是要获得全面准确的疾病信息，这也就是今天大家一进医院就必须先进行各种各样的化验、透视和检测的原因。但是，在秦郎中之前，不但没有 CT、验血仪、听诊器等设备，甚至人们连切脉都不会。当时的原始切脉法很笨拙，称为“三部九候诊法”，必须按切病人的全身，包括头部、颈部、上肢、下肢及躯体的多处脉搏。这不但耗时耗力，而且容易出现相互矛盾的信息，让医师不知所措。秦大夫基于大数据分析，通过对前人做法的优化，大胆断定手腕一处的脉搏就足以替代其他各处。他还提出了相应的脉诊理论，从而开启了中医的先河，奠定了现代切脉法的基础。然后，秦大夫再接再厉，建立了一整套中医诊断方法。至今，这些基本功仍然是区分名师和庸医的试金石。

各位看官，你肯定瞧过中医，但你也许不知道望闻问切的具体含义，下面的内容可能让你大吃一惊。

所谓“望”，也称“望诊”，当然不是欣赏病人的颜值，而是像人工智能图像识别那样，对患者的面部、舌质、舌苔等进行神、色、形、态、象等信息的采集和对比，以此测知患者内脏的病变。由大数据挖掘的经验可知，脏腑阴阳气血的变异，必然会在体表有所反映。例如，检查病人的眼睛是否有神；眼白是否有异；舌头是否过红；舌苔是否过厚，其色白或黄；口腔是否有炎症，颜色是否过红或过白；鼻子是否发炎，鼻涕稀或稠，颜色黄或白；有无耳鸣或耳炎等。若望见患者的眼有毛病，那么他的肝就有问题；舌有异，则心脏就不好；口腔有问题，则脾就不好；鼻子有状况，肺就不好 ；耳朵不正常，肾就不好；眼白过红，则心火就太旺；舌头过红，就需养心降火；舌苔发黄，脾胃就火大；舌苔发白，脾胃就偏寒。

所谓“闻”，也称“闻诊”，当然不是要闻出病人身上的香水品牌，而是要听其声，嗅其味，特别是要认真倾听患者讲话时气息的高低、强弱、清浊、缓急等变化，以分辨病情的虚实、寒热等。

所谓“问”，也称“问诊”，是指询问症状。当然不是与病人侃大山，而是要了解患者的病因、病史（包括家族病史）、发病经过、治疗过程、主要痛苦、自觉症状、饮食状况等，然后再结合望、切、闻等三诊的情况，综合分析，给出判断。形象说来，“问”的重点包括以下几个方面：一问寒热，二问汗；三问头身，四问便；五问饮食，六问胸；七聋八渴俱当辨；九问旧病，十问因；再兼服药参机变，妇人尤必问经期，迟速闭崩皆可见；再添片语告儿科，天花麻疹全占验。

所谓“切”，也称“切诊”，当然不是“剁手党”，而是切脉，通过腕脉的搏动情况，辨别脏腑功能的盛衰，气血津精的虚滞。正常脉象应该是：不浮不沉，不迟不数，从容和缓，柔和有力，流利均匀，节律一致，一息搏动四至五次。病变的脉象种类繁多，包括浮脉、沉脉、迟脉、数脉、细脉、微脉、弱脉、实脉、洪脉、弦脉、紧脉、滑脉、涩脉、濡脉、芤脉、结脉……此处之所以罗列如此众多的病变脉象，当然不是要你背诵它们的具体内容和相应的病理特征，而是要告诉你脉诊确实博大精深，绝不只是“左手摸右手”那么乏味。

大数据医疗的最后一关就是对症下药。咱们的秦医生可不是只会望闻问切的“砖家”，他更掌握了让病魔哭爹喊娘的“十八般武艺”。只见他左手一挥，针灸就出鞘；右手一点，按摩显奇效；若遇危重病人，干脆直接上麻醉，然后就开刀。张三来了灌汤液，李四上场敷药膏。如果病魔不服气，嘿嘿，一个霹雳闪电，砭刺已然出大招。传得最神奇的一个段子甚至说秦医生还能换心。千年瞎话大概是这样的：鲁国的路人甲和赵国的路人乙一起在秦郎中的“国际”诊所相遇。他们本以为无大病，可秦大夫对路人甲说：“你虽志气大，但身体弱；虽有计谋，但不果断。”他又对路人乙说：“你的志气小，身体却很好；虽无谋虑，却过于执着。”然后，秦大夫同时对他俩说：“若把你们的心脏互换，就能平衡，病也就好了。”

于是，秦大夫让他们喝了麻醉药酒，剖开他们的前胸，闭着眼睛就找到了心脏，然后将它们交换场地，并给他们喂了神药。一袋烟工夫，二人便醒了，就像没事儿人一样，辞别秦先生，然后回家了。

掌握了大数据医疗系统的秦大夫在中医界可谓“海阔凭鱼跃，天高任鸟飞”。那位看官要问了，他到底有多牛？这样说吧，他既能将死人看活，也能将活人看死！

什么叫“将死人看活”呢？这里的“看”当然指“看病”的看，就是把死人医活。若不信，请听下面两个故事。

故事一说，秦大夫游医到虢国，听说该国太子刚刚暴毙，还没火化。于是，他赶紧来到太平间，声称能让太子复活。“人死哪有复生的道理。”太监摇着头，以为秦大夫悲伤过度，精神失常了。秦大夫则长叹说：“若不信，可再次诊视太子，应该能听到他耳鸣，看见他鼻肿，并且他的大腿及阴部还有余温。”太监闻言，立即入宫禀报。国君大惊，亲自出来迎接秦大夫。

秦大夫说：“太子之病叫休克。他虽面色全无，失去知觉，形静如死，其实并没死。”于是，秦大夫命弟子协助，用针砭急救，刺太子的三阳五会诸穴。不久，太子果然醒来。秦大夫又适当增减药剂，太子就坐了起来。再通过用汤剂调理阴阳，20多天后，太子就又活蹦乱跳了。

这件事经传播后，秦大夫起死回生的名声就响彻寰宇了。秦大夫却坦言，并非自己把死人救活，而是病人根本没死。他说：“我只不过用适当的方法把太子从垂死中挽救过来而已。”

故事二说，秦大夫到晋国出诊，正碰上该国大夫赵简子由于“专国事”用脑过度，突然昏倒，已五天不省人事了。他的家人十分害怕，急忙求救于秦大夫。切脉后，秦大夫自信地说道：“赵简子的脉搏正常，不必大惊小怪！三日之内，定让他康复。”果然，只用了60小时，赵简子就苏醒了。

什么叫“将活人看死”呢？这里的“看”指“看见”或“预见”，就是看见某人就知道他将要病死。实际上，大数据科学本身有很强的预测能力，所以，作为大数据科学领域的翘楚，秦缓自然能预知某些疾病的发展趋势。他本来就很重视疾病预防，力图将病魔扼杀于萌芽中，其前提当然是患者要积极配合。

故事是这样的。大约在公元前 357 年，当马其顿国王腓力二世正忙于迎娶奥林帕丝公主时，秦大夫在齐国的都城偶然遇见了该国国君齐桓公。双方一碰面，秦大夫大吃一惊，脱口说道："伙计，你有病！虽为肌肤表面的小病，但得赶紧治，否则后果不堪设想。"齐桓公听罢哈哈大笑："你才有病！哪有这样拉生意的，是穷疯了吧？医托也不至于如此直白嘛。"然后，齐桓公就匆匆打道回府了。10 天后，秦大夫又对齐桓公说："您的病已入肌肉里，赶紧治吧，否则会恶化。"齐桓公不悦。又过了 10 天，双方聊天时，秦大夫再次提醒说："您的病已入肠胃，再不治，我就没辙了。"齐桓公仍不理睬。又过了 10 天，齐桓公想邀秦大夫喝茶，这次秦大夫果断拒绝道："皮肤外的小病，可贴膏药治之；肌肉里的中病，可用针灸治之；就算肠胃里的大病，仍可用火剂汤药治之。但是，一旦病入骨髓，我老秦也无力回天了，你还是赶紧准备后事吧。"果然，过了 5 天，齐桓公全身疼痛，终于倒在了工作岗位上。

有专家认为，齐桓公的这个故事很可能也是古人瞎编的，意在提醒政治家别盲目自信，更不能封杀批评意见。不过，无论真假，以上故事却留下了两个常用成语：起死回生和讳疾忌医。

对于疾病，秦大夫虽料事如神，但对于自己的生死，他难以预测。一次，秦武王扭了腰，疼痛难忍，其御用太医李醯左治不好，右治也不行。秦武王无奈，遂请98 岁高龄的秦缓入宫一试。只见秦缓切脉后突然发力，朝秦武王的腰间一推一拿。随着"咔嚓"一声脆响，秦武王的腰病就康复了。秦武王大喜，想封秦缓为总太医。李醯知道后害怕失宠，就派刺客暗杀了秦缓。可惜呀，一代神医就这样冤死他乡，化为喜鹊飞上了天堂。时年正是公元前 310 年，也是古希腊天文学家、数学家阿里斯塔克斯的诞生之年。

对了，差点忘了交代，百姓们给秦缓取的绰号叫"扁鹊"，意在感谢他像喜鹊那样飞到哪里就给哪里的人们带去安康，带去喜讯。

第三十一回

仗医行侠麻醉技，华佗自编五禽戏

哥们，给华佗写传记实在太难，太难了！因为干扰太大，需要的素材几乎都是空白，让作者不知如何下笔；不需要的东西又太多，让读者几乎都已事先戴上了“有色眼镜”，以至于很难澄清相关科学事实。

首先，作为名医，华佗的故事简直铺天盖地！电影电视轮番轰炸，小说评书随意演绎，诗词歌赋数不胜数。他今天去张家，药到病除；明天又去李府，开肠剖肚；后天偶遇路人甲，张口就断言对方“活不过今朝”，结果那斯果然就死在了中午！总之，只要能为他歌功颂德，哪怕是明显的谣言，谁都不在乎。大家都可以任意发挥想象，无论怎么夸大，都不用担心太离谱。

在元末明初的《三国演义》中，罗贯中老先生的笔头轻轻一动，就让已去世十几年的华郎中跑到蜀营，与关公一起联袂演了一出“刮骨疗伤”，让读者看得好不舒服。如果关老爷真是如此英勇，则说明当时的外科手术已比较普遍，绝非华郎中的专利，或者乐观地说，华佗的外科手术已得到广泛传播，遍地开花了。

即使是再古老的一些著作（如唐朝的《独异志》和《志怪》等）所记载的神化华佗的典型病例，明眼人一看就知漏洞百出。例如，在“狗腿治疮”的故事中，漂亮妹妹的疮口里竟能蹿出一条小红蛇，而且飞进了狗腿中。为啥不让这条小红蛇飞进龙宫里呢？那不更精彩吗？在“枪头化酒”的故事中，儿子竟能莫名其妙地从父亲的遗体内取出铜枪头。更神奇的是，华佗用一滴神药，那枪头便立刻化成了药酒。其实，若演绎成“让枪头化成茅台”，那不更值钱吗？

像西晋陈寿的《三国志》和《华佗别传》以及南北朝时期范晔的《后汉书》等比较严肃的历史文献也都显得文学性有余，科学性不足。其中对华佗医术的夸奖有“刳剖腹背，抽割积聚，断肠滴洗”等，让人怎么看怎么像屠夫在杀猪，而非外科医生在做手术。剖腹的医学原理是什么？如何判断该从哪里动手术？对内脏的功能和关联都有什么了解？等等。反正，该有的科学描述几乎都没有，而相应的文学描述又很难让人信服，因为现在的医学都还没有达到如此神奇的地步。莫非人类的医术真的退化了？当然，此处我们绝无埋怨古人之意，只是想强调这些内容不能当作支撑“科学家华佗”的素材。

正像后宫中母以子贵一样，在医学界也有“医生以病人贵”的现象。华佗的名气在很大程度上来自他医治过的众多著名病患，包括广陵太守陈登、奋威将军周泰、丞相曹操等若干高级官员。当然，这肯定能说明华佗的医术在当时确实是最高明的，也不排除华佗有自己的独门绝技。但是，有一点必须指出，那就是名医不等于医学家，更不等于科学家，就像名厨不等于美食家一样。随着人工智能技术的发展，在不远的将来，计算机肯定会成为超过任何个人的“名医”，你总不能说计算机是医学家吧！

作为医学家的华佗至少应该有自己的学术专著或独创思想吧。于是，有网友兴高采烈地搜到了一本署名为“华佗”的医学专著《中藏经》，并以为终于找到了足够的素材，可以为华佗写传了。但是，非常遗憾地告诉您，这本书是假的！其作者不是华佗，而是华佗去世800多年后宋朝的某位大夫。古人真萌，自己千辛万苦才写成的著作竟然要“逆向剽窃”送给别人署名。阿弥陀佛，但愿某位幕后英雄哪天也能把他的诺贝尔奖成果悄悄署上咱们的名字就好了！当然，这也从另一个角度表明：作为名医，华佗绝对是当之无愧的；华佗之名，对病人确实很有吸引力。

哥们，你看，能为华佗写传的所有道路几乎都被无情地封死了！怎么办？咱不能因此就否认华佗是一位伟大的科学家吧？

幸好，天无绝人之路。我们将基于严密的逻辑推理来为华佗“挖掘”出一篇具有说服力的小传。

华佗自己撰写的《青囊经》和《枕中灸刺经》等医学专著确实已经失传，无论它们是被曹操的狱吏所焚烧，还是因为别的什么原因被毁。也许华佗压根儿就没有写过这些医书，就像孔子并未写过《论语》一样。但这些都不会影响这样一个事实，那就是华佗确实创立了自己的重要学派，当然他也就称得上科学家了。华佗招收了许多弟子，且不少弟子非常出色，而华佗自己又没有明确的师承，因此，可以断定：由他与其弟子组成的学术团队是由华佗自己亲自创立的。在那个一日为师、终身为父的年代里，华佗团队的学术水平在某种程度上当然就能代表华佗这位团队带头人作为科学家的水平了。

华佗团队中有一个成员名叫吴普，他其实是华佗在广陵招收的弟子，后来也成了三国时期的著名医药学家。吴普的代表作是《吴普本草》(6卷)(又名《吴氏本草》)，是《神农本草经》的重要注本，总汇了魏晋以前的药性研究成果。它详细记载了药物的产地及其生态环境，简要记述了中草药的形态、采摘时间和加工方法等。该书流行于世长达数百年，被南北朝贾思勰的《齐民要术》、唐代官修的

《艺文类聚》等巨著反复引述，甚至《唐书·艺文志》也载有该书6卷的目录。宋初所修的《太平御览》收载了《吴普本草》的许多条文。还有一点也可旁证华佗的医学水平，那就是吴普用老师所创的五禽戏来养生，因此获得长寿，甚至“年九十余，耳目聪明，齿牙完坚”。

华佗团队中还有一个成员叫李当之，他其实是华佗在西安招收的弟子，尤其精于药学研究，后来成了三国时期曹操的御用军医。作为著名医学家，他也有《李当之药录》《李当之药方》《李当之本草经》等著作。

樊阿是华佗在彭城招收的弟子，他继承并发展了老师的针灸技艺，取得了众多成果，以至于《三国志·魏书二十九·方技传第二十九》花费了很大的篇幅专门为樊阿撰写了生平事迹。据说樊阿长期服用老师研制的“漆叶青黏散”，以至活到108 岁。这又类似于吴普的情况，也旁证了华佗的医学水平。华佗自己仅享年64 岁，于公元 208 年被曹操所杀，但那属于非正常死亡；否则，本回为科学家华佗写小传就不会如此困难了。

作为科学家，华佗的“中国外科鼻祖”地位也是不可动摇的。时至今日，中医在外科手术方面已远远落后于西医，甚至外科手术已成为中西医之间的最大区别。

一方面，西医在不出人命的前提下，对严重病变器官几乎只说两字：割掉！在许多情况下，如今的西医确实能安全地将病变器官割掉，哪怕它们是心、肝、脾、肺、肾五脏，或胃、胆、大肠、小肠、三焦、膀胱六腑。好像除了脑袋等极少数“零配件”之外，西医都能“以新换旧”或“修残补缺”。

另一方面，与此相反，即使病变器官可能致命，但是在“身体发肤，受之父母”思想的影响下，中医大夫也很可能束手无策。比如，许多女性至今宁愿全身而死，却不愿割掉子宫和乳房等器官，古代百姓就更是如此了。在《孝经》等的压力下，病人对外科手术的需求本来就不大，哪有啥力量来推动中医外科的发展呢？可见，文化对科学确实有很强的作用力，无论是正向还是反向。

但是，华佗的成功将有力地证明：中医的外科手术绝对没有输在起跑线上！非常巧合的是，中、西医的“外科鼻祖”华佗和盖伦几乎诞生在同一时代！实际上，盖伦只比华佗年长16岁，他们两人的外科手术水平也难分伯仲。中、西医的“始祖”扁鹊和希波克拉底两人无论是从出生年代（只差50多岁）看还是从医学水平上看，也几乎没有明显的差别。

为什么说盖伦和华佗的手术水平差不多呢？在解剖学理论方面，盖伦确实高出一头，但是盖伦肯定不会使用麻醉剂，至少不会全身麻醉，从而可断定在“开肠剖肚”方面华佗扳回1分。毕竟并非任何人都能勇敢如关羽，况且即使关羽也可能受不了大型手术的无麻醉折磨。客观地说，麻醉剂的出现肯定早于华佗和盖伦。例如，远在史前时代，人类就发现了酒醪；夏朝时，酒文化十分盛行，甚至有夏人善饮酒之说；商代时，酿酒业十分发达，甚至出现了大量青铜酒器；到了周代，已经开始大力倡导“酒礼”与“酒德”了。换句话说，酒的麻醉作用肯定早就不是秘密了。当然，也许还有比酒更好的其他麻醉剂。例如，华佗发明的麻沸散等。另外，外科手术，至少小型外科手术也肯定不是华佗和盖伦的首创。许多勇士不是也敢自断残肢吗？但是，华佗之妙就妙在他充分利用了“他山之石，可以攻玉”的策略，首次将看似毫无关系的麻醉和手术两件事巧妙地结合了起来，从而开创了一个新的医学领域。他的贡献之大无异于1600年后居里夫人用镭的放射性去杀死癌细胞，哪怕人们已知镭的放射性，也已知放射性物质会杀死任何细胞。

华佗发明麻沸散

支撑华佗的伟大科学家地位的另一根重要支柱是他发明的五禽戏，其意义绝不等同于今天的健身操，虽然五禽戏确实也是一种健身操。这意味着华佗的医学理论有了两个重大飞跃：一是他已深刻地认识到了生命在于运动的本质，当然更知道该如何正确运动，这也是五禽戏的内容，因为不当的胡乱运动无益于健康；二是华佗具体化了前人的“圣人不治已病，治未病”的预防理论，正如1700年后现代物理学家们用原子弹具体化了爱因斯坦相对论中物质与能量可相互转化的理论一样。华佗对弟子吴普说的一段话非常清楚地表明了这一思想，他说：“人体欲得劳动，但不当使极耳，动摇则俗气得消，血脉流通，病不得生，户枢不朽也。”这句话的大意是：欲健康，需运动，但又不宜过分运动。当然，前面已说过，吴普后来成了五禽戏的首位直接受益者。

虽然五禽戏的具体内容在今天来看已不重要了，但是为了完整计，此处还是简要介绍一下。五禽戏其实由五部分组成：一叫虎戏，二叫鹿戏，三叫熊戏，四叫猿戏，五叫鸟戏。其动作模仿了虎的前肢扑动，鹿的头颈伸转，熊的伏倒站起，猿的脚尖纵跳，鸟的展翅飞翔。相传华佗在许昌时经常指导老弱病残练习五禽戏，从而活动了筋骨血脉，促进了消化吸收，达到了增强体质和预防治疗的目的。五禽戏一直流传到后世很久，唐代著名诗人柳宗元的诗词中还有“闻道偏为五禽戏”的诗句；明代著名医生周履靖也曾将五禽戏的动作绘成图谱，编进了《赤风髓》。直至今天，某些民间体操中还保存着五禽戏的个别动作。

五禽戏图

各位，对于名医华佗，你早就熟知了；对于科学家华佗，上面也说清楚了。现在该点一下凡人华佗了，看看他如何“仗医”行侠，独步天涯。

华佗诞生于公元 145 年。这一年很诡异，简直就是东汉皇帝的“群死”之年。皇帝甲（孝顺帝刘保）咽气后，登基不足一年的皇帝乙（孝冲帝刘炳）也跟了去。紧接着，一年之内皇帝丙（孝质帝刘缵）又被毙！同样也是这一年，还诞生了刘备的五虎上将之一——黄忠。

华佗诞生的地点安徽亳县也很神秘。10年后，这里将诞生另一位著名的文学家、书法家、军事家和政治家。当然，更主要的是他还是华佗的冤家，就是那位将华佗送往阎王殿的《观沧海》的作者。

在华家庄，华佗一家虽微不足道，但父母对他寄予厚望，这从其姓名中的“佗”字便可看出。佗者，负重也，父母希望他担起振兴家族的重任。删除难以计数的文学演绎和野史后，关于华佗生平的信息寥寥无几。这既可能是因为他家太穷，顾不上编修家谱，也可能是因为他那卖苦力的父亲死得太早。据说，华佗三岁时就与养蚕的母亲相依为命了。这对孤儿寡母吃尽了人间的各种苦头。幸好华佗的母亲很有眼光，在培养儿子方面几乎不惜血本，哪怕节衣缩食也要送儿子读书。

华佗的字号“元化”就是由其私塾先生给取的。因此，民间至今还将医术高明的大夫称为“华佗再世”或“元化重生”。

据说，华佗的基因很优良，因为他母亲的血脉源自孔子的高徒曾参，即《孝经》《论语》和《大学》的作者、春秋时期的曾子。当然，这里也隐藏着一个很有意思的“叛逆”行为：祖上写《孝经》反对割体，后辈则率先施行手术，而且成了中国的“外科鼻祖”。

华佗的医术很可能是自学而来的。他生活的东汉末年也正是军阀混战的时代，天灾人祸导致的瘟疫四处流行，死人和病人更是司空见惯。这有著名诗人王粲的《七哀诗》为证：“出门无所见，白骨蔽平原。”据说华佗还有一位名叫“治化”的启蒙老师，他是某座寺庙的长老。

华佗墓，位于河南许昌

至于华佗为什么要行医，那就更没标准答案了。不过，除了患者众多之外，生活所迫也是一个原因。那时的医生其实压根儿就没什么地位，多数人只是想混碗饭吃而已。另外，那时不需要什么行医执照，所以，开业很简单。华郎中采取的是“游医”战术，因此连租门面的费用都省掉了。此外，华佗行医还可能有另一个重要原因，那就是受他家乡的环境影响。亳县早就深受中原文化（当然也包括中医）的熏陶，而且盛产药材，至今还以亳芍、亳菊等中草药闻名呢。那里更有发达的水陆交通，亳县自古以来就是药材集散地。总之，在此情此景下，对华佗来说，行医可能是最佳选择。

华佗精通内科、外科、妇科、儿科、针灸等，尤其擅长外科。从其医案中所涉及的地名来看，这位“游医”的活动范围相当广泛，大约以徐州为中心，东起山东临清、江苏盐城，西到河南淇县，南抵江苏扬州，西南直至今天的亳州市谯城区，方圆数百千米。在那个交通不便的年代，能影响如此庞大的区域，本身就说明华佗的影响力之大。此外，除了行医，华佗亲自四处采药。据不完全统计，他的采药地点包括朝歌、沛国、丰县、彭城卧牛山、鲁南山区和微山湖等。

家贫出孝子，国难现良医。在东汉末年这个多事之秋，当然很可能出现华佗、董奉、张仲景这样的神医了。不过，由于董奉隐居于野，所以，下一回将介绍另一位影响中医 2000 年的神医——张仲景。

第三十二回

伤寒杂病逞凶狂，仲景巨著镇魔王

如果说西医源于希波克拉底，成于盖伦，那么就可以说中医源于扁鹊，成于张仲景。当然，这里的“成于”主要意指“成形于”，而非“成熟于”，正如说中华文化源于《易经》而成于《老子》一样。很巧，张仲景刚好也是老子的忠实崇拜者。

不过，在阅读本回之前，我必须先让各位“大吃二惊”。

第一惊，无论是从理论还是从实践角度来看，如今的中医都远非东汉时期的中医敢比拟的。但是，请你坐稳了，扶好了，别吓着！因为现代中医大厦地基的建设主要归功于约 2000 年前的张仲景，特别是他的传世巨著《伤寒杂病论》。如今，这本古老的医书仍然是中医学院学生的必修内容。

第二惊，《后汉书》和《三国志》是最受追捧的东汉史书，但是，请你再次坐稳了，扶好了！如此权威的史书竟然都不约而同地忽略了张仲景！天啊，这是怎么回事？直到宋朝时，才有医官引用唐代甘伯宗《名医录》中的一段话来这样介绍咱们的中医奠基者：“南阳人，名机，仲景乃其字也。举孝廉，官至长沙太守。始受术于同郡张伯祖，时人言，识用精微，过其师。所著论，其言精而奥，其法简而详，非浅闻寡见者所能及也。”

有了上述“二惊”垫底，看来本回得好好为主角写一篇小传了。

在公元 150年至154 年之间的某一年，当欧洲的安曼罗马剧场开工时，当武陵蛮叛汉、琅琊起义、洛阳频发地震时，当东汉皇帝们忙于前仆后继地坐龙椅时，当关羽、赵云、董昭、华雄等三国名将准备登场时，本回男一号张仲景也来凑热闹，诞生在了今天河南省邓州市。

虽然小仲景诞生的“天时”很差，不过赶上了“地利”和“人和”。他出生在当地的一个豪门大族中，父亲是专家型领导，在朝廷中当官，家里除了银子就是书。所以，他有大把的机会和时间在知识的海洋中尽情遨游，尤其喜欢在“医学宝岛”上流连忘返，成了扁鹊的忠实崇拜者。当读到扁鹊望诊齐桓公的故事时，他竟忍不住马上发了一个朋友圈：“余每览越人入虢之诊，望齐侯之色，未尝不慨然叹其才秀也。”翻译成白话，其大意是说：扁大夫忒有才啦！从此，张仲景便对医学产生了浓厚的兴趣，并发誓长大后一定要成为医学大师，全心全意为人民服务。

说干就干。公元 161 年，即刘备出生的那一年，还来不及长大的张仲景小朋友年仅 10 岁左右就辍了学，然后急匆匆地拜本家大夫张伯祖为师，正式走上了学

张仲景博物馆（医圣祠），位于河南省南阳市

医的道路。张伯祖是何许人也？哇，他可是全县名医。若非半夜三更去排队，你都休想挂到他的专家号！据说，张大夫性格沉稳，生活简朴，刻苦钻研医学，很受百姓敬重。他每次给病人看病开处方时都十分用心，病人经他医治后非痊即愈。张师父真心教，张徒弟用心学，无论是外出诊病、抄方抓药还是上山采药、回家炮制，张徒弟都不怕苦不怕累。师父看在眼里，喜在心中，当然也就毫无保留地把毕生行医经验都传授给了这位爱徒。比张仲景年长 1 岁的何颙对张仲景评价道："君用思精而韵不高，后将为良医。"翻译成白话，这句话的大意是说：老弟呀，你才智过人，善思好学，聪明稳重，但当官没戏，还是专心学医吧，肯定能成功。何颙的话更坚定了小张学医的信心，从此他更用功了。他不但向张老师学，而且向古人学，"勤求古训"，认真吸收前人的理论和实践经验，并总结相关教训。同时，他也向今人学，"博采众方"，广泛搜集各种治病的有效方药，甚至包括民间验方，并逐一深入研究了民间常用的针刺、灸烙、温熨、药摩、坐药、洗浴、润导、浸足、灌耳、吹耳、舌下含药、人工呼吸等。很快，张徒弟便成了当地的又一位名医，甚至青出于蓝而胜于蓝，超过了张老师。真的，有赞诗为证："其识用精微过其师。"

何颙的话还真不能全信，最多信一半。你看，他说当官没戏的张仲景却阴差阳错地在汉灵帝在位期间被举为孝廉。那么，啥为孝廉呢？嘿嘿，当然不只是孝顺父母、行为清廉，还得博学多才。这相当于现在的"高学历精神文明标兵"。举为孝廉意味着什么呢？对不起，必须进衙门报到当官，否则就涉嫌"不忠不孝"。虽然是"被当官"，但张仲景在官场上干得其实也很不错，甚至在建安年间被东汉末代皇帝刘协任命为长沙太守。哥们，当时长沙太守的管辖范围可大过现在的长沙市市长哟，因为长沙郡以湘县（今长沙市）为首府，下辖湘、罗、益阳、阴山、零陵、衡山、宋、桂阳等 9 县。所以，长沙太守类似于今天的湖南省省长。

张仲景身在朝堂，心却在药房，三天不给患者摸摸脉、开开方，心里就堵得慌。怎么办呢？主动到百姓家去吧，好像又有失体统。于是，张太守便贴出告示：每月初一和十五两天，大开衙门，但不问政事，只让患者进来瞧病。于是，太守端端正正地坐在大堂上，百姓则排着队，挨个等着望闻问切。哇，不得了啦！张太守这一爆炸性新闻迅速发酵，震惊了各方。老百姓无不拍手称快，对张太守也更加拥戴了。毕竟既能看到专家号又免费，谁不乐意呀！时间一久，这便形成了惯例，每逢“坐堂日”，衙门里就挤满了来自各地的求医看病的百姓，甚至不少人背着行李从远道赶来。后来，人们就把坐在药铺里给人看病的医生通称为“坐堂医生”，以此来纪念张仲景。

关于张太守坐堂，还有另一个段子。据说，张太守瞧病时发现寒冬腊月里许多面黄肌瘦、衣不遮体的病人因为天太冷而被冻烂了耳朵。这可怎么治呀？经反复研究，他发明了一个可以御寒的食疗处方，取名为“祛寒娇耳汤”。其实就是把羊肉等祛寒的食品和药物煮熟后切碎，再用面皮包成耳朵的样子，然后二次下锅，用原汤将包馅的面皮煮熟。于是，他在衙门前的广场上搭起棚子，支上大锅，为穷人舍药治病。开张那天，刚好是冬至，而所舍之药正好是“祛寒娇耳汤”。穷人吃了“娇耳”，喝了汤，顿觉浑身发暖，两耳生热。从此，再也没人把耳朵冻伤了。后来，随着时间的流逝，“娇耳”就演化成了“饺子”。相应地，冬至吃“娇耳”的习惯也就演化成今天的冬至吃饺子了。

何颙的话还真不能全不信，确实得至少信一半。你看，他说当官没戏还就是没戏。话说临近春节前的某一天，张太守照例前往衙门上班，可一进衙门就傻眼了。整个衙门咋都空空如也？好不容易逮住一个正准备逃跑的小衙役，一问才知道原来皇帝“跑路”了！张太守身子一软就瘫在了地上，半晌才缓过劲儿来。他冲到办公桌前，“唰唰唰”奋笔疾书，很快就写好了一张状纸，要上告皇帝，追讨今年的欠薪。正在摇头晃脑欣赏慷慨激昂的状纸时，他突然又意识到：“不对呀，状纸该递给谁呀？本地最大的官员不就是太守吗，太守不就是我自己吗，我咋能向自己讨薪呢？唉，认栽吧！”省悟过来的张太守脱下官袍送给了路边的叫花子，把官印卖给了废品收购站，然后仰天大笑出门去。

从此，张郎中坚信了何颙的另一半卦词“后将为良医”。于是，他专心研究医学，广泛吸收众医家的经验并用于临床诊断，同时博览医书。有资料表明，他至少仔细研读过《素问》《灵枢》《难经》《阴阳大论》《胎胪药录》等古代医书。其中《素问》对他的影响最大，他甚至根据自己的实践，对《素问》中的“夫热病者，皆伤寒之类也”和“人之伤于寒也，则为病热”等理论进行了发展，并认为伤寒是一切热病的总名称，也就是因外感而引起的疾病。

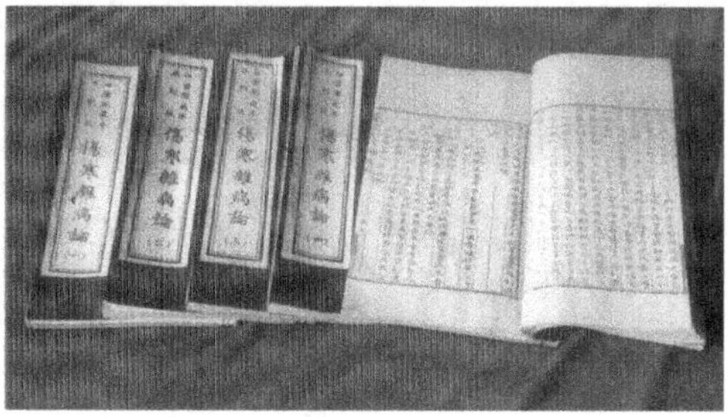

《伤寒杂病论》

再到后来，张仲景干脆隐居在岭南撰写医书，并成了道士。此处之所以强调他的道士身份是因为他将道家的辩证思维完美地融入了医学探索中。经过数十年的不懈努力，他终于写成了具有划时代意义的临床医学名著《伤寒杂病论》（16卷），后被整理成《伤寒论》和《金匮要略》两本书。这些书为中医“病因学”和“方剂学”的发展做出了重要贡献。后来，《伤寒杂病论》被奉为“方书之祖”，张仲景也被誉为“经方大师”。功成名就后的张仲景仍然潜心医学，直到公元 215—219 年间的某一年在隐居地与世长辞。我们连他精确的享年数字都不得而知，大约是古稀之年吧。不过，在此期间，后世的另一位名医皇甫谧诞生了，曹操统一北方当上魏王并南袭孙权，曹丕被封为魏王世子，刘备攻入汉中并自立为王，孙权与刘备为荆州反目，平分荆州后孙权开始袭杀关羽，黄忠斩杀夏侯渊，罗马皇帝卡拉卡拉被杀，罗马共治皇帝马克里努斯和迪亚杜门尼安也被杀了。一直到公元 285 年，伟大的医学家张仲景的尸骨才被后人运回故乡，隆重安葬在南阳，并修建了医圣祠和仲景墓。安息吧，张大夫！

好了，给张医圣盖棺定论后，下面该从科学角度客观分析《伤寒杂病论》成书的前因后果了。

首先，张仲景生活的年代是一个极为动荡的年代。年幼的皇帝们穿着开裆裤，任人摆布；朝堂之上，外戚与宦官相互残杀；地方衙门前，军阀与豪强各自为王，你争我夺，大动干戈；穷山恶水处，农民纷纷揭竿而起。总之，各方势力都在为自己的“崇高理想”而不惜付出任何代价。可怜的是老百姓。仅董卓一人为挟持汉献帝西迁长安，就将洛阳的宫殿和民房付之一炬，方圆二百里内尽为焦土，百姓死于流离途中者不可胜数。

人祸未绝，天灾又起。史料记载，东汉桓帝时，大疫就有三次；灵帝时，又大疫五次；献帝建安年间，疫病流行更甚，诸如旱灾、水灾、冰雹、地震、蝗虫、龙卷风、泥石流、雷电、海水倒灌、河堤决口等灾害一个接一个。总之，在天灾人祸的夹击之下，成千上万的生灵遭涂炭，以致十室九空。张仲景家本为大族，曾多达200多人。可是，在不到10年之间，竟有三分之二的亲人因患疫症而亡，其中死于伤寒者竟达70%。

因此，从科学角度看，在病患如此肆虐的年代里，肯定很难出数学家，但一定会出名医，甚至出现张仲景这样的伟大医学家。换句话说，《伤寒杂病论》的问世绝非纯粹的偶然。

从世界观和方法论上看，在天人合一思想的指导下，张仲景充分利用自己作为道教徒的优势，把道家的辩证思想在医学中发挥到了极致。具体说来，张仲景将“阴阳学说”这个蛮荒年代野性思维的结晶优化整理后移植到中医的辨证诊治过程中，并提出了非常另类的中医“辨证论治”原则。该原则，特别是具体化后的“六经论伤寒”原则至今仍是中医临床的基本原则，也是中医的灵魂所在。它的出现对后世中医学的发展起到了绝对的主宰作用。那么，什么是“辨证论治”呢？形象地说吧，若用寒凉药物去治疗热性病，那便是“正治法”；而使用温热的药物去治疗热性病，就属于“反治法”。但是，若症状相同，那么又该如何选择治疗方法呢？这就需要辨证考虑了，不仅要看表面症状，还要通过多方面的诊断（望闻问切）和综合分析，找出症候特点后才能开处方。这种透过现象看本质的诊断方法就是张医圣著名的“辨证论治”观点，它建立在精深的医理和严密的辨证分析的基础上，彻底否定了仅凭病症的主观诊断法，从而奠定了中药临床学的理论基础。用外行话来说，所谓“辨证论治”就是个性化治疗，即使针对同一个人，也要考虑时令节气、地区环境、生活习俗等因素。与西医相比，它更能展现传统中医的魅力。

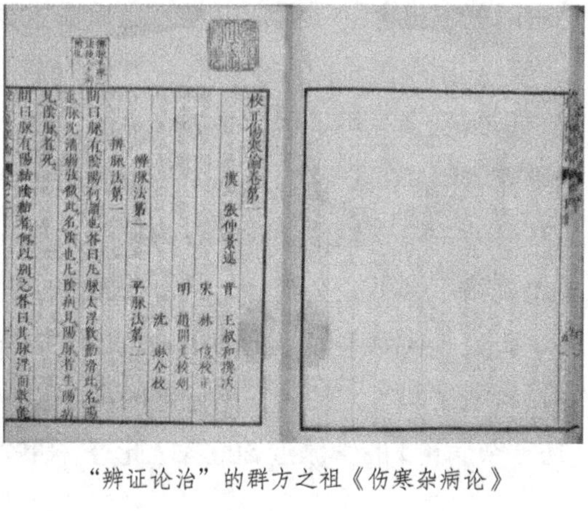

“辨证论治”的群方之祖《伤寒杂病论》

从科学的系统性角度来看，《伤寒杂病论》集秦汉以来的医药理论之大成。它所建立的理论体系相当完善，这也是为什么本回开头时我们敢说中医成于张仲景。实际上，张仲景已系统地分析了伤寒的原因、症状、发展阶段和处理方法等，并创立了伤寒病的“六经分类”原则，奠定了理、法、方、药的理论基础。具体说来，对于疾病在发生发展过程中所出现的症状，他根据病邪入侵经络、脏腑的深浅程度，患者体质的强弱、正气的盛衰以及病势的进退缓急和病史等情况加以综合分析，寻找发病的规律，以便确定不同情况下的治疗原则。他还提出了治疗外感病的一种重要的分类方法，将病邪由浅入深分为 6 个阶段，每个阶段既有其共同症状又衍生出很多变化，从而可将相应的处方和选药局限在有效的范围内，只要辨证准确，处方的运用就会产生很好的疗效。

从实用性角度看，《伤寒杂病论》绝不仅仅是纸上谈兵。具体说来，它对治疗方法和处方药的贡献十分突出。它以整体观念为指导，提出了系统的方法，如调整阴阳，扶正祛邪。另外，还有汗、吐、下、和、温、清、消、补等方法，并以此为基础研制了一系列卓有成效的方剂。据统计，《伤寒论》载有处方 113 个，《金匮要略》载有处方 262 个。这些方剂均有严密而精妙的配制方法以及相应的衍化，其变化之妙、疗效之佳，令人叹服。其中，许多著名方剂至今仍发挥着巨大作用。此外，在剂型上，张医圣也勇于创新，其种类之多远超汉代以前的各种方书，比如汤剂、丸剂、散剂、膏剂、酒剂、洗剂、浴剂、熏剂、滴耳剂、灌鼻剂、吹鼻剂、灌肠剂、阴道栓剂、肛门栓剂等。书中对各种剂型的制法都有详细记载，对汤剂的煎法和服法也交代颇细。此外，书中对针刺、灸烙、温熨、药摩、吹耳等治疗方法也有许多阐述。书中还收集了许多急救方法，比如对自缢、食物中毒等的救治颇有特色。其中对自缢的解救方法几近于现代的人工呼吸法。

从影响力方面看，《伤寒杂病论》更是空前绝后。它是中国第一部从理论到实践的医学专著，也是中国医学史上继《黄帝内经》之后最重要的著作之一。它至今仍是国内中医院校开设的主要基础课程，仍然受到医科学生和临床大夫的广泛重视，特别是随着时间的推移，其科学价值越来越突出。即使在海外，该书也颇受医学界的推崇，成为研读的重要典籍。据不完全统计，从晋代至今，整理、注释、研究《伤寒杂病论》的中外著作数以千计。日本自康平年间（大约为我国宋朝时期）以来，研究《伤寒杂病论》的学派近 200 家。此外，朝鲜、越南、

山东中医药大学内的一尊张仲景像

印度尼西亚、新加坡等国的医学发展也都不同程度地受到了《伤寒杂病论》的影响及推动。

最后，各位看官，别以为张仲景的成果只有《伤寒杂病论》，其实还多着呢，否则怎么称得上中国的“医圣”呢？比如，他的著作还有《辨伤寒》（十卷）、《评病药方》（一卷）、《疗妇人方》（二卷）、《五藏论》（一卷）、《口齿论》（一卷）等。

伙计，当你读完张仲景的科学家小传后，是不是特别有自豪感？其实，中国的科学真不该落后。当然，至于中国科学何时领先，那就得靠你了！伙计加油，我们看好你哟！

第三十三回

脉经作者脉象乱，抢救仲景不简单

百姓开门七件事，柴米油盐酱醋茶；古医开门四件事，望闻问切。本回开门一件事，给主角写小传。可这也不简单！若不信，请与我们一起穿越上千年，假扮郎中，用望闻问切来处理主角的这个疑难杂症。

首先是“望”。这好办，因为主角脸上的虚拟屏上就写着：姓王，名熙，字叔和，常称王叔和；性别，男；民族，汉；职业，医生；官职，太医令。他的主要贡献有二：一是整理《伤寒杂病论》，拯救了上回主角张仲景的成果，使之未被乱世所毁，从而成就一代医圣；二是著述《脉经》，敲定了此后古医诊病第一招——把脉，且一直沿用到今，以至谁都知道脉停则人死，生病时就会出现脉弱或脉乱等现象。

其次是“闻”。伙计，闻见了吗？王叔和身上确实有股浓浓的火药味，这说明他当时正处于战争年代的乱世。

再次是“问”。王先生，能介绍一下您的情况吗？糟糕，他不回答，莫非听不懂现代普通话！唉，早知如此，就该在穿越前先学学魏晋时期的各地方言，或带一部人工智能古今中文翻译器。幸好有几位在本回将经常出镜的热心人帮我们抢答了几个问题。王叔和在西晋去世后约百年，东晋的张湛在《养生论》中回答说：王叔和博览经方，穷究方脉，精意切脉，洞识养生之道。王叔和去世后约400年，唐人甘伯宗在其《名医传》中回答说：王叔和性格沉静，尤好著述，研究脉象。又过了约300年，宋朝的张杲亦也补充说：王叔和博览各类医方，尤精切脉诊处，深晓疗病之源。再过了约1000年，清人余嘉锡也来抢答，他在《四库提要辩证》中推测王叔和可能是张仲景的亲传弟子，他不但精通医典方书，而且对脉学颇有研究。虽然热心人的这些回答都有点跑题，但王叔和自己不开口，咱也没办法了，毕竟大夫可能都会遇到“答非所问”的患者嘛。

最后是“切”，即切脉，俗称把脉，这也是王叔和最擅长的绝招。可是，不把不知道，一把吓一跳。这王叔和的脉象也忒乱了，一会儿像海啸，一会儿像地震，一会儿又像火山爆发，反正全无规律，简直无法形容。用俗话说，给王叔和切完脉后的整体感觉就是：这也太难啦。咋整呢？这次可真碰到疑难杂症了！

关于他的生卒时间就有多种说法，而且每种说法都真假难辨，让人眼花缭乱。1960年，中国最著名的中医药大学的学报《北京中医学院学报》以“王叔和生平事迹考”为题发文称，王叔和生于公元180年，卒于公元260年至263年之间，享年约80岁。同样是这份刊物，在44年后的2004年，又以“王叔和的籍贯考”为题发文称，王叔和的生卒时间约为公元210年至280年，享年约70岁。1980年，中国中医药学方面最权威的学术期刊《中医药学报》以“伟大医学家王叔和的生平与遗迹考察”为题发文称，王叔和的生卒时间约为公元180年至270年，享年约90岁。同样是这份刊物，在仅仅一年后，又以“也谈王叔和任魏太医令及其卒年”为题提出了不同的看法。1985年，《安徽中医学院学报》发文称，王叔和的生卒时间约为公元177年至255年，享年约78岁。1988年，《山东中医学院学报》以“王叔和的籍贯考”为题发文称，王叔和的生卒时间为公元201年至280年，享年约80岁。除了上述权威声音外，其他声音就更多了。本回当然不想再提出新的生卒时间表，也不想对现行观点发表意见，只想指出：在王叔和的各种生卒考古结果中，最早的出生时间是公元177年，最晚的去世时间是公元280年，前后跨度约为103年。而此间刚好是中国历史上最混乱、最著名的年代之一，因为它刚好完完整整地覆盖了妇孺皆知的三国时期。原来，王叔和的脉象之所以乱七八糟是因为整个时代大动脉的脉象就已极度疯狂。你看，公元177年刚好是曹操任顿丘令的那年，也是曹操积蓄力量的关键之年。仅仅7年后的184年，就爆发了黄巾军大起义。又只过了5年，189年东汉灵帝死，其长子少帝继位。5个月后，少帝就被董卓废黜并被逼自杀，随即东汉末代傀儡皇帝献帝登基。又只过了2年，董卓就在192年被杀。刚消停3年，朝廷又发生内斗，致使献帝不得不于195年逃到洛阳。次年，献帝又被曹操挟持到许昌。4年后的220年，曹丕篡汉，定都洛阳，史称曹魏，东汉灭亡，从此进入三国时代。221年刘备称帝，229年孙权称帝，263年曹魏灭蜀汉，265年司马炎废魏帝建立西晋，280年西晋灭东吴，三国时代彻底结束，而这一年刚好又是王叔和最晚去世之年。想想看，王叔和作为朝廷的太医令（相当于卫生部长），他肯定处于旋涡中心，没死于频繁的杀戮已算相当幸运了。

关于王叔和的籍贯，表面上很清晰。他是高平人，因为前述热心人张湛、甘伯宗和余嘉锡等曾异口同声地说王叔和是高平人。但别高兴得太早，没这么简单，因为历史上曾有过至少三个高平，即山西高平、山东高平（济宁）和宁夏高平（固原），它们显然相距千里。到底是哪个高平呢？就算暂不考虑宁夏高平，山东和山西的这两个高平也都能拿出各自的“铁证”，且证人也是前面那几位热心人。山西高平的证据是：唐人甘伯宗在《名医传》中说的是“晋王叔和，高平人”，而此时的山东高平已改名，全国只有山西那一个高平，其中的“晋”也确指山西。而山东高平的证据是：清人余嘉锡在《四库提要辩证》中说王叔和是“山阳高平人”，山阳就是山东。那么，张湛在《养生论》中是怎么说的呢？张湛说：“王叔和，高平人。”注意，在张湛说此话时的东晋时期，山东和山西可都有“高平”之地。张湛到底指的是哪个高平呢？不知道！但请注意，张湛的生活年代离王叔和最近，只相差约百年，且是相对和平的时期；张湛与王叔和更是小同行，不但都是大夫，而且都是养生专家。更主要的是，我们在撰写本回时偶然发现张湛自己也是高平人，是山东高平人。想想看，若王叔和是山西高平人，那么作为山东高平人的张湛在介绍自己的小同行时会怎么做呢？此问题就当作家庭作业吧，学术界正吵得热火朝天呢，咱们就不再添乱了。

关于王叔和的官职，又是典型的怪象！一方面，谁都不怀疑他是太医令。与他同时代，甚至可能见过面的另一位名医皇甫谧在其代表作《甲乙经》序中说“近代太医令王叔和”；唐人甘伯宗在《名医传》中说王叔和为“太医令”；清人丹波元胤在《医籍考》中也说“西晋太医令王叔和”。另一方面，在当时的乱世中，王叔和到底是哪“国”的太医令？东汉太医令？曹魏太医令？还是西晋太医令呢？若他是西晋太医令，那么就有问题，因为有史可查，西晋的首任太医令是程据，其任期一直到公元300年。此时王叔和至少已去世20年了，不可能接任程据。若他是东汉太医令，那么也有问题，因为有史可查，东汉末年的太医令分别是张奉、脂习、吉本等，且前后衔接，没留空当。若他是曹魏太医令，则仍有问题，因为在同一个朝代出版的《甲乙经》中，怎敢把当朝太医令写成“近代太医令”，而不是“现代太医令”呢？这可是杀头之罪哟，正如在清朝的书中谁敢给清朝官员戴上“明朝”帽子。况且在整个三国时期，曹魏朝廷远比吴蜀的朝廷稳定，相应的官方记录应该更全，保存得更好，但在曹魏官史中查不到王叔和的太医令档案。

关于王叔和的代表作，也不正常，我们甚至连最基本的完成时间都不知道。一方面，王叔和是在何时整理了几近散失的张仲景《伤寒杂病论》的呢？至少有两个相差很远的答案：一是前面提到过的1981年《中医药学报》上发表的那篇文章经多方考证后估计其时间为公元260—263年；二是1993年学苑出版社出版的专著《伤寒论文献通考》估计其时间为公元220—235年。那么，王叔和的代表作《脉经》又是何时完成的呢？这次干脆连量化的估计值都没了，只是有人大胆猜测《脉经》的完成时间比《伤寒杂病论》等更晚，也比皇甫谧（下回主角）的《甲乙经》晚。

当然，关于王叔和生平的不确定性还有很多。比如，他与张仲景到底是啥关系，为啥要耗费这么多精力去整理张仲景即将失传的医学宝典《伤寒杂病论》呢？前面已提到过，清人余嘉锡说他是张仲景的弟子，但又有人说他只是张仲景的弟

王叔和问诊

子卫汛的朋友而已，甚至他都不一定见过张仲景。又如，王叔和到底葬在哪里？因为他竟有两处相隔很远的墓葬。其中一处墓葬在襄阳，最早的文字证据是清朝的《襄阳县志》说“晋太医令王叔和墓在岘山”，襄樊市文物局在1981年还慎重地为他重新修建了墓葬。另一处墓葬在湖北麻城，最早的文字证据是清朝的《麻城县志》，据说至今还有许多人是王叔和的后代。晚年的王叔和可能归隐于麻城。

总之，王叔和的生平信息很乱。若按《脉经》去诊断他的疑难杂症，那就简直无从下手。幸好治病与写小传还是有所区别的，虽然它们都需要“对症下药”。写小传的“症”是什么呢？今人给王叔和等科学家写小传，主要目的无非有四：纪念、科普、榜样和增强自信。而针对王叔和的情况，本回是否能达到这4个目的呢？应该说，基本上能达到。

先看纪念。前面的文字显示，在过去近2000年来，人们前赴后继，不遗余力地考证王叔和的生平信息，该事实本身就是对他的最真诚的怀念和纪念。

再看科普。《脉经》的要点是切脉，它已相当普及，本回也不打算重复介绍。但必须指出的是，了解切脉知识是一回事，真正掌握和准确判断又完全是另一回事，许多年轻大夫的切脉水平还有待提高，难怪人说医生越老越宝贵。

再看榜样。面对科学家这样的榜样，到底该向他们学什么呢？这个问题还真值得认真思考。过去太强调学习他们“怎么干”，怎么拼命干。这可能有问题，因为任何人只要干自己真正喜欢的事情，其痴迷程度都不会亚于科学家做科研。其实，真正要向科学家学习的东西应该是他们“干什么”，即先要“做对的事情”，然后才努力“把事情做对”，否则越努力就错得越离谱。比如，王叔和写《脉经》就是在“做对的事情”，因为医生治病的关键是对症，对症的关键是对诊，对诊的关键是切脉。在没有任何检测设备的古代，切脉是最有效的诊病方法。那么，做科研时，咋知道“干什么”呢？这当然没现成的公式，但有两点非常重要：其一，要登上巨人的肩膀，即要冲进世界前沿领域，别只找容易做的事情做；其二，要瞄准“痛点”，即你的结果要能解释或解决某些重要问题。

最后看增强自信。纵观全人类的科技史，有几项成果能像切脉这样被连续使用近2000年还依然有效呢？这难道还不值得我们自信和骄傲吗？

第三十四回

针灸鼻祖皇甫谧，浪子回头病成医

针灸可能是最具中国特色且最神奇的疗法之一。传说针灸的发明者是伏羲，他尝百药而制九针。其实，根据考古结果，针灸疗法起源于石器时代，可细分为针和灸。远古时期，有人偶然撞上石头等尖物，意外发现镇痛现象，或发生某些病痛时不自觉地按摩或捶拍，竟使病症减轻或消失，于是人们便有意用尖石来刺激某些部位，或故意刺破身体使之出血，以减轻疼痛。后来，古人掌握了磨制技术，能制作精细且可刺入体内以疗疾的砭石，又称为针石或石针。它就是最古老的医疗工具，难怪《山海经》说“有石如玉，可以为针”。再后来，针具逐渐发展成青铜针、铁针、金针、银针，直到如今的不锈钢针。灸法则产生于用火过程，原来有人偶然发现，当某部位的病痛经烧灼或烘烤后，病症竟会缓解或消除。后来，古人就学会了用包裹着的热石或砂土来局部热熨，再发展成为以小火苗烘烤疗疾。经长期摸索，古人发现用艾叶为灸治材料时效果更好。于是，灸法和针法都成了防病治病的法宝。总之，“砭而刺之”渐进为针法，“热而熨之”则渐进为灸法，这便是针灸的前身。

关于灸法的最早期文字记载可见于春秋时期《孟子》的“七年之病，求三年之艾”；关于针法的最早记载见于战国时期的《黄帝内经》，它详细记述了针灸的理论与技术。这表明春秋战国时期已形成了完整的经络系统，特别是战国时期的《灵枢经》使针灸理论更为丰富和系统，其主要内容至今仍是针灸的核心之一。所以，《灵枢经》是针灸的第一次学术总结。后来，神医扁鹊又在其代表作《难经》中补充和完善了针灸学说。又过了约300年，对针灸的第二次学术总结终于出现了，那就是本回主角皇甫谧的医学代表作《针灸甲乙经》，简称《甲乙经》。它全面论述了脏腑经络学说，发展并确定了349个穴位，还详细记述了它们的位置、功能、操作等，同时也介绍了内科、外科、妇科、儿科、五官科的上百种病症及针灸治疗经验。一句话，《甲乙经》奠定了针灸学科的理论基础，在针灸史上起到了承前启后的作用。可以说，宋朝之前的所有针灸著作在穴位和适应证等方面都未超过《甲乙经》的范围，即使明清的针灸著作仍以它为基础。《甲乙经》还传到日本和朝鲜，对那里产生了深远影响。因此，皇甫谧被誉为“针灸鼻祖”，虽然他在生前和去世后的很长一段时间内都以史学家和文学家而闻名。唐朝“凌烟阁二十四功臣之一”的房玄龄曾以优美的文字撰写了一篇很长的《晋书·皇甫谧传》，重点歌颂这位文史学家。本书作为科学家列传，当然将重点介绍作为医学家而不是文史学家的皇甫谧。

公元215年，孙权和刘备因荆州之争而大动干戈，最后不得不相互妥协而平分荆州。此年，张鲁投降曹操，致使后者占领汉中，统一北方。正是在这一年，皇甫谧诞生于甘肃灵台县的一个没落贵族之家。其实，皇甫谧幼时名叫皇甫静，字士安，后来自号玄晏先生。他的祖上非常显赫，是东汉的名门世族：六世祖贵为度辽将军，五世祖贵为扶风都尉，四世祖贵为雁门太守，四世祖的弟弟更是文武双全，时为安羌名将，官至度辽将军、尚书，封寿成亭侯。曾祖因镇压黄巾起义有功，也官拜征西将军、太尉。可随后该家族就渐趋没落，一代不如一代了。祖父只当过霸陵令，父亲则仅举孝廉。

更不幸的是，皇甫谧出生后不久，妈妈就去世了，从此家道更衰，以至不得不将他过继给暂无子嗣的叔父，从此便开始了他那传奇的一生。15岁那年，皇甫谧随养父迁居河南新安县，并在战乱中度过了青少年时代，同时也把自己打造成了一个名副其实的顽劣之徒。由于养父特别是养母的过分溺爱，皇甫谧从小就很贪玩，不爱学习，不思进取，常与村里的小混混们混在一起，编荆为盾，执杖为矛，分阵相刺，嬉游习兵。即使到了17岁，早已人高马大的他仍然“未通书史”，整天东游西荡，像脱缰的野马。到了20岁，情况更糟，他见书就头痛，以至被街

皇甫谧著《针灸甲乙经》

坊四邻讥笑为书傻。养母对调皮捣蛋的儿子非常气愤，恨铁不成钢，既为其前途担忧，又无可奈何，只能仰天长叹。一次，他又将养母气得号啕大哭。皇甫谧见状，赶紧卖乖，献上不知从哪里摘来的甜瓜。养母当然不受，只顾哭泣："三牲之养，犹为不孝。汝今年逾二十，目不存教，心不入道，何以慰我？"又叹曰："昔孟母三迁成仁，曾父杀猪从教。岂我居不择邻，教有所缺，你何鲁钝之甚也！修身笃学，自汝得之，与我何有？"翻译成大白话，该哭诉的大意是："儿啊，只懂供养父母，才是最大的不孝呀！你都20多了还不成器，让娘咋安心呀！昔日孟母为教育孟子而三次搬家，曾子之父为教育儿子信守承诺而忍痛杀猪。你如此没出息，到底是邻居不好，还是我教育不周，或者是你太笨了呢？学习成才是你自己的事，父母全都是为你好呀！"

哪知养母的这一通哭诉竟触动了皇甫谧的灵魂深处。他也痛哭流涕，下决心改过自新，发奋读书。从此以后，他就性情大变，不但"沉静寡欲"，更是沉溺于书海而不能自拔。他见书就读，见书就借，借回来就抄，抄好就仔细研读，一刻也不肯懈怠。由于家境贫寒，他没时间读书，只好一边耕种一边读书，即使砍柴放牧时也都拿着书本，生病时仍不释卷，简直到了废寝忘食的地步。他见了读书人就虚心求教，又被街坊四邻讥笑为书痴。每晚他都读书到深夜，一大早又起床晨读；若遇农闲，那就更像是贴在了书上。就这样，他仅仅花了5年多时间，就在26岁那年创造了自己的第一奇：文盲华丽转身，完成了史学巨著《帝王世纪》，一举奠定了自己的史学家地位。该书广采百纳，博据考稽，建树史学，对三皇五帝到曹魏数千年间的帝王世系及重要事件做了仔细整理。如今，此书已成史学界宝典，以至清朝著名史学家钱熙祚评价道："皇甫谧博采经传杂书以补史迁缺，所引《世本》诸子，今皆亡逸，断璧残圭，弥堪宝重。"后来，他又撰写了更多文史著作，以至后人一致公认在晋朝近两百年中，著书最多者莫过于皇甫谧。难怪晋朝开国皇帝司马炎也特别欣赏他，并赞曰："男子皇甫谧沈静履素，守学好古，与流俗异趣。"不过，由于本回聚焦于医学，故不再强调他的文史成就。总之，凭着这些文史成就，皇甫谧很快就成了当时上自皇帝、下至大臣心目中的天才。

40岁那年，养母去世，养父也有了亲生儿子，皇甫谧便回归本宗，并意外地成了医学家。原来皇甫谧成为"针灸鼻祖"纯属歪打正着。此前，他压根儿就是医盲，唯一与医打交道的事情就是经常生病，不得不三天两头瞧大夫。特别是42岁那年，他又患上了严重的风痹疾：症轻时只是浑身酸痛，且痛无定处；症重时则头痛眩晕、抽搐、麻木、口眼歪斜、言语不利，甚至突然晕厥、不省人事、半身不遂。刚开始时，他应对该病的办法只有两条。其一，潜心读书，以分散注意力，若病痛实在太甚以至不能读书，他就请人帮着读，自己忍痛静听。其二，四处求医问药，积极配合大夫，啥药都敢吃，啥方都敢试，反正病急乱投医嘛。可医生换了不少，怪药吃了很多，唯独没见病情好转，反而越来越严重，以至后来半身瘫痪，活动艰难，一只耳朵也聋了。光阴似箭，一晃三年过去了。大约45岁那年，有一次他好不容易找到一位“包治百病”的神医。此人开出的神方竟是大名鼎鼎的“寒食散”，即将石钟乳、紫石英、白石英、硫黄、赤石脂等奇珍异石研磨成粉，直接服用。听说能“药到病除”，皇甫谧哪有半点迟疑，稀里哗啦就吃了几个疗程。结果病没见好，他却中毒颇深，上吐下泻，大病一场，几成残废，差一点为此而自杀。

大难不死的皇甫谧终于明白不能再把命运交给神医了！于是，他将过去对付风痹疾的两条办法合而为一，仍然潜心读书，但靠自己治病。这时他所读之书都是医书，主要是《灵枢经》和《素问》等针灸书。他一边读一边按书中的指引给自己扎针灸，细心体会针灸感受，琢磨相关道理。嘿，一段时间后，还真见效了！不但风痹疾明显好转，其他病症也有所缓和甚至被治愈。同时，他又发现过去医书中有关针灸的内容不但深奥难懂，而且错误百出，更是经常重复，让人很难阅读和掌握。于是，他一不做二不休，干脆通过自身体验，摸清了人体脉络与穴位，统一了穴位名称，区分了正名与别名。最后，他仅仅用了三年左右的时间就创造了自己的第二奇：医盲华丽转身，写出了古代最著名的针灸学巨著《甲乙经》。虽不知皇甫谧后来是否真的行过医，但《甲乙经》对后世的巨大影响应该完全出乎他和许多同时代人的意料。到了唐朝，药王孙思邈在其代表作《千金要方》中开篇就说：“凡欲为大医者，必精通《素问》《甲乙经》等。”唐朝官方还将《甲乙经》列为太医院学习和考试的重点内容。

其实，除了前面的二奇外，皇甫谧还有很多传奇。晋朝文武两帝诚心待他，“五顾茅庐”，可他就是不穿官衣。在他46岁那年，时任魏相司马昭（晋文帝）曾征聘他去做官，结果他没去，只顾撰写《释劝论》并乐在其中。在他51岁那年，晋武帝司马炎又下诏，请他入朝，结果他不但没应诏，反而躲进了崆峒山，让传旨太监都不知该如何宣旨。在他53岁那年，急了眼的晋武帝频频下诏，敦促他到京城报到，哪知他却回信说自己乃草莽匹夫，不配当官。在他54岁那年，朝廷再次伸出橄榄枝，这次他不但不响应，还更夸张地给皇帝开列了一长串借书清单。晋武帝既好气又好笑，干脆出手大方，送去一大车书，让他慢慢啃吧。在他61岁那年，皇帝又下诏，封他为太子中庶、议郎、著作郎等。他又不应，还写了惊世骇俗的《笃终论》，解释为啥只穿布衣。

至于皇甫谧为啥不肯当官，后世许多传记作者都歌颂他的高尚人格。其实，这根本就夸错了方向。想想看，作为一名生于东汉、长于曹魏、逝于西晋的历史学家，他最清楚官场的血雨腥风，知道应该躲远点儿。实际上，早在母腹中时，皇甫谧就嗅到了人间的重重杀气。这一年（公元214年），曹操杀了躲在夹壁中的伏皇后及两个幼年皇子；当他刚2岁时，曹操又杀了天下名士杨修；刚过三年，曹丕又废了汉帝，东汉灭亡。接着刘备在成都登基，孙权在武昌称帝。在他34岁那年，魏臣司马懿又灭了曹爽兄弟之三族。在他50岁那年，司马炎又抢了魏帝的龙椅，魏亡。

公元282年，皇甫谧在隐居地张鳌坡去世，两个儿子遵守父亲的遗训，择不毛之地，将他薄葬于荒原。皇甫谧去世仅9年后，晋朝就爆发了“八王之乱”；又只过了25年，西晋王朝便在混乱中覆灭，接踵而至的便是“五胡十六国”的长期大分裂。伙计，怎么样，还是皇甫谧神机妙算吧。

第三十五回

亦儒亦道科学家，亦仙亦凡夫妻花

一提起葛洪，许多人马上就会想到神仙（这里指道士）。的确，他的伯祖父葛玄是神仙，而且是中国“四大天师”之一。他的岳父鲍靓也是神仙，他的夫人鲍仙姑还是神仙，他夫人的姑姑又是神仙，他的一个徒弟更是大名鼎鼎的大神仙——黄大仙。而他自己也是神仙，人称小仙翁，甚至他在晚年还放弃了“关内侯”这样人人仰慕的爵位，与夫人一起到罗浮山隐居炼丹，终于成了“全职神仙”。反正，他们一家简直就是神仙之家。至今许多庙宇里还供奉着他们的神像，每年正月初一等特殊日子，还有许多信众抢着给他们叩头烧香呢。

但是，本回并不打算为葛洪写“神仙简史”，而只聚焦于科学家小传，具体来说就是要为葛洪撰写化学家和医药学家小传。其实，你不必惊掉下巴，因为道教与中医、炼丹与化学之间从来就是难解难分的。一方面，医疗活动在道教的形成与传播过程中一直扮演着十分重要的角色；另一方面，道教对长生不老的追求也从客观上推动了中医的发展。因此，在民间甚至有“十道九医”的说法。其实，除了本回主角之外，还有许多道士也是医学家，比如南朝的陶弘景和唐代的孙思邈等。好了，闲话少说，书归正传。

伙计你看，神仙就是神仙，连投胎的人家都选得特别好。公元 284 年，当罗马帝国的“三世纪危机”结束，戴克里先加冕为罗马皇帝时，葛洪随着一声惊雷般的啼哭，降生到了西晋丹阳（今江苏句容县）的邵陵太守葛悌家，成了葛太守万般娇宠的第三个儿子。葛悌，何许人也？官场不倒翁也，其父曾为三国鼎立期间吴国的御史中丞、吏部尚书和寿县侯。葛悌自己则先是吴国的会稽太守，当吴国被晋朝所灭后，葛悌不但未被满门抄斩，反而又摇身一变成了晋朝的大官，任邵陵太守。总之，葛悌在官场上好像总是“任凭风浪起，稳坐钓鱼台”。能投胎到如此权贵之家，当然无异于抽到了一支上上签。若非神仙，哪有如此福分？

伙计你再看，神仙也有掐指一算出差错的时候！“小仙翁”千算万算，却没算到父亲葛悌会突然死在工作岗位上，可怜的葛洪那时只有 13 岁。从此，葛家家道中落，入不敷出，更雇不起仆人了。看来，作为神仙，葛洪前世的道行还真不咋样，故今生还需在颠沛流离之中继续修炼。于是，小葛洪不得不亲自躬耕农田，并以此为生。篱笆破烂不堪了也没钱维修，甚至常需拨开杂草出门，推掉乱木进屋。更不幸的是，家中又多次失火，祖辈收藏的典籍全被焚毁。葛同学只好背起书篓，步行到别人家中抄书。想学习而没纸笔时，他就用树枝在地上写写画画。后来，他干脆上山砍柴，挣些碎银来购买必需的文具，以便在劳作之余抄书学习。

纸张正面写过后再继续使用背面，绝不浪费一丁点儿。乡亲们见他异常用功，称其为“抱朴之士”。后来，他修道时还真以“抱朴子”为道号了。抱朴子性格内向，不善交游，只闭门读书，但涉猎甚广。

16 岁时，葛洪开始阅读《孝经》《论语》《诗》《易》等儒家经典。他尤其喜欢道教的“神仙导养之法”，但凡打听到任何“活神仙”的信息，哪怕再远再险也都要前往取经问道。后来，他干脆拜伯祖父的高徒郑隐为师，认真学习炼丹秘术。由于他潜心向学，所以颇受师父器重，并获得了不少真传。郑隐的遁世思想对葛同学产生了重大影响，甚至使他很早有意归隐山林，炼丹修道，著书立说。确实，从少年时代起，葛洪始终要么是在修仙，要么是在修仙的路上。

葛洪 18 岁时，农民起义此起彼伏。神仙师傅郑隐掐指一算，断定马上将有战乱，而徒弟葛洪的劫数未满，故只携其他弟子东投霍山隐居，而独留“小仙翁”于丹阳。20 岁时，葛洪不得不参军平叛，因作战有功，竟然被封为了伏波将军并赐爵关内侯。哈哈，看来郑神仙这次也没算准，因为徒弟不但没遇劫，反而因祸得福了！

本来凭借赫赫战功，关内侯葛洪便可从此享受荣华富贵，但是他的“仙瘾”实在太大，对俗世的名利怎么也提不起精神来。于是，在官场勉强待了数年后，经不住神仙诱惑的葛洪终于又拜南海太守鲍靓为师，继续其修道之旅。

第二任师傅鲍靓精于医药和炼丹之术，而且是当朝高官。他见葛洪虚心好学，又年轻有为，不但把自己的技术毫无保留地传授给了葛洪，而且把精于灸术的女儿鲍姑嫁给了他。从此，这对“活神仙”夫妇就开始了比翼双飞的生活。他的媳妇如神仙般美丽，人称鲍仙姑。

从 30 岁开始，葛洪多次拒绝了皇帝赐予的高官厚爵，完全进入了“修仙状态”，要么隐居深山撰写《抱朴子》等著作，要么遍游各地，寻仙访道，同时行医治病。再后来，葛洪两口子干脆启动了“神仙模式”，永远隐入了广东罗浮山，直至公元 364 年葛神仙以 81 岁高龄去世。

“小仙翁”的去世虽然再一次证明了“长生不老”的不可能性，但是为了尊重仙界规矩，我们也只好说“葛老人家羽化升天”了，但愿他下辈子能真正修得不老之躯，阿弥陀佛！

哈哈，那位哥们笑了，你不是要写葛洪的科学家小传吗，怎么还是写成了神

葛洪与鲍姑

仙传？伙计别急，一方面必须承认所有与葛洪相关的现成资料确实都仙气十足；另一方面，“不看广告，看疗效”，只要你精心剥离，就完全可以将葛神仙恢复成一位合格的化学家、哲学家、医学家和文学家（诗人），他甚至还是军事家、音乐家和美学家等。

葛洪一生的著述颇丰，覆盖领域非常广泛，其代表作有《肘后备急方》（4 卷）、《抱朴子·内篇》（20 卷）、《抱朴子·外篇》（50 卷）、《碑颂诗赋》（100卷）、《金匮药方》（100卷）、《军书檄移章表笺记》（30卷）、《神仙传》（10 卷）、《隐逸传》（10 卷）等，共530多卷。此外，像《正统道藏》和《万历续道藏》等权威道家著作也收录了葛洪的各类著作十余种。因此，从数量上看，一般科学家的学术著作都很难与他匹敌；从质量上看，葛神仙就更厉害了。下面就让我们由易到难来重塑葛科学家的凡间形象吧。

首先来看文学家葛洪。除了他的《碑颂诗赋》之外，若上网一搜，你就可以找出葛文学家的《画工弃市》《癸丑腊大暖志之》《涵碧亭》《游天宫寺》《中兴寺琼翠阁次乔梦符韵》《法婴玄灵之曲二首》《上元夫人步玄之曲》《四非歌》《洗药池诗》等十余首诗文。想想看，比李白还古老 400 多岁的诗文能穿越时空 1800 多年流传至今，这本身就说明了葛洪的诗坛地位。况且，他的诗文确实也仙气十足，比如“洞阴泠泠，风佩清清。仙居永劫，花木长荣”。葛神仙的肉身虽未修得不老，但其诗文也许真能长存。

其次来看哲学家葛洪。中国的哲学体系主要有两大家：儒家和道家。一直以来，儒学和道学基本上彼此独立发展，有时还会产生矛盾。但是，葛洪首开将儒道两家哲学体系合而为一的先河，主张内修神仙，外施儒术。他将神仙方术与儒家纲常相结合，强调“欲求仙者，当以忠孝、和顺、仁信为本。若德行不修，不得长生也”。他还将儒家信条融入了道教的戒律之中，他说：“……欲求长生者，必欲积善立功，慈心于物，恕己及人，仁系昆虫，乐人之吉，悯人之苦，济人之急，救人之穷，手不伤生，口不劝祸，见人之得如己之得，见人之失如己之失，不自贵，不自誉，不嫉妒胜己，不佞谄阴贼，如此……求仙可成也。”他还对儒、墨、名、法诸家兼收并蓄，主张文章与德行并重，赞同立言当有助于教化，宣扬治乱世用重刑，提倡严刑峻法等。

他的众多哲理名言更是流传至今，比如“必死之病，不下苦口之药；朽烂之材，不受雕镂之饰”“山林之中非有道也，而为道者必入山林”“明师之恩，诚为过于天地，重于父母多矣”“士之所贵，立德立言”“日月有所不照，圣人有所不知”“有天地之大，故觉万物之小；有万物之小，故觉天地之大”“金以刚折，水以柔全；山以高崩，谷以卑安”“一言之美，贵于千金；伤人之语，剑戟之痛”“志合者，不以山海为远；道异者，不以咫尺为近”“不学而求知，犹愿鱼而无网”“学之广在于不倦，不倦在于固志”“食不过绝，欲不过多，冬不极温，夏不极凉”“音为知者珍，书为识者传”“川泽纳污，所以成其深；山岳藏疾，所以就其大”“贤不必寿，愚不必夭，善无近福，恶无近祸，生无定年，死无常分”“病困重良医，世乱贵忠贞”“云厚者，雨必猛；弓劲者，箭必远”“亡国非无令也，患于令烦而不行；败军非无禁也，患于禁设而不止”“小善虽无大益，而不可不为；细恶虽无近祸，而不可不去”“贵远而贱近者，常人之用情也；信耳而疑目者，古今之所患也”“安贫者以无财为富，甘卑者以不仕为荣”“闻荣誉而不欢，遭忧难而不变”“时移世改，理自然也”，等等。

再来看化学家葛洪。首先，所有道士都得炼丹，这其实就是一种化学实验，将某些矿物质放入密封的鼎中，然后用炉火烧炼。在高温高压下，矿物质便会发生化学反应，甚至产生新物质。虽然并非每位道士都称得上化学家，但葛洪当之无愧。

（1）他确实发现了物质变化的若干重要化学规律，特别是发现了化学反应的可逆性。他发现在炼制水银的过程中，若对丹砂加热，便可炼出水银；但是，若将水银和硫黄化合，则又能变回丹砂。他还发现用四氧化三铅可以炼得铅，反过来，铅也能被氧化成四氧化三铅等。

（2）他发现了若干重要的化学现象，特别是结晶现象和置换现象。例如，雌黄和雄黄加热后便会升华，并直接产生结晶体。又如，在描述铁置换出铜的化学反应时，他说："以曾青涂铁，铁赤色如铜。"

（3）他确实炼制出了若干重要的新物质，例如密陀僧（氧化铅）、三仙丹（氧化汞）等。这些物质至今仍是不可或缺的外用药物原料。

（4）他发现了某些化合物的重要药效。他发现松节油可治关节炎，铜青（碳酸铜）可治皮肤病，雄黄和艾叶可以消毒，密陀僧可作为防腐剂。虽然当时葛神仙只是知其然而不知其所以然，但是用今天的化学知识便可解释并证明其发现的正确性。铜青之所以能治皮肤病是因为它能抑制细菌的生长和繁殖，雄黄的杀菌作用源自其中所含的砷，艾叶能驱虫是因为其中含有挥发性的芳香烃，密陀僧的防腐功能其实归功于它的消毒杀菌作用。因此，读者朋友，你若大方一点的话，则还可再给葛神仙增加一个新头衔，那就是药学家。

最后再来重点看看医学家葛洪。从观念上说，葛洪之所以精晓医学和药物学，在很大程度上应该得益于他主张的"道士兼修医术"。他认为："古之初为道者，莫不兼修医术，以救近祸焉。"翻译成大白话，这句话的意思就是：修道者若不兼习医术，一旦病痛及己，便无以攻疗，甚至连小命也难保。

基于"保命"这一目的，葛大夫甚至将其医学著作取名为《肘后备急方》，翻

《稚川移居图》

译成现代白话便是《袖珍急救手册》。该书收集了大量急救处方，而且特选了廉价且易得的急救药物。书中尤其强调灸法的使用，利用浅显易懂的语言清晰明确地注明了各种灸法，以至于只要弄清灸的分寸，外行也能照猫画虎。

同样也是为了“保命”，葛大夫很注重研究急性病，特别是急性传染病。这类疾病被古人称为“天刑”，意指天降灾祸，是鬼神作怪。葛大夫则明确指出：急性病不是由鬼神引起的，而该归咎于外界的瘟疫。从现代医学角度看，急性传染病确实是由微生物引起的。而在那个年代里，肯定没有显微镜，更不可能看见细菌。所以，他能断定急性病归因于外界因素这一点已经相当神奇了。唉，真不愧为神仙呀！

葛洪在其医学著作中广泛记载了许多药材的形态特征、生长习性、主要产地、入药部分及治病作用等。葛大夫的医学家地位还有一个重要支柱，那就是他首次发现并记载了若干新型病症。

（1）他首次发现了人类的结核病，将其称为“尸注”，并指出这种病会互相传染，千变万化。染病者也不清楚到底哪儿不舒服，只觉得怕冷发烧，浑身疲乏，精神恍惚，身体一天天消瘦，久拖还会丧命。用现代医学知识来解释便是结核病源于结核菌，它能致使许多器官发生病变，比如肺结核、骨关节结核、脑膜结核、肠和腹膜结核等都是由结核菌引起的。

（2）他首次记载了狂犬病，并明确指出该病是由犬咬人引起的。被疯狗咬过之后，患者将非常痛苦，受不得半点刺激，哪怕听见一丁点儿声音就会抽搐，甚至听到水声也会抽风。所以，此病又叫“恐水病”。从现代医学角度来看，葛大夫的记载是正确的，但是他给出的“治疗方法”站不住脚。即使在今天，狂犬病一旦发作，病人也将必死无疑，或者说死亡率为 100%。不过，葛大夫试图用以毒攻毒的思路治疗狂犬病倒是值得肯定。他认为，疯狗咬人，一定是狗嘴里有毒物从伤口侵入了人体，所以，治病的关键就是如何从疯狗身上取出这种毒物。于是，他捕杀疯狗，取出其脑敷在患者的伤口上。无独有偶，在葛洪之后 1500 多年，法国医生巴斯德也采用了类似的方法来研究狂犬病。他先用人工方法致使兔子感染狂犬病，然后把病兔的脑髓取出来制成针剂，再用它来预防狂犬病。

不过，巴斯德的做法比葛大夫更科学，因为这种办法确实有预防作用，而非治疗作用。实际上，葛洪治疗狂犬病的方法已隐约包含了免疫的先进思想。所谓免疫就是免于被传染。当细菌和病毒等侵入人体后，人体便会本能地排斥和消灭入侵者，致使疾病难以发作。当人体的抵抗力较差时，细菌和病毒等就会使人患病。免疫法就是试图提高人体的抗病能力，比如注射疫苗就是一种免疫方法。如今，免疫法已被广泛使用。比如，种牛痘可以预防天花，注射脑炎疫苗可以预防脑炎，注射破伤风细菌的毒素可以治疗破伤风等。

（3）他在人类历史上首次记载了天花这种致命的传染病。他记载道：某年发生了一种奇怪的流行病，患者浑身长满密密麻麻的疱疮，起初只是小红点，不久就变成白色脓疱，且很容易被碰破；若不及时治疗，疱疮就会一边长大一边溃烂，病人还会发高烧。他指出，此病的治愈率很低，不足10%。就算侥幸治好，皮肤上也会留下一个个小疤痕。这些小疤痕起初发黑，一年后才会恢复为正常的皮肤颜色。

（4）他还首次记载了恙虫病，并称之为“沙虱毒”。葛洪发现了此病的病因：一种名叫沙虱的小虫在蜇人吸血时把病毒注入了人体，使人患病发热。而沙虱是一种比小米粒还小的虫子，若不仔细观察，根本难以发现它的存在。由此可见，葛大夫的洞察力确实不是一般人可以比拟的。从现代医学观点来看，此病的病原体其实是一种比细菌还小的微生物，名叫立克次氏体，而沙虱体内确实刚好含有这种病原体。

俗话说，每个成功的男人背后都有一个女人，神仙也不例外。因此，在结束本回前，让我们说说葛洪背后的那个女人吧。

她本名叫鲍姑，后来因为在修仙悟道、治病救人等方面成就突出，便被老百姓尊称为鲍仙姑。她特别擅长临床灸治，是第一位青史留名的女针灸医生，也是“古代四大女名医”之一。至今广州越秀山麓的三元宫里还设有鲍姑殿，为她塑金身呢。哇，做神仙真好！

由于受神仙爸爸和神仙姑姑的熏陶，鲍姑从小就精通道法和医术。婚后，她又长期跟随丈夫炼丹行医，为民治病。因此，她也自然而然地走上了修仙之路，而且收了一位名叫黄初平的弟子。该弟子后来也成了神仙，而且是一位大仙，即在港澳地区特别有名的黄大仙。鲍姑的拿手好戏是艾灸，即用点燃的艾炷或艾条去熏烤人体穴位，以达到保健治病的效果。由于她经常使用越秀山脚下的红脚艾绒来做灸疗，特别是用艾灸消除赘瘤，因此，这种艾又被称为鲍姑艾。

鲍姑行医采药的足迹遍及广州、南海等地，相关县志、府志也都有所记载。

民间还有这样一个关于鲍姑疗疾的美丽传说。某天，鲍姑路见一少女在岸边俯视河面，一边照容，一边淌泪。原来，她的脸上长满了黑褐色的赘瘤，十分难看，帅哥们都不愿娶她，因此，她在此顾影自泣。鲍姑见状，不容分说便从药囊中取出红脚艾，搓成艾绒，用火点燃，轻轻地在她的脸上熏灼。不久，她脸上的疙瘩就全部脱落，未留一点疤痕，变得美若天仙。于是，小妹妹千恩万谢，欢喜而去。

当然，鲍姑最多只能算是名医，够不上医学家，因为她未留下任何专著。不过，她老公的医著中收集了上百种针灸医方，对灸法的作用、效果、操作方法、注意事项等记载得尤其详细。莫非其中的许多针灸医方真的出自鲍姑之手？

伙计，不对！我咋突然觉得葛神仙夫妇早已修得了长生不老之术，你说呢？

第三十六回

山中宰相无尾龙，医学神学皆精通

伙计，听说过《中国大百科全书》吗？对，就是那套动用了 2 万多名专家历时15 载才最终编纂而成的皇皇巨著。它涵盖所有学科领域，分 74 卷介绍了古今中外的重要科学人物和成果等。为什么此处要提这部巨著呢？因为普通科学家若能被收入其中，哪怕只有一处，就已经相当光荣了。但在该书中竟然有多达 7 卷（“宗教卷”“中国历史卷”“中国文学卷”“哲学卷”“美术卷”“中国传统医学卷”“化学卷”）从不同的方面收录了同一个人物：本回的男一号陶弘景。虽不知老陶是不是获此殊荣的唯一巨星，但可以断定：此等神人绝对屈指可数！显然，他肯定不仅仅是神学家、文学家、哲学家和政治家。不过，此处主要聚焦于他的科学家身份。具体说来，就是要撰写他作为医学家、药学家和化学家的小传。当然，我们更不会在意他的高贵血统。据说他是尧帝陶唐的后代，其七世祖陶浚曾任三国时期吴国的镇南将军。

陶弘景与祖冲之都生活在南北朝时期的南朝，只是陶弘景年轻 27 岁而已。因此，他生活的时代更乱。更要命的是，陶家在各利益集团之间的斗争中陷得很深。他的爷爷陶隆本来是医生、书法家和武术大师，但阴差阳错，在替刘宋皇帝打天下的战斗中竟然屡建奇功，以至“建国”后被刘宋“开国”皇帝封为晋安侯，并任王府参军。于是，作为刘家天下的“官二代”，陶弘景的父亲陶贞宝当然就要风得风，要雨得雨，官至“江夏孝昌相”，既有闲又有钱，成了历史上著名的书法家，尤善隶书。陶贞宝不但博涉“子史”，同时还继承了祖艺，擅长医术等。作为刘家天下的“官三代”，陶弘景本来也应该春风得意。可是，当他23 岁正值事业发展的关键时期，“啪唧”一下，刘家的龙椅被砸碎了。天下又改姓萧了，国号也变成“齐”了。作为前朝的红人，陶弘景当然甭想再出人头地了，能保住小命已谢天谢地了。于是，当家境发生断崖式变化后，在36 岁那年，陶弘景便卷起铺盖卷，带着一身绝世本领，隐进茅山当道士去了。

再后来，萧家内部又开始窝里斗。陶道士的一个旧友、雍州刺史萧衍也参加了争夺皇位的斗争。于是，老陶便以遥控方式全力支持萧刺史，并替老友设计了一个新的国号，名叫“南梁”。新皇帝登基后，为回报陶道士的大功，多次邀请他出山任高官。但是，陶道士汲取了爷爷的教训，死活也不肯再入官场。不死心的皇帝下诏，追问他：“心中何所有，卿何恋而不返？”他回诗一首，曰：“山中何所有？岭上多白云。只可自怡悦，不堪持赠君。”皇帝再催时，陶道士干脆无言，直接画了两头牛：一头在野外悠闲地吃草，另一个则戴着金笼头，被持鞭人牵着鼻子。

梁武帝只好退而求其次，在皇宫与茅山之间拉起了“热线电话”，每遇国家大事，便派信使到茅山去请教，然后按他的“锦囊妙计”行事。陶道士虽身在世外，却俨然是朝廷的关键决策者，所以便被戏称为“山中宰相”。陶“宰相”就以这种传奇方式度过了余生，而且创立了一个新的教派——上清派，又称为茅山宗。

“山中宰相”陶弘景

那位读者埋怨道：“你写的这份简历也忒粗了吧！”唉，没办法！谁叫作为科学家的陶弘景的信息只是他作为道士的九牛一毛呢！不过，这根“毛”比普通科学家的腰还粗哟！好吧，下面再回放几个慢镜头。

话说在南朝刘宋的晋安侯府内，晋安侯的儿媳郝氏做了一个奇怪的梦：一条无尾青龙独自从怀中飞上了天，紧接着有两位天神手拿香炉来到她家。郝氏梦醒后便有了身孕，并于夏至当天生下了陶弘景。那一年刚好是公元 456 年，即北魏太武帝大规模灭佛之年，皇子拓跋弘的亲生母亲被逼自杀之年，阮佃夫等杀死前废帝之年。这一年的杀气颇重，而陶弘景随梦诞生也许本身就是一种异象。

果然，这条青龙就是与众不同。他四五岁时便对书籍额外喜爱；9 岁开始阅读《礼记》《尚书》《周易》《春秋》《孝经》《毛诗》《论语》等儒家经典，而且其理解颇为深刻；10 岁时，偶得葛洪的《神仙传》，于是一发不可收拾，不但成了葛神仙的忠实崇拜者，而且萌发了修仙之意；15 岁时，写《寻山志》，以示其倾慕隐逸生活之志；17 岁时，其才学已相当闻名了，以至外出时经常被人围观，甚至不得不持扇遮面，扇不离身。成年后，浓眉大眼的陶帅哥身材魁梧，满腹经纶，而且发誓要穷尽天下知识，“若有一事不知，便深以为耻”。此外，他还精通琴棋书画，尤以草书和隶书最为出色，其传世手迹《瘗鹤铭》被宋代黄庭坚称为“大字之祖”。总之，这位要长相有长相、要本领有本领的潜龙已万事俱备，只待一飞冲天了。可惜呀，突然改朝换代了。于是，倒霉的陶弘景便铩羽坠地，遗憾地沦为了新晋王爷们的陪读先生，并兼管一些文书杂务等工作。直到 36 岁时，他仍然只是一个六品文官“奉朝请”，即顾得上就问、顾不上就不问的顾问，前途渺茫，看不到希望。终于，陶弘景下定决心，上表辞官，挂朝服于神武门上，退隐茅山，再也不与尘世交往了。直到 45 年后的公元 536 年，他在无病无患之际，预知自己的死期将至，在写下遗嘱《告逝诗》后安然去世，享年 81 岁。

老陶的所有科学成果都是他在隐居茅山期间完成的，其数量之多，范围之广，深度之甚，都堪称奇迹。他留存至今的各类专著竟多达数百种。除大量的道教著作外，他还对天文历算、地理方物、医药养生、金丹冶炼等进行了全面而深入的研究。

各位若不服气，请看下面的事实。

首先来看药学家陶弘景。他是我国本草学发展史上贡献最大的早期人物之一。当时，本草著作虽已有 10多种，但无统一标准，特别是那些古本草年代久远，内容散乱，草石不分，虫兽不辨，临床运用颇为不易。于是，陶弘景就在药学方面做了大量的基础研究工作，完成了《陶隐居本草》《药总诀》《合丹药诸法节度》等著作。他的《本草经集注》更成了中国本草学的里程碑，甚至使本草学发展成了博物学。那么《本草经集注》一书到底有多牛呢？这样说吧，"神农氏"这个名字你肯定听说过吧！据说大约在秦汉之际，神农氏写了一本奇书《神农本草经》。而陶弘景的《本草经集注》从内容和体例等关键方面对神农氏的著作进行完善。这主要表现在如下 3 个方面。

（1）他将神农氏收集的 365 种药物的数量整整翻了一倍，扩充为 730 种！他还逐一注明各种药物的名称、产地、性状、主治的疾病、配制及保存方法等。全书内容丰富，条理分明，对隋唐以后本草学的发展产生了重大影响，在中国医学史上占有重要地位。

（2）他在亲身实践和反复验证的基础上纠正了神农氏的若干错误，更精准地论述了相关药物的性味、产地、采集、形态和鉴别等核心内容，从而完成了一部条理清晰、系统科学、内容广泛的中药学名著。他首创了本草著作的"总论、分论"体例，为随后同类书籍的撰写树立了榜样。

（3）最为重要的是陶弘景完成了许多影响至今的"药物数据库"整理工作。例如，他创立了多套高效实用的药物分类法，从而使得后人可根据不同的目的，轻松使用和处理相关药物。他按自然属性将药物分为7类（玉石、草木、虫兽、果、菜、米食、有名未用），而不是像神农氏那样仅按是否有毒的粗糙标准进行分类。

“陶氏属性分类法”一直沿用了1500多年，现已几乎成了本草著作分类的标准。他还“以病为纲”进行分类，即把每种病症的可用药物详细列出，从而开创了历史先河。这样便于临床参考，即使外行也可在关键时刻“照方抓药”，还促进了医药学的发展，直接催生了200年后我国第一部国家药典《新修本草》在唐代问世。陶弘景的《本草经集注》一书在本草“擂台”上的霸主地位一直保持了1000多年，直至明末李时珍的《本草纲目》诞生后，才终于完成其历史使命。

中国镇江醋文化博物馆中的陶弘景像

其次来看医学家陶弘景。由于他曾在浙江永宁的福泉山结草为庐，种药采药，为民治病，所以，群众感念其恩，便将他所居之山称为“陶山”，所种之药称为“药齐”，所种的甘蔗称为“陶蔗”，练功之地称为“白云乡”（源于他写给皇帝的拒官诗句“岭上多白云”）。至今，陶山寺还留有清朝名人撰写的楹联：“六朝霸业成誓水，千古名山犹姓陶。”陶弘景在医学方面的贡献主要表现在如下两点。

（1）养生方面，他著有《导引养生图》和《养性延命录》等代表作，科学而全面地总结了上自炎黄、下至魏晋的导引养生理论与方法，是历史上对养生术的一次重大集成，包括养生的必要性、饮食和日常起居的注意事项、行气术、按摩术和房中术等。但是，与以往同类书籍不同的是，陶弘景立足实践，更加关注延年益寿的质量，着力探寻实际可行的养生方法，非常强调掌握生命主动权的重要性，提出了以“形神兼修”为主的养生原则和经验。他特别强调，在养神时，应当少思寡欲，游心虚静，息虑无为，主张调节情绪，防止劳神伤心；炼形时，则要饮食有节，起居有度，避免过度辛劳和放纵淫乐，认为要“辅以导引之法和行气之术，方能长生不老”。

（2）在急救方面，他的代表作就是著名的袖珍急救手册《肘后百一方》。如果前面说《本草经集注》是在太岁头上动土的话，那么现在他的《肘后百一方》便是在虎口拔牙了。从名称上便知，这只“老虎”就是葛洪的《肘后急备方》。陶弘景虽是葛洪的忠实崇拜者，并对这个偶像崇拜得五体投地，但是毕竟时代相隔久远，葛洪早在 200 多年前写成的医书肯定存在不少缺漏。于是，陶弘景对偶像的著作进行了全面整理与合并，对其缺点和错误进行了删改。他在将葛洪的著作归纳为 79 个处方的基础上，又增添了 22 个新处方，共 101 个，取名为《肘后百一方》，从而完成了一部治疗内科和外科诸病的专著。此外，在增补方法上，陶弘景的做法也相当科学。为了区分新加内容和葛洪的原著，他用红笔进行增补，从而使得新旧版本一目了然。除了“补缺”之外，陶弘景还对葛洪的著作进行了许多考证和修改，大大提高了原著的科学价值。

再来看看化学家陶弘景。他在这方面的著作有《集金丹黄白方》《太清诸丹集要》《合丹药诸法式节度》《服饵方》《服云母诸石药消化三十六水法》《炼化杂术》等，这些著作主要介绍修道炼丹，但是其化学成果和价值不可否认。

他首次发现了化学上的焰色反应。炼丹术可分为两大类：其一是火法，即通过加热使固态物质发生化学反应；其二是水法，即通过溶解固态物质来引发化学反应。当时的道士们在使用水法炼丹时，经常会用到两种外形完全相同的材料硝石和朴硝。它们都是白色晶体，且都易溶于水。但是，它们的用途和功效差别很大，如果用错，后果将很严重。但遗憾的是，那时人们无法区别这两种材料。陶弘景在反复实践的基础上，终于发现了一种有效的识别法，即点燃它们后用其火焰的颜色来鉴别，冒紫青烟者为硝石。用现代化学理论中的焰色反应来解释便是紫青烟确实是钾盐所特有的性质。换句话说，陶弘景是世界化学史上首次完成钾盐鉴定的科学家。直到1200年后，德国化学家马格拉夫才在1758 年又发现了该方法，并成功区分了苏打和锅灰碱（苏打的火焰是黄色，而锅灰碱的火焰则为紫色）。

他还首次发现了许多重要的化学现象，如水银可用于镀金和镀银，醋酸能加快铁对铜盐的置换反应，铅及其化合物能相互转换等。

其实，陶弘景在历法、地理、天文、兵法、铸剑、生物、数学等方面也有很高的造诣，并著有相关专著，比如《天文星算》《帝代年历》等。不过，限于篇幅，我们就不再叙述了。

到此，细心的读者也许已发现本回的男一号与以前介绍的葛洪在人生轨迹和涉猎的领域等方面都非常相似，简直如出一辙。当然，这种现象肯定与陶弘景有意仿效其偶像有关。如果非要找出他俩的差异的话，那么主要有以下两点。

（1）葛洪夫妻俩都是道士，而陶弘景无后代，因为他终生未娶。对于此事，事后诸葛亮们的看法是：其母在怀孕前梦见无尾龙，因此陶弘景命中注定无后。因为“尾”者“后”也，无尾就是无后。而人们的解释则是：陶父是被其小妾害死的，这在少年陶弘景的心中留下了很深的阴影，致使他发誓终生不娶。

（2）葛洪亦儒亦道，而陶弘景则是儒释道兼修。对此，事后诸葛亮们的看法是：其母在怀孕前梦见两个托着香炉的天神，这就是定命的预兆，因为一个天神预示着道，另一个则预示着佛。而人们的解释则是陶道士修佛是不得已之举，因为在当时举国崇佛的大环境下，佛教才是唯一正确的意识形态，于是陶弘景只好出走远游。最后，他竟被迫以道教上清派宗师的身份前往寺庙，自誓受戒，佛道兼修。正因如此，他才保住了茅山宗的香火。陶弘景被迫受戒的有力证据便是他假借悼念好友沈约去世而写的那首诗：“我有数行泪，不落十余年。今日为君尽，并洒秋风前。”难怪 500 多年后，宋朝苏东坡还在感慨：唉，人生不如意，十常八九，实古今皆然，博大如陶弘景者也概莫能外。

与西方相比，中国古代的科学和科学家都很有趣。一方面，我们的科学具有重视实用的明显特点。所以，医学和历法方面的成果相对较多。另一方面，科学家的构成好像更有趣。本来太监和出家人的数量就非常少，其在总人口中的比例甚至可以忽略不计，但是他们中间的科学家的比例高得出奇。例如，在中国的“四大发明”中，造纸术是由太监蔡伦发明的；火药是某位道士炼丹的副产品；印刷术的发明者毕昇不但是道士，而且其发明的原动力更是印刷《大藏经》等经文；指南针虽无明确的发明者，但是既然早期的使用者主要都是看风水的半仙，那么其发明者也不可能与出家人无关。在医学家中，道士的比例就更高了，葛洪、陶弘景、孙思邈等都是典型。本书后面还将出现更多作为科学家的太监和出家人。至于为啥会有如此奇怪的现象，嘿嘿，各位，请自己拿走当家庭作业思考吧！

最后，再来看看文学家陶弘景。其实，我们本不想提及该方面，但是经不住他那众多诗文的诱惑，还是简单说几句吧。各位朋友就当课间休息了，也可算作本回的结语吧。我们只提一点，他的文章《山川之美》竟然穿越时空上千年，被选入了今天人教版语文教科书（八年级上册），同时也被选入了上海教育出版社出版的六年级语文教科书。没准儿你正在学习该文呢。好了，现在让我们一起欣赏一下陶弘景的《山川之美》吧。

山川之美，古来共谈。高峰入云，清流见底。两岸石壁，五色交辉。青林翠竹，四时俱备。晓雾将歇，猿鸟乱鸣；夕日欲颓，沉鳞竞跃。实是欲界之仙都。自康乐以来，未复有能与其奇者。

若有人还在发懵，那就请读翻译过来的白话文吧。

山川景色的美丽哟，自古就是文人雅士的共同爱好。巍峨山峰耸入云端哟，明净的溪流清澈见底。色彩斑斓的两岸石壁哟，彼此交相辉映。青葱的林木和翠绿的竹丛哟，四季常存。清晨薄雾将散时，猿鸟的叫声此起彼伏。夕阳快要落山时，鱼儿们争相跃出水面。真是人间仙境啊！可惜哟，自谢灵运之后，就再没人能欣赏这如此奇景了。

啊，多么优美的散文！下课！

第三十七回

百岁寿星孙思邈，医德医药不得了

公元 682 年很奇怪：佛道两家的高人都好像事先有约似的，纷纷忙着赶往阎王殿。在佛家中，涅槃的是唐玄奘的徒弟、著名高僧、唯识宗的创始人窥基。在道家中，羽化升天的人更不得了，他就是本回的主人公、著名的医学家和药学家、被后人尊称为“药王”的孙思邈。佛家逝者享年 51 岁，而道家逝者的年龄成了千古之谜，以至本回不得不采用倒叙的手法来开篇。

清朝协办大学士纪晓岚在《四库全书》中说：孙道士生于公元 581 年，故享年101岁。

中医史学家贾得道“啪啪啪”猛敲键盘后，在《中国医学史略》中推论说：孙思邈诞生于公元 560年之前，故享年120岁以上。

最权威的《旧唐书 · 孙思邈传》却羞羞答答、含糊其词地说：孙神仙或孙隐士嘛，也许可能大概吧，生于公元 557年，故享年 125岁。

与李约瑟一起编撰过《中国科学技术史》的马伯英等在破解相关文字密码后宣布说：孙思邈他老人家已坦白了，他与隋文帝杨坚同年，故应生于公元 541年，享年141岁。

民间业余侦探们分别根据《医仙妙应孙真人传》和《通义堂文集 · 千金方考》等书籍，反复推敲后发誓说：孙大夫生于公元 518—519年，故享年 164岁或163岁。

我们被各种数据和说法搞得晕头转向，干脆直奔药王殿，“嘭嘭嘭”叩完几个响头后，央求药王菩萨说：“孙爷爷呀，您到底生于哪一年？”结果人家不理我们！唉，算了吧，各位就别再纠结孙思邈的出生年份了。幸运的是，从此以后的故事情节就不再含糊了。因为孙思邈的许多著作都包含着半自传性的内容。

孙思邈诞生于陕西的一个没落官宦之家。他的曾祖父孙融可是当年的风云人物，曾任南北朝期间北周的太子洗马（导师）；他的祖父孙孝冰也不错，至少当过县太爷；到了他父亲这一代时，由于改朝换代等原因，家里已成贫农了。更惨的是，小邈邈自幼就是个“药罐子”，病不离身，那时又没有医保，所以，家里本来就不多的那一点钱财很快就花光了，几乎倾家荡产。于是，小邈邈很早就立誓：长大后要当一位光荣的人民医生！

孙思邈天资聪慧且勤奋好学，7 岁就识字颇多，每天还能背诵上千字的文章，以至惊动了西魏大臣独孤信，独孤将军夸奖他为“圣童”。也许是久病成医的原因吧，孙思邈在他18岁开始研究医术时，竟然觉得如鱼得水。于是，孙思邈的医术长进很快，不久就赢得了乡亲们的信任。十里八村的病患纷纷前来求医问药。孙医生诊病治疗不拘古法，兼采众家之长，用药不受本草经书限制，根据临床需要，验方、单方通用，所用方剂灵活多变，疗效显著。到了20岁时，孙医生就早已跨界，熟读了儒家、道家、佛家的经典著作。大约在37岁以后，孙医生已看清了政治斗争的本质，于是开始有意回避各种政治势力的“纳贤”，后来干脆隐居在终南山。无论是什么朝代，他都尽量保持中立，只要能为天下苍生消灾治病就行，只要是有利于子孙后代的事就干，甚至不排斥与相关衙门合作。他于唐高宗显庆四年（公元659年）完成了人类首部国家药典《新修本草》。孙思邈是中国医德思想的创始人，故又被称为“中国的希波克拉底”。他甚至严肃地论证了“苍生大医”的两个基本条件：精与诚。

所谓“精”就是指精深的医学造诣和精湛的医疗技术。他明确要求医者：首先，必须熟读前人的医药经典，熟记医学理论和各家学术经验，否则就等于“无目夜行”；其次，读医书时，应当寻思妙理，留意钻研，这样才有资格与他人切磋技艺。另外，医生还必须涉猎群书，甚至要具备足够的哲学、文学、史学和其他有关的自然科学知识，才能在医学上精益求精。他特别推崇张仲景的《伤寒杂病论》一书。

所谓“诚”就是对患者和同行等都要怀有一片赤诚之心。他认为，医德与医术之间存在着正向的相互促进关系。医德差的人肯定难成良医。欲治大病，就必须安神定志，无私心杂念，先发大慈恻隐之心，誓愿普救众生。假如病人患有疮痍、下痢、臭秽等症，医生也不可有嫌恶之心，否则很难药到病除。

关于良医之风仪，他认为：须得端庄，望之俨然，度量宽宏，从容不迫，不卑不亢，要有涵养。诊断疾病时，应该专心致志，详察形候，纤毫勿失。无论开处方用药或施针刺穴，都不得有误。遇到危重急症时，要临事不惑，慎重审思。对待病人不可草率行事，要记住人命关天，不得利用病人来夸耀自己，追求虚名。到病人家出诊时，即使绮罗满目，也不要东张西望，不要被音乐、佳肴、美酒等所迷惑。这时要记住：病人正在痛苦之中，医生怎能分心享乐呢？关于行医之法，他认为不得多语调笑，大声喧哗，搬弄是非，说人短长，恶语攻击同行，妄自尊大；更别在偶然治好一病时就自以为了不起。无论医疗条件是优是劣，都应恪守医德，坚定专业思想，不要以贫富易志改性。对于自己的突出成就，不该沾沾自喜；对于同行的突出成就，更不该妒贤嫉能。孙思邈从更高的角度将医生分为上、中、下三等，他认为：上医医国，医未病之病；中医医人，医欲病之病；下医医病，医已病之病。

在医德方面，孙思邈不但说到，而且带头做到，以实际行动来践行“以德养性，以德养身”。只要是患者，无论高低贵贱、亲近远疏、长幼美丑，他都一视同仁。唐太宗李世民的长孙皇后难产时，他应召入宫，怀着一颗平常心，经悬丝诊脉后，准确施针，把皇后和皇子从死亡线上拉了回来。有一次，孙思邈在乡间偶遇某送葬队伍，发现有异样的鲜血正从棺中滴出。经询问并俯身查验血迹后，他断定此人或许有救，遂说服丧者亲属开棺。只见他找准穴位，一针下去，少妇果然全身抽动，慢慢苏醒，并顺利产下一男婴。

还有一个故事说孙郎中不但给人治病，对兽类也有求必应。一次，他途经一片杏林时，惊见一头吊睛白额大虫趴在地上求他治病。他二话不说就把它给治好了。后来，猛虎为感激其救命之恩，甘愿充当他的坐骑。这便是庙中药王骑虎的来历。更有一个玄幻故事说药王不但给凡人治病，甚至还给神仙治病。他曾救活过一条小青蛇，并由此受到了泾阳龙王的真诚感谢。龙王不但请他吃了数顿“满汉全席”，而且把龙宫中秘藏的30多个药方都送给了他。除了上述传说外，在严肃的医案病例中还记载有如下事实：唐高祖武德年间（公元618—626年），他成功地治愈过一位上吐下泻的重症患者；唐太宗贞观初年（约公元627年），他治愈过那时几乎不治的虚痨病；贞观九年（公元636年），他治愈了汉王的顽固性水肿病；唐高宗永徽元年（公元650年），他用内服中药的方法治愈过顽症箭伤；他还经治了600多名麻风病人，治愈率达10%。这在1300多年前当然算得上是奇迹了。

药王庙，位于河南省焦作市

在医术方面，孙郎中几乎是全才。他不但精于内科，而且擅长妇科、儿科、外科、五官科等。他首次主张为妇女和儿童单独设科，非常重视妇幼保健，并在其著作中认真论述了妇科和儿科的内涵和外延。他指出，对孕妇来说，住所要清洁安静，心情要舒畅，临产时别紧张；对婴儿来说，吃奶要定时定量，要多见风日，衣服不可穿得太多。孙郎中还很重视常见病和多发病的治疗。比如，针对因缺碘而引起的甲状腺肿大，他用海藻等海生生物或羊的甲状腺来治疗，并取得了良好效果；针对脚气，他发现常吃谷皮粥、牛乳、豆类等便可预防；针对痢疾、绦虫、夜盲等病症，他也研制出了相应的特效药方；针对疑难杂症，他主张实行综合治疗。孙郎中对针灸也颇有研究，不但著有《明堂针灸图》，而且把针灸作为药物的辅助疗法。他认为："良医之道，必先诊脉处方，次即针灸，内外相扶，病必当愈。"孙郎中亲自采集药材，研究药性。他认为适时采药极为重要：过早，则药势未成；过晚，则药势已衰。他依据丰富的药学经验，确定了 233 种中药材的最佳采集时节。

孙思邈特别关注疾病预防工作，强调预防为先，坚持辨证施治。他认为人若善于养生，便可免于生病。他提醒大家，别忽视小病小痛，每天都要调气、补泻、按摩、导引。他号召人们讲究个人卫生，重视运动保健，并提出了食疗、药疗、养生、养性、保健等相结合的防病治病主张。他身体力行，实践其养生之术。结果，一不留意，他就活了100多岁，以至让后人都算不清他到底是在何年出生的了。他将儒、道、佛的养生思想与中医的养生理论相结合，提出了许多切实可行的养生方法。时至今日，这些方法还在指导人们的日常生活。比如：心态要保持平衡，不要一味追求名利；饮食应有节制，不要暴饮暴食；气血应注意流通，不要懒惰、呆滞不动；生活要起居有常，不要违反自然规律等。

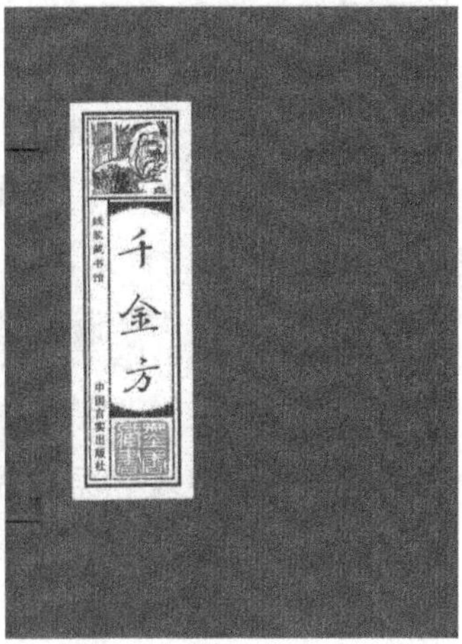

《千金方》，中国言实出版社

在医学研究过程中，孙郎中大胆创新，小心求证。据不完全统计，他所开创的中医药学界的"第一"多达数十个，包括撰写了首部中医临床百科全书《千金方》，首开了麻风病的治疗，首次发明了手指比量取穴法，首绘了彩色《明堂三人图》，首次将美容药推向民间，首次提出了牙病外治的多样化方法，首次系统、全面、具体地论述了药物的种植、采集和收藏方法，首次成功地将野生药物变为家种，首创了地黄和巴豆的去毒炮制方法，首次用胎盘粉治病，首次用动物肝脏来治眼病，首次用雄黄等来治疟疾，首创了导尿术，首次提出用草药喂牛再用牛奶治病的“生物制药法”。

还有一个很有趣的历史事实，那就是中国为什么要称爆炸品为火药呢？孙思邈在其著作《丹经内伏硫磺法》（硫磺为硫黄的旧称）中首次记载了如何将硫黄、硝石、木炭等混合制成粉，然后用来发火炼丹。换句话说，孙郎中将火药看作能治病的药，而非能杀人的武器。

在中医的治病原理方面，孙思邈认为中草药能治病的原理就是以偏就偏，即各种药物不同的属性（寒热温凉）、不同的味道（酸苦甘辛咸）、不同的升降浮沉趋势、不同的归经等可以对患者的机体起到调节平衡作用。从现代系统论特别是博弈系统论的成果来看，孙思邈的这一观点非常正确。其实，它不仅适合医学，而且适合心理学（见《黑客心理学》），甚至还适合网络空间安全对抗中黑客与红客的对抗理论（见《安全通论》）等。概括起来，无论是病魔与人体之间的搏斗还是社会和自然中的各种势力之间的博弈，其最佳状态都可用两个字来描述，即平衡。用数学语言来说，又称之为“纳什平衡”；用心理学语言来说，则是“心理平衡”；用经济学语言来说，就是“利益平衡”；用儒家的语言来说，就是“中庸”；用物理学中的热力学语言来说，就是“最大熵”。

孙思邈的主要学术成就有：发展了张仲景的伤寒论，将六经辩证改进为按方剂主治与临床表现相结合的分类诊断方法，使理论更切合实际；集唐朝以前的医方之大成，收载了各种方剂6500多个，并注明出处；把对疾病的认识提高到了一个新水平，这主要反映在对消渴、霍乱、附骨疽、恶疾大风、雀目、瘿瘤等病症的描述和治疗上；开创了许多新的医疗技术，比如下颌关节脱臼手法整复术、葱叶导尿术、食管异物剔除术、自家血脓接种（防治疖病）等；在药物七品分类（即上一回中陶弘景的陶氏属性分类法）的基础上，按药物的功用，把它们细分为65章，从而便于医生用药；丰富了养生长寿理论，讲究卫生，反对服石，提倡吐故纳新、动静结合，并辅以食治、劳动，使养生学和老年病防治相结合。

孙郎中一生的著述颇多，除了文学和国学等方面的成果外，仅在医药学方面的著作就有几十部，比如《千金要方》（30卷）、《千金翼方》（30卷）、《千金髓方》（20卷）、《千金月令》（3卷）、《千金养生论》、《医家要钞》（5卷）、《福禄论》（3卷）、《养性延命集》（2卷）、《禁经》（2卷）、《摄生真录》、《枕中素书》、《会三教论》、《养生杂录》、《养生铭退居志》、《神枕方》、《五脏旁通道养图》等。细心的读者也许已发现，孙郎中的许多著作的名称中都带“千金”两字。这是为什么呢？莫非孙郎中也掉进钱眼里了？非也，因为他认为“人命至重，有贵千金，一方济之，德逾于此”，意指治病良方胜千金。当然，他最重要的著作其实是《千金要方》（30卷）和《千金翼方》（30卷），合称为《千金方》。现在简单介绍一下这两本巨著吧。

先看《千金要方》一书。它包括基础理论和临床各科，理、法、方、药等齐备。它汲取了《黄帝内经》中关于脏腑的学说，首次完整地提出了以脏腑寒热虚实为中心的杂病分类辨治法。在整理和研究了张仲景的著作后，孙思邈将伤寒归为12论，提出了伤寒禁忌15条，为后世研究《伤寒杂病论》提供了可循的门径，尤其对广义伤寒增加了更具体的内容，创立了从方、证、治三个角度研究《伤寒杂病论》的方法。此书包含各类方剂5300余首，集方广泛，内容丰富，既有典籍资料又有民间单方验方，雅俗共赏，缓急相宜。时至今日，此书中的很多内容仍起着指导作用。书中既有诊法、证候等医学理论，又有内科、外科、妇科、儿科等临床各科，分232门，已很接近现代临床医学的分类方法。书中既涉及解毒、急救、养生、食疗，又涉及针灸、按摩、导引、吐纳，可谓是对唐代以前中医学发展的一次很好的总结。书中汇集了自张仲景时代以来的临床经验、历时数百年的方剂成就以及源流各异的方剂用药，显示了孙郎中的广博医源和精湛医技。该书不仅是唐代最具代表性的医学巨著，而且对后世医学特别是方剂学的发展有明显的影响和贡献。

《千金翼方》是孙思邈晚年的著作，系对《千金要方》的全面补充。全书分189门，合方2900余首，内容涉及本草、妇人、伤寒、小儿、养性、补益、中风、杂病、疮痈、色脉以及针灸等各个方面，尤以治疗伤寒、中风、杂病和疮痈最见疗效。书中不但收载了800多种药物，而且详细介绍了其中200多种的采集和炮制方法等知识。更可贵的是，书中收录了晋唐时期已散失在民间的《伤寒杂病论》条文，并单独构成9、10两卷，成为唐代仅有的关于《伤寒杂病论》的研究性著作，对于《伤寒杂病论》的保存和流传起到了关键作用。

总之，《千金方》的影响极大，起到了上承汉魏、下接宋元的历史作用，问世后备受世人瞩目，甚至漂洋过海，广为流传，对日本、朝鲜等国的医学发展也有积极的推动作用。比如，日本在天宝、万治、天明、嘉永及宽政年间都曾多次出版过此书。后人称《千金方》为“方书之祖”。

孙郎中的一生历经了隋唐两代，并与多位皇帝有过密切接触。但是，作为一位知识渊博、医术精湛的著名医药学家，他始终不慕名利，以医生为终身职业，长期在民间行医施药，治病救人。在百年左右的隐居生活中，他一边行医，一边采集中药，进行临床试验。他是继张仲景之后又一位全面系统地研究中医药的先驱，对中医药学的发展建立了不可磨灭的功德。

孙隐士不但生得低调，死得也相当低调。他的遗嘱是葬礼从简，不要陪葬品，不要宰杀牲畜祭奠。当然，老百姓不会忘记他的恩德。近两千年来，寺庙中一直供奉着这位“药王”“真人”和“药圣”。

位于陕西铜川的孙思邈纪念馆前的雕塑

第三十八回

藏医理论奠基人，宇陀药王与医圣

藏医是中国医学宝库中的一颗璀璨明珠。本回主角为宇陀·宁玛云丹贡布，简称宇陀，以其相当于《黄帝内经》的藏医巨著《四部医典》奠定了藏医的理论基础。由于文字和语言等原因，某些读者也许对神奇的藏医学不十分了解，故本回开篇先介绍一下藏医简史。其实，藏医历史悠久，它既广泛吸收了汉族以及印度、尼泊尔、斯里兰卡等地区的医学精华，又有自己的独特见解和疗效。

据藏史的记载，大约在公元前360年，天神聂赤赞普在位时就担心与疾病相关的“毒物”之事。当时，大臣对他说可以用药物来对付毒物。这表明藏民在那时就已掌握了某些药物知识。此时，西藏的社会形态正由原始社会向私有制过渡，原始宗教苯教也正由图腾崇拜而产生。而苯教是藏医之源，苯教徒所做的事情既包括为百姓卜卦祈福，也包括为病人乞求神药，消灾祛病。当然，此时的医术与巫术还混为一体。例如，从敦煌出土的藏文卷中就有“身无病，平安，吉；病人无须服药也能愈”等卜辞。史料还表明，公元前2世纪左右巩杰赞普也请苯教巫师卜过病，其卜辞中就有“祈神求药，息灾送病”等字样。当时的苯教认为：疾病来自“龙神”，且不同的“龙神”会引致不同的疾病，比如癞病、水疱、疱疮、痘疮、瘟疫、跛子、梅毒等。总之，苯教时期的藏医虽很原始，甚至还涉嫌迷信，但已能区分400多种疾病，并开始主动治病了。

据《藏医史》的记载，大约在公元4世纪，藏民已学会用酥油汁涂抹伤口，还会结扎脉口以防出血。后来，学会酿造青稞酒后，藏民又开始利用酒糟治疗外伤，并知道了饮食与疾病的某些关系。在松赞干布统一藏区前，他的父亲已开始学习包括医药知识在内的中原先进文化，同时也从邻国吸收了不少医学精华，从而促使藏医得到了飞跃式发展。不过，此时的藏医还没有系统的理论知识，只有一些初级的经验。公元581年，松赞干布统一了青藏高原诸部落，建立了吐蕃王朝，西藏从此开始进入奴隶制社会，并创造了藏文。公元641年，松赞干布向唐朝请婚获准，文成公主入藏。从此，先进的中原文化开始大量向西传播，并深刻地影响了藏医的发展。按《西藏王统记》的说法，文成公主入藏时所带的嫁妆中包括“治四百零四种疾病的医方百种，诊断法五种，医疗器械六种，医学论著四种”。这些医著后来被译成藏文，并汇集成《医学大全》。这便是已知的第一部藏医学专著。继文成公主入藏后，松赞干布又向邻近国家和地区请求再派医生带医著入藏，传授医药经验和技术。据《藏医史》的记载，当时应邀入藏的共有三人：一是携带医著《大小汉地治法拾遗》的内地医生亨文杭德（藏音），二是携带《新酥油药方》的印度医生巴拉达扎，三是携带《雄鸡、孔雀及鹦鹉治法》的阿拉伯医生嘎林诺。三人把各自的著作献给松赞干布。后来，三人又合著了一部综合性医书《无畏的武器》。不过，最近考古发现，这三个人物可能是虚构的，只是代表古印度、古阿拉伯和我国汉族的医疗体系的象征性人物。但是，医书《无畏的武器》是真的，它是继《医学大全》之后最早的藏医典籍，也是最早综合各国各族医学内容的著作，对古代藏医学的发展影响深远。

公元8世纪初，藏王赤德祖赞又与唐王朝联系，要求通婚。唐中宗以金城公主嫁藏王。于是，在本回主角出生两年后的公元710年，金城公主入藏，再次带去大量医著。基于这些医著和当时周边地区的医学内容，现存最早的综合性藏医经典著作《月王药诊》诞生了。公元8世纪中叶，藏王赤松德赞执政，他不但将与本回主角发生许多有趣的故事，而且很重视医学，甚至分别从中国内地、尼泊尔和印度聘请了三位“神医”，编撰了《活体和尸体测量》《黄色比吉经函》和《晶鉴续五十章》等医书。后来，这三本医书被统一命名为《王室养生保健经》，珍藏于王宫。尝到甜头后的藏王又从内地和国外聘来9位名医，请他们各自著述医书，然后将其统一综合为《紫色王朝保健经函》一书。此书涵盖了生理解剖、各科诊治、草药配方、治疗技术等。聪明的藏王又从全藏选择了9名天才少年，让他们一对一地成为这9位名医的学生。在这9位天才少年中就有本回主角宇陀，他所拜师的那位名医就是内地医家东松冈瓦（藏音）。后来这对师徒之间的情谊颇深，师父甚至将自己的三部重要医著赠给了弟子。这对宇陀的早期成才起到了关键作用，以至他在公元8世纪末著成了藏医史上最有影响力的经典著作《四部医典》，从此藏医学有了自己的理论基础。

好了，藏医简史就暂叙到此吧。按时间顺序，该轮到主角宇陀登场了，当然他是以神话方式登场的。公元708年，即唐朝景龙二年，西藏拉萨的某个孕妇做了一个奇梦，她梦见一位白衣天使剖开她的肚子放进了许多医学典籍，并对她说：“好好保存这些稀世珍宝！”过了几天，她又梦见另一位白衣天使对她说：“药王也在你肚里了。”又过了几天，在似睡非睡中，她忽见东方闪耀出千万束光辉，照得黑夜如同白昼。这时，8名手持医具的天使和3名手托药囊的仙翁护送着以药王为首的八大佛、八大菩萨、帝释天、护法神、梵天、药仙等天神，缓缓来到这位孕妇的跟前。药王对她说：“你肚里住的是众生的救星，务必好好保护！”孕妇连连点头，并趁机问道：“这孩子该取何名呢？”药王说：“他是我的转世，他将学识渊博，就叫宇陀·宇玛云丹贡布吧！”说完，药王和众神返回了天庭。突然间地动山摇，空中响起悦耳仙音，升起万道祥光。伴随妈妈的阵痛呻吟和缤纷彩虹，宇陀就这样呱呱坠地了。

神话归神话，但宇陀确实出生在一个藏医世家，他的曾祖父是首位藏王松赞干布的御医，祖父也是后来的两位藏王的御医。因自幼受家庭熏陶，宇陀很早就表现出非凡天赋。3岁起，他就在父亲膝前学藏文，听医理，习医术。5岁时，他就能外出巡诊，开方治病。经他治疗的患者无不药到病除。由于医术高明，更由于在一次医学辩论中表现突出，他受到了藏王的赏识。于是，10岁时，他就成了王子赤松德赞的御医，从此名声大噪，登门求医者络绎不绝。据说，有一个人得了怪病，请过许多名医诊治，却一点也不见好转。万般无奈的家人只好扶着患者跪在路过此地的王子马前，乞求道：“王子殿下，救救我吧！”王子问明缘由后，自信地指着身后的宇陀对患者说：“找他吧，也许有救。”宇陀受命诊断后，回禀王子道：“若要治好此人，须得借用你的骏马。”王子一脸狐疑，递过缰绳。却见那宇陀把病人悬在马上后，扬鞭策马，风驰电掣而去。众人无不惊骇万分：“天哪，这是在杀人！病人都快死了，为啥还要折磨他？”奇迹出现了，几圈狂奔后，病人竟痊愈了。见王子目瞪口呆，宇陀赶紧解释道：“殿下，此人的筋骨和肺粘在一起了，只需颠簸几下就行了。”众人恍然大悟，对其医术更加佩服。

宇陀15岁时，赤松德赞已登基，成为新一代藏王。一次，新藏王患了严重眼疾，赶紧找来宇陀救治。宇陀检查后却说：“陛下，病根不在眼里，而在臀部，那里长有尖角。您只需经常揉揉臀部，那个尖角就会消失，眼病也会不治而愈。”果然，几天后藏王的眼疾就好了。当藏王问及医理时，宇陀解释道：“陛下，您的眼疾其实源于经常摸眼，我让您经常摸臀的唯一目的就是让您改掉摸眼的习惯，眼疾自然就会好了。”藏王的眼睛刚好，牙又坏了，疼痛难忍。宇陀又说：“陛下，您的上颚有硬块，若不抓紧治疗，后果将不堪设想。”藏王一听就急了，宇陀赶紧安慰道：“陛下别急，您只需常用舌头顶住上颚就行了。”几天后，果然牙疼就好了。藏王又追问其医理，这次宇陀的回答又让人哭笑不得。他竟说：“陛下，其实牙齿只是小恙，但您常用舌头顶牙，当然就越来越疼。我用顶上颚分散您的注意力，牙齿自然很快就康复了。”

20岁那年，宇陀辞别藏王离开家乡，决心拜访天下名医，以提高自己的医术。他先走遍了藏区各地，广泛搜集民间医方，总结百姓的治病经验。后来，他干脆走出国门，在印度留学四年，在尼泊尔又留学两年。他第三次长期出国时已经38岁了。在这些游学过程中，他不但从各地名师那里学到了不少知识，而且接触到了许多重要的医学著作，在国际上树立了自己的名声。在尼泊尔时，他医好了国王的寒性胃肠顽疾。学成回国后，他又深入藏区行医治病。由于成绩卓著，藏王赐给他三块封地，并为他修建了寺院，让他在那里培养医生，加工药材，行医治病，搜集民方。后来，他又带领门徒前往五台山求医问道，学习汉医理论。这样，经过20多年的博采众长和亲身实践，宇陀终于在45岁那年撰成了名垂千古的藏医巨著《四部医典》，用诗歌般的语言将医学理论与临床经验融为一体。

到了晚年，宇陀一边继续行医（在60岁时还治愈过唐朝皇帝的中风顽疾），一边继续著书立说。他一生著书30多部，培养了数以千计的藏医人才，留下了许多宝贵教诫。他强调，医者须有高尚的道德修养，不分贫富贵贱为众生治病，将病人视为父母。因此，他被藏民尊为医圣和药王。他创办了首所藏医学校，制定了相当于现代学位制度的教学模式。这在千年前的西藏绝对又是一大奇迹。

公元833年，宇陀以125岁高龄在拉萨去世。从此，他的《四部医典》便开始了长达千年的传奇经历。首先，它神秘地失踪了近200年，直到公元1012年，才有人在古寺殿柱内偶然发现了它；接着，它在藏医随后的发展进程中，几乎在每个里程碑上都留下了不可磨灭的印记。11世纪左右，宇陀的第13代玄孙对《四部医典》进行了详细修订、整理和补充，并编纂了一套诠释《四部医典》的著作。14世纪中叶，帕竹王朝的著名藏医强巴再次对《四部医典》进行了诠释。另一位著名医家洛追给布为了方便大家学习和研究《四部医典》，也撰写了一部至今仍在使用的参考书。17世纪，五世达赖对《四部医典》更加重视。他一方面下令恢复医科学校，讲授《四部医典》；另一方面亲自研读此书，并根据切身体验对该书进行了通俗的注解和诠释，然后在1686年完成巨著《四部医典蓝琉璃》，成为《四部医典》的标准注释本。此外，他还下令对《四部医典》进行了首次刻印。1916年，十三世达赖也下令开办六年制学校，专门学习《四部医典》。该校是近代培养藏医的基地，同期学生最多时达150名。《四部医典》历经千年，至今仍是经典藏医专著。1983年，人民卫生出版社再一次出版了该书。此外，该书的国际影响也很大。据不完全统计，它至少曾以德语、日语、英语、俄语、蒙古语、匈牙利语、意大利语和孟加拉语等语种在相应的国家中出版过，并受到广泛好评。

第三十九回

中药始祖唐慎微，海纳百川树丰碑

唐慎微，何许人也？

普通网民可能没听说过，而电影迷则在看过《怪医唐慎微》后又可能被带偏了。比如，本该还在娘怀里吃奶的他咋可能遇上赶考的苏轼呢？因此，本章就来重新演绎一段在科学方面更严谨、在文学方面更荒诞的《新版怪医唐慎微》。

那是公元1056年的某天，宋仁宗正在朝廷训话时，突然手舞足蹈，口出涎水。大臣和太监们面面相觑，赶紧叩头，山呼万岁，退朝了事。

家丑好掩，可外人咋办？按既定日程，仁宗皇帝当天还得在宫里亲切接见辽国使者呀！果然，刚一开始，万岁爷就语无伦次了。此后几天，皇帝的病情愈益加重，天天大呼“皇后与张茂则谋大逆”，吓得宦官张茂则上吊自尽，以示忠诚。

观音菩萨一看，这可咋行啊，看来人间缺良医呀！于是赶紧召来阎王问责。“小的冤枉啊，人间缺的不是良医，而是缺少良方和良药呀。”阎王一边委屈地申辩，一边如实汇报了详情。

在宋代以前，中医药书籍的传承全都靠手抄、笔录和口传心授。因此，一本药书问世若干年后，要么流失殆尽，要么经反复传抄，早已面目全非，甚至以讹传讹，错误百出。这当然会严重影响医药的发展，甚至损害人民群众的身体健康。直到北宋时期，印刷术盛行，情况才稍微好转。但是，若医药书籍的源头本身就很混乱，那么刻版流传得越广泛，副作用就反而越大。幸好，北宋朝廷及时发现了这个问题，并于开宝年间设立“国家重大专项”，由朝廷组织专家编写了《开宝本草》。在随后的嘉祐年间，再由“卫生部”出面，编写了官方药书《嘉祐本草》。但事实证明，这两次编书行动的效果不够理想，否则，他们就不会把自己的皇帝都给搞疯了。可怜的仁宗皇帝哟，您疯得好惨！实际上，这两次官方行动只是有选择地采录和编辑了部分古典医药书籍，许多药学资料都被遗弃，若不及时收集和抢救，它们就会面临失传的厄运。

观音菩萨听罢，沉默良久，最后一咬牙，就跟自己的药童说：“徒儿啊，你就替为师去人间走一趟吧！”

话音刚落，“嗖”的一声，镜头就切换到了当年四川崇庆的一个中医世家中。只听“哇，哇，……”，随着一阵阵清脆的婴儿啼哭声，本回的男一号就降生到了人间。老爸一看自己的儿子，唉，其貌不扬！但转念一想，丑虽丑，也许很温柔，况且行医又何必非要帅哥，只要谨小慎微就够了。于是，他就给宝贝儿子取名为

"唐慎微"。

果然，小微微心地善良，品行纯厚，行事谨慎。他虽然举止木讷，不善言辞，但极为聪慧，勤奋刻苦，而且从小就对医学表现出了浓厚的兴趣。爷爷诊脉时，他在旁边瞧；爸爸开处方时，他认真仿效；大人上山采药时，他更是忙前忙后，高兴得大呼小叫。在如此环境里耳濡目染，再加上长辈们有意教诲，慎微小朋友很早就对行医的精髓有了深刻理解。他不但掌握了高超的医术，而且对经方和本草有了独特的认识。他继承了家传的良好医德，对待患者一视同仁。凡是上门求医问药者，无论达官显贵或平民百姓，在他的眼里都是病人，绝无高低贵贱之分。

刚过少年期，唐慎微同学就能独立行医了。他一边学习书本知识，一边给四里八乡的村民看病。不断增长的理论知识，再加上丰富的实践经验，使得唐大夫的医术突飞猛进，很快就成为了当地的名医。

30岁左右，唐慎微这位医术精湛、医德高尚、好学不倦的乡村大夫就已声名远播，甚至惊动了大城市成都的一位伯乐。书中暗表，此伯乐名叫李端伯。他可不得了，他所相过的千里马就更不得了啦！程朱理学的鼻祖程颐和程颢当年在四川时就是他的弟子。在李伯乐的诚邀之下，唐医生这位难得的人才就以"院士"的待遇被引进到了成都府东南的华阳地区。因此，也有史料说唐慎微是成都人。

到了大城市成都后，唐大夫行医就更卖力了。无论是寒冷的冬天还是酷热的夏天，无论是刮风还是下雨，病人只需一个招呼，他都有求必应，马上出诊。经他精心医治的病人大都很快康复，因此他广受赞誉，被人们称为"百无一失"。

据说那时成都有一位高官，名叫宇文邦彦，患了严重的风毒病，请遍了成都名医，结果大家都束手无策，眼睁睁地看着他的病情一步步恶化。也算这位高官命不该绝，偶然间找到了唐慎微。只见唐大夫一边切脉，一边口中念念有词。三下五除二，他就发现了那病魔的踪迹。哪知这病魔不识好歹，竟敢负隅顽抗，还想逃跑。于是，唐大夫眼观鼻，鼻观心，气守丹田，"嗨"，就是一记"降龙十八掌"。再看那病魔早已被数剂服药给镇住了。那位高官的病情迅速好转，在唐大夫的精心调治下，他很快就痊愈了。

正当大家都在欢呼时，唐大夫却早已料定这风毒病魔一定不肯善罢甘休，只要那位高官的身体稍弱，病情就会复发，病魔也会卷土重来。于是，唐慎微仿效当年诸葛亮的做法，留下了三个锦囊妙计，然后告诉宇文公子："某年某月某日，你爹的风毒将再次发作，那时你必须这么这么这么做。”

果然，时间一到，病魔又开始兴风作浪了。

“呜……”，那病魔驾一团黑云，就想来一招“风毒再作”。“啪”，胸有成竹的宇文公子打开了第一个锦囊。只听得一声惨叫，病魔就从黑云上滚将下来了。

紧接着，那病魔一翻身，又使出了更厉害的夺命招“风毒攻注作疮疡”。宇文公子眼疾手快，将第二个锦囊砸在了病魔的头上。瞬间那厮就现出了原形，原来它是一只千年蛤蟆精。

杀红了眼的蛤蟆精这回可要拼命了。但见它四肢趴地，鼓足了肚子，突然一蹿，直扑过来，用尽全身力气使出了惊天动地的绝招“风毒上攻、气促欲作咳嗽”。再看那宇文公子，他早已被吓得六神无主，瘫在了地上。眼看那蛤蟆精的毒爪就要刺破高官的命脉，说时迟，那时快，只见这第三个锦囊自动弹将起来，一下子就把那厮装进了口袋。顿时，一腔腥血从口袋中流出，病魔终于被彻底消灭了！半个月后，高官的风毒病就被根治了。这件事传遍了成都。从此以后，唐慎微便被人们称为“神医”。

唐慎微的人生目标当然不只是当“神医”，而是要成为医学家，更准确地说，是要成为中药学家，填补朝廷的空白，即要填补朝廷举全国之力分两次完成的《开宝本草》和《嘉祐本草》所遗留下来的空白，要让前人的所有（而不只是部分）药学知识流传千古！

但是，此事谈何容易呀！首先面临的重大困难就是收集素材。中国古代既无信息手段，更无计算机网络设备，手抄药学资料之多，浩如烟海，而且杂乱无章。别说单枪匹马的唐慎微，就算朝廷在组织编写《开宝本草》和《嘉祐本草》时也只处理了那些最容易收集的素材。为此，唐大夫想呀想，终于“叮咚”一声，灵感出现了。于是，他使出了如下三个妙招。

第一招，以方代酬。由于唐大夫的名气很大，前来求医问药者络绎不绝。于是，在收取治病酬劳方面，唐大夫不是向患者索取诊金财物，而是鼓励病人及其亲朋好友以其抄写的各种民间良药效方为酬，即以方代酬。如此一来，大家就更愿意与他接近，更乐意找他治病，并且人人都主动把自己所知的好方、良药、秘录等告诉他。人们在经史诸书中发现医药知识时，也及时抄录下来，毫无保留地送给他。因此，唐慎微不但结交了许多朋友，而且巧妙地将本该由自己一人承担的、几乎不可能完成的任务分解给了众多患者来共同完成。这显然就是当今分布式计算的先进思想。

第二招，积极参加“医药博览会”。当时的成都每年都有三次定期举行的药物展销会，即二月初八和三月初九的“观街药市”以及九月初九的“玉局观药市”。届时，南来北往的药商都会云集于此，从各地送来参展的药物更是堆积如山。唐大夫当然不会放过这些天赐良机，无论多忙，他都雷打不动，要在展销会上竭尽全力收集有价值的药物信息。会后，他还要到各地回访刚认识的“展友”，主动出击，收集各种药物和民间方剂，从而得到了许多失传已久的古代用药法则。

第三招，大数据挖掘。具体说来，就是引用诸如《补注神农本草》和《图经本草》等各类书籍，精细考察相关内容。比如，他采用图文对照的形式，摘录了宋代以前的各家医药著作、经史外传、佛书道藏、笔记和文集等中有关药物的记载。总之，他见书就查，见方就收，见药就录。尤为可贵的是，他非常注意保持方剂的原貌，以采录原文为主，从而为人类保存了大量即将失传的珍贵文献。比如，《雷公炮炙论》这本中药炮制方面的名著就是因为唐慎微的实录才得以保留至今。又如，《食疗本草》《本草拾遗》《海药本草》《食医心镜》等已失传典籍的许多重要内容也都有赖唐慎微的努力，才得以流传下来，否则早就被遗忘了。

其实，前面三招只是万里长征的第一步！如何对浩如烟海的各类资料进行分析、归纳和勘误呢？如何保留原始性呢？如何构建相应的药物学系统呢？如何方便后人使用和查阅呢？如何避免相似资料的重复呢？等等。总之，难题一大堆，而且好像每个难题都不可克服，更不可能被他唐慎微一个人所克服。

别的不说，单讲其中最简单的一个难题吧。那就是首先得对素材进行甄别，去粗取精，去伪存真。此事虽无太高的科学含量，但其技术含量不低：对实践经验不够丰富的大夫来说，几乎是无从下手；对理论水平不高的医生来说，则很可能辨识不清。唐慎微很难找到别的帮手，更不可能再发动群众了。如果这项工作由唐大夫一人承担的话，那么工作量绝不亚于愚公移山；如果唐大夫聘用若干医生帮忙的话，那么付给这些医生的巨额劳务费又从哪里来？总之，正如现代人想不出古人如何建造金字塔一样，我们也不知道唐慎微到底是如何克服这个难题的。

就算有超人帮助唐慎微完成了甄别工作，那么即使采用现代最先进的大数据处理方法，接下来还有诸如数据收集、数据集成、数据规约、数据清理、数据变换、数据挖掘、模式评估、知识表示等硬骨头要啃。唉，唐慎微呀，您到底是怎么完成这个根本不可能完成的任务的？莫非您真是观音菩萨派来的？莫非观音菩萨悄悄给了您什么神奇的法宝，或教了您什么秘密口诀？若无神助，打死我也不相信仅凭一己之力，您就能完成如此巨大的工程。然而，事实是唐慎微竟然真的在42岁左右写成了划时代的巨著《经史证类备急本草》(以下简称《证类本草》)。

算了，不再纠结唐大夫到底是如何写成《证类本草》的了，转而来看看该书的质量咋样吧。若是粗制滥造的话，那就与拾荒者无异了：把若干素材堆放在一起而已。

伙计，若要评价《证类本草》一书，千万别听什么专家意见，更别信什么专家成果鉴定会结论。最好还是让时间来检验，让事实来说话吧。该书问世后，历朝历代都在使用，并数次作为国家法定本草颁行，沿用了500多年。明朝著名医药学家李时珍在编撰其巅峰之作《本草纲目》时，仍然以该书为基础和蓝本。李时珍高度赞扬唐慎微，说“使诸家本草及各药单方，垂之千古不致沦没者，皆其功也”，还说“自陶弘景以下，唐宋本草引用医书，凡八十四家，而唐慎微居多”。约900年后，李约瑟在《中国科学技术史》中还称赞此书要比15世纪和16世纪早期欧洲的植物学著作高明得多。

从纯科学角度来看，《证类本草》的价值在于它使我国的本草学真正达到了药物学的水平。因此，唐慎微是当之无愧的“中药学始祖”。实际上，我国传统药学(亦称本草学)的起源可追溯到神农生活的史前时代。东汉的《神农本草经》则标志着传统药学的确立，晋代陶弘景的《本草经集注》则建构了按药物的自然属性分类的理论模式，唐代官方编撰的“人类首部国家药典”《新修本草》则迎来了药学研究的繁荣时期，而《证类本草》则集秦汉到北宋药学之大成，囊括了上自《神农本草经》、下到《嘉祐本草》以前的历代单方、验方等医药文献精华，是我国现存年代最早、内容最完整的一部具有划时代意义的本草名著。总之，《证类本草》名副其实地创立了药物学。

《证类本草》首创了沿用至今的“方药对照”编写方法，而此前的同类书籍只是朴实地记载药物的主治功能，不附处方。这使得医生在学习和使用时还需重检方药，极为不便。而唐慎微则增列了附方近3000首，上自仲景方，下迄他自己的经验方，无所不收。该书中的多数药物都有附方，有的甚至多达20首，大大方便了临床使用。此书共32卷，60余万字，收载药物1746种，多附药图，并说明药物的采集、应用、来源、栽培训养、鉴别、炮制和主治功能等。

《证类本草》还有很高的文献价值，其引用的资料翔实可靠，注释清晰，体例严谨，层次分明，是后世考察本草学发展史、辑佚古本草和古医方书籍的重要文献来源。在体例上，它有不少革新，比如将药物理论和药物图谱汇编成一书，对前人的书籍做了许多文字修订、续添、增补等。它在介绍药物的形态、真伪、炮制和具体用法等知识时，兼收并蓄、汇编一体，使人开卷了然。

在药物炮制方面，《证类本草》充实了数百味中药的加工炮制方法，弥补了此前综合本草的不足；此外，还增加了食疗药物的内容，尤其是增加了大量药物注文。从该书问世到《本草纲目》刊行的500多年间，尚无任何本草书籍能与之媲美。

此外，《证类本草》还首创了"加用墨盖子"方法来标注新增内容。在具体写法上，用不同的字体（比如单行大字、双行小字、黑底白字等）来标示不同的引文，用不同的专用术语来特指相应的出处，全书浑然一体，同时又方便了文献的索引跟踪。《日本访书志补》一书对其撰写方法赞扬道："此书集本草之大成，最足依据，且墨框墨盖，黑字白字……其体例亦最为严谨。"

《证类本草》还很重视药材产地，所记产地共有140多处，比孙思邈的记录更为丰富。由于唐慎微总是虚心向他人学习，又生长在药材之乡四川，所以他对川药的记载尤为翔实。比如，书中记载了宜宾产巴豆，三台、平武、江油产附子、川楝子、猪苓，茂县、眉山县产独活、升麻、决明子、使君子等。

各位看官，花开两朵，各表一枝。正当《证类本草》在北宋得到推广，救人性命无数之时，宋朝的皇帝们可不争气了。疯皇帝宋仁宗死了，这还可理解，但随后的情况就让人大跌眼镜了。继位的英宗也死了，然后在短短的数十年间，神宗、哲宗、徽宗、钦宗等接踵而至，纷纷赶往阎王殿。北宋灭亡了。

观音菩萨一声叹息："唉，烂泥扶不上墙啊！算了吧，我的药童也该回来了。"于是，唐慎微在完成了自己的心愿，将自己的两个儿子和一个女婿都培养成精通医理的名医后，终于在宋高宗创立南宋的第9年（公元1136年）离开了人间，享年80岁。

第四十回

领衔金元四大家，寒凉学派济天下

本回主角名叫刘完素，字守真，乳名天喜，汉族，公元1110年生于河北省肃宁县洋边村。伙计，别以为这就交代清楚了，其实还早着呢。比如，他是哪“国”人？唉，这还真不好说，因为他既生错了时间，又生错了地点。原来他的出生地在当时正是多“国”反复争夺的边界。这块地最早当然属北宋，可刘完素出生时，辽国正在与北宋争夺此地，北宋明显处于劣势。因此，刘完素全家一会儿是北宋人，一会儿又是辽国人。后来，在刘完素15岁那年，“聪明”的北宋朝廷总算联合新兴的“超级大国”金国将辽国灭掉了。结果，北宋还没来得及出完对辽国的那口恶气，自己就于仅仅两年后被金国轻松地灭了。不过，乱局还远未结束呢。一方面，金国还得与南宋长期对峙，继续进行全面的拉锯战；另一方面，更严重的是，金国曾经的臣服者蒙古人开始强大起来，并将最终灭掉金国和南宋。实际上，刘完素去世后仅6年，成吉思汗就建立了蒙古政权。可见，刘完素的一生都是在战争乱局中度过的，这也许是他终生笃信道教的原因之一吧。刘完素又自号“通玄处士”，也称“宗真子”。

天灾从来就与战争等人祸彼此呼应。我们仍然回顾刘完素出生那年，若当时他的“国籍”是辽国的话，那么这一年除了一个名叫马人望的官员所管辖的狭小区域内不缺粮外，包括刘完素的出生地在内的整个辽国境内都出现了罕见的大饥荒，自然少不了尸骨成堆。若当时刘完素的“国籍”是北宋的话，那么可能更惨，因为在他出生后的第二年，以梁山泊为代表的农民武装起义就在北宋境内遍地开花，持续不断。宋江之乱还未平息，就在刘完素10岁那年，规模更大的方腊起义又开始了，从此北宋进入了死亡倒计时。熟悉《水浒传》的读者对这段历史可能已经很清楚了，此处不再多述。总之，无论刘完素的“国籍”是什么，他的整个青少年时期都会要么因天灾而缺衣，要么因人祸而少食。放眼四望，不是瘟疫蔓延就是疾病肆虐，反正饿殍遍野。这也许是刘完素后来要从医的大背景吧，毕竟乱世出良医也是普遍规律。

在天灾和人祸的双重打击下，刘完素的家里自然是一贫如洗。在他3岁那年，家乡又惨遭大洪灾。为了不被饿死，父亲带着全家，母亲抱着宝贝儿子天喜（其实更该叫“天悲”）背井离乡，逃荒要饭，阴差阳错地到了河北省河间县十八里营村，从此就一直定居于此。所以，后世百姓更乐意将刘完素称为刘河间，他创立的“寒凉派”也被称为“河间学派”。另外，他在河间居住的那个村也为纪念他而改称“刘守村”，即据其字“刘守真之村”的简称。他出生的那个村也改名为“师素村”，即据其名“尊刘完素为师之村”的简称。

福不双至，祸不单行。就在刘完素12岁那年，本已瘦骨嶙峋的父亲又染上霍乱，再加上没钱治病，他很快就毫无悬念地去世了。从此，这个失去顶梁柱的家庭就更穷了。孤儿寡母相依为命，想尽一切办法生活，总算没被活活饿死。可就在刘完素25岁那年，积劳成疾的母亲突然得了重病。虽然三番五次前往大夫家里恳求出诊，但在那样的乱世，本来就很稀缺的大夫哪能及时到赤贫之家出诊呀。妈妈的病情因耽误而迅速恶化，刘完素不得不眼睁睁地看着妈妈含恨离世。悲痛欲绝的他自责不懂医术，更深感百姓缺医少药之苦，从此下定决心当大夫，要用精湛的医术为天下百姓服务。

据说刘完素自幼聪明好学，对医书尤感兴趣。但仔细想来，他作为一个赤贫子弟，是谁教会他认字的呢？不知道！他在哪里读书呢？不知道！他都读过什么书，书从哪里来呢？仍然不知道！《金史·列传·方技》中记载了这样一个比较流行的传说：一次，少年刘完素正在深山中砍柴，突然遇到一位有名有姓的半仙陈希夷（即传说中的陈抟老祖）。于是，他不顾一切，非要拜这位半仙为师。面对这样一个文盲弟子，应该如何施教呢？只见半仙不慌不忙，掏出一壶酒，让弟子一饮而尽。待到刘完素从酩酊大醉中苏醒过来时，他的脑子里不但装满了各种现成的医术，而且能读书写字了。后来，陈半仙又送给弟子许多医书，其中包含那本堪称中国古代医学之源的《黄帝内经》。书中暗表，无论通过什么渠道，刘完素当时竟能得到一本《黄帝内经》绝对是个奇迹。若该书真是陈希夷送给弟子的，那么这位半仙的背景一定很深。在刘完素出生前9年才去世的苏东坡在生前曾5次冒着被杀头的风险，不断向皇帝奏本，强烈反对皇帝用《册府元龟》等国宝级经典从高丽换回当时在宋朝已失传的《黄帝内经·灵枢》。当然，最后苏东坡还是没挡住。现在看来，这次该算是皇帝英明。

传说归传说，刘完素的医学知识当然不是通过一顿酒就得来的。至于他到底看了多少医书，现在已不可考。但是，在刘完素的代表作《素问病机气宜保命集》的序言中，他自己说：“余二十有五，志在《黄帝内经》，日夜不辍，直至六十而不休。”因此，仅仅是针对《黄帝内经》这一本书，他就反反复复、认认真真地学习了至少35年之久，还是日夜不停、手不释卷的那种学习！他的这股书痴劲儿用倒背如流、爱不释手、朝夕研读、废寝忘食等词来形容，可能已远远不够了。到底该如何形容，各位读者自己看着办吧。不过，刘完素的这个案例再次证实了古往今来科学家的一个成功秘诀，那就是读书万卷，不如破书一卷。当然，被“破”的这一卷必须是经典，对医学家来说就该是像《黄帝内经》这样的经典。那么，到达何种境界才能算是“破书一卷”了呢？用现代著名数学家华罗庚的话来说，“破”书的标准有两个：一是能把厚书读薄，二是能把薄书再读厚。

《黄帝内经》长达20万字，号称“中华医学四大典籍”之首，涵盖了中医阴阳五行学说、脉象学说、藏象学说、经络学说、病因学说、病机学说、运气学说、养生学、病症学、诊病学等，呈现了自然、生物、心理、社会整体医学模式。刘完素到底将这本书读到了多薄呢？答案可能吓你一跳，原来刘完素竟将这本厚书读薄到只有区区277个字，即所谓“病机十九条”。可见，他对前人的经验进行了多么高度的概括与总结！另外，刘完素又把这区区277个字读到了多厚呢？答案可能更惊人。若从25岁开始算起，他对这277个字的直接注解式心得就多达两万余字。比如，他把原来的21种病症扩大到81种等。他将这277个字读了37年后，终于在62岁那年完成了厚达15卷的首部代表作《黄帝素问药证宣明论方》。他将这277个字读了51年后，终于在76岁那年完成了另外两部厚厚的代表作《素问玄机原病式》和《素问病机气宜保命集》。实际上，刘完素把这277个字几乎读了整整一辈子，所撰写的心得体会之多，根本无法详述，仅仅罗列他完成的相关书的名字，也足以让人眼花缭乱，比如《内经运气要旨论》《伤寒直格》《伤寒标本心法类萃》《三消论》《儒门事亲》《素问药注》《医方精要》等。正是基于这些厚厚的医著，刘完素在中国医学史上开创了独立的医学门派“寒凉派”（或称“河间派”），从此不但促进了诸如“金元四大家”等医学门派的诞生，而且长期影响中国传统医学的走向，一直到近千年后的今天。

除了医著等身外，刘完素在治病实操方面也相当出色。他的高明医术当然也不是被他师父用一壶酒就醉出来的，而是在多年精心实践的基础上，经认真体会慢慢提高的。实际上，他跟随师父当学徒干了整整10年，然后才独立行医。刚开始时，医术并不高明，也没啥名声，坐诊处更是门可罗雀。于是，他背起药箱主动出击，一边四处串村行医，一边八方遍访名师。这样，他云游大半生，行医数十年，才终于日益成熟。据说有一天他又在乡间游历行医，突然碰到一支出殡队伍，惊见那棺材缝里还有鲜血流出。职业敏感让他心里一震，赶紧上前打听详情。原来死者是一位难产出血而亡的孕妇。刘完素觉得这位孕妇也许有救，赶紧拦下她的家人，说服大家开棺抢救。结果，孕妇不但被救活了，还顺利生下一个男婴。

从此，刘完素的“神医”之名就不胫而走了。不过，此类一针救二命的传奇故事很多，且大同小异，既分不清真假，也不知是否被张冠李戴。不过，有关刘完素给金国公主治病的事应该比较靠谱。据说大约在他81岁那年，当朝公主得了重症，御医无策。皇帝只好传旨给各州府，要求推荐名医。河间知府吴锐便将刘完素推荐给皇帝。他只用三副中药就使公主康复。金章宗大喜，欲封刘完素为太医，他却坚辞不受，仍继续在保定一带行医授徒，为民治病。后来，金章宗又三次征召他去朝廷当官，他都没去。皇帝赞赏他那淡泊名利的高尚品德，便封他为“高尚先生”。

刘完素确实是名副其实的“高尚先生”，特别是他那虚怀若谷的品格长期以来在业界和民间传为美谈。有一次刘完素自己生了病，刚开始他还信心满满地自我诊脉治疗，但总也不见效，不但继续头痛，还升级为呕吐，以至不能进食。正在无计可施之际，一位初出茅庐的郎中朋友前来做客。客人观主人的气色后，主动提出要给主人瞧病。刘完素心里当然犯嘀咕：自己都没治好的病，若被他治好了，那不是很没面子吗？但他转念一想：自己平时提倡同行互相学习，怎么轮到动真格时就变卦了呢？于是，他爽快地接受了这位后生的诊治。两人共同分析病情，研究药方，竟把这次诊病搞成了学术研讨会。最后，他们不但找到了病根，还发现了过去的失误之处。刘完素对此口服心服，坦然认错。果然，按这后生的治疗方案，刘完素很快就恢复了健康。此后，两人经常探讨疑难杂症，彼此的医术都大有长进。想想看，一位被奉为“神医”的郎中连自己的病都得由他人来治，还要承认自己的错误，这得需要多大的勇气呀！不过，刘完素并不在乎这些虚名，只关心治病真理。

随着年龄的增长，四处游医已不太方便，刘完素在晚年时又恢复了坐堂行医，这才又引出另一个故事。据说有一次他游方行医到保定，遇到一个富贵人家，并妙手回春治好了这家老太爷的长年怪病。为了表示感谢，这个富豪就将自家的一个菜园及几间房屋赠给刘完素，让他以此作为固定的行医和授徒场所。从此，这里就车水马龙，挤满了远道而来的各色患者。刘完素不问贫富贵贱，来者不拒。对某些赤贫病人，他不但分文不取，还主动送医送药。

公元1200年，刘完素无疾而终，享年90岁。他给后代留下的遗训是：“但做好事，莫问前程。”

第四十一回

名门之后破程朱，法医鼻祖写奇书

伙计，你可以跳过此回不读，因为部分内容确实令人毛骨悚然。但此回我们不得不写，因为主人翁宋慈在最不容易创立科学分支的地方竟然真的成功创立了法医鉴定学，这样的科学家更值得尊敬！其实，除了数学等极少数科学分支外，几乎所有其他分支都必须基于长期的观察、大量的实验、反复的校正和不断的改进。然而，对于法医鉴定学来说，这些条件都不容易满足，其面临的困难很多。

（1）与伽利略可在比萨斜塔上反复扔球相比，各种案例特别是凶杀等刑事案件所能提供的观测机会（或实验样本）明显偏少，可重复性也明显降低。这就意味着法医必须具有更加敏锐的观察能力、更加出色的推理能力、更加细致的分析能力、更加强大的归纳能力、更加全面的综合能力和更加出色的逻辑思维能力等关键科研素质。

（2）与物理学等纯粹自然科学相比，对被研究对象（经常是残尸断体）的心理恐惧也会强烈干扰相关的科研活动。这些恐惧既可能源于人的天性，因为绝大部分人对同类的尸体都会害怕；也可能源于宗教信仰等，因担心死者会变成厉鬼而不敢接近。

（3）时代的文化和政治因素也会严重影响法医的鉴定过程，特别是在宋慈生活的时代。一方面，有视死如生的传统，故家属对尸检行为会有抵触；另一方面，按当时的习俗，必须“视听言动，非礼不为”和“内无妄思，外无妄动”。换句话说，在尸检时，至少不能触及隐秘部分，特别是女尸的阴部。这就要求宋慈这位“学科创立者”要敢于打破意识形态的束缚，真正以科学精神来严肃对待法医鉴定学。

那么，在克服上述重重困难后，在逝世前仅两年，宋慈基于其代表作《洗冤集录》而建立的法医鉴定学的水平到底又如何呢？由于该学科属于应用类学科，所以，同行的使用情况最有发言权。据不完全统计，《洗冤集录》一问世就被当时的南宋朝廷作为官方法医学专著而广泛使用，甚至被认为是尸检的金科玉律、诉讼界的圭臬。其中的许多内容被随后的朝代使用了600多年，成为了具有法律效力的检验规范。书中倡导的司法检验原则、技术和方法也不断得到延续和开拓。

作为创立了一门新学科的学术专著，《洗冤集录》还激发和引领了众多后续研究，宋、元、明、清各代都出现了不少同类书籍。不过，这些专著几乎都以《洗冤集录》为蓝本，有的是从检验技术方面进行订正，有的是对综合体系进行完善，有的是对其司法思想进行凝练，还有的是从法学史角度进行研究。比如，元代有

《无冤录》和《平冤录》;到了清代，形成了研究宋慈的高潮，出现了《洗冤录详义》等数十部著作。即使在今天，研究《洗冤集录》的学术著作、专业期刊、博士和硕士学位论文等也层出不穷，而且横跨多个领域，包括但不限于《中华医史杂志》《中国司法鉴定》《自然科学史研究》《中国法学史》《中国古代法医学史》《法律与医学杂志》《法医学杂志》等。至于相关的文学演绎，那就更热闹了。比如，仅仅以宋慈为主角的电视剧就有1986年的《阴阳鉴》和《宋慈断狱》，1999年和2003年的《洗冤录（1）》和《洗冤录（2）》，2005年和2006年的《大宋提刑官（1）》和《大宋提刑官（2）》等。总之，从后世整理《洗冤集录》的人数和版本之多以及激发的后续研究之广泛，就足以窥见其影响之大。实际上，数百年来《洗冤集录》已成了法医鉴定界的重要指南。宋慈创立的法医鉴定学虽然在整体上属于科学领域中的边缘交叉学科，但它在司法系统中变得越来越不可或缺了。

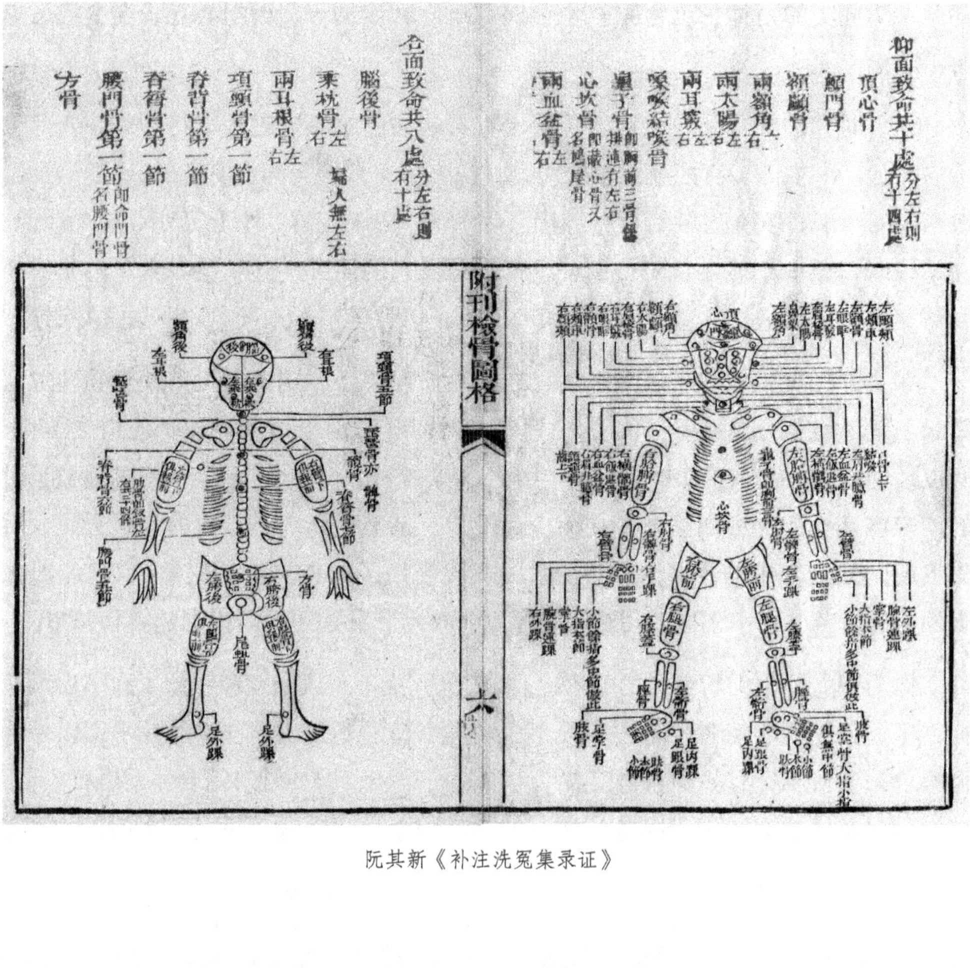

阮其新《补注洗冤集录证》

此外，宋慈于1247年完成的《洗冤集录》及其开创的法医鉴定学在全世界产生了广泛而持久的影响。早在1438年，它就被引入朝鲜，翻译成《新注无冤录》，1796年再版；1736年被引入日本；1779年被法国节选翻译，1882年又被法国的《远东评论》提要发表，1908年更有法文单行本正式出版；1853年被英国《亚洲文会会报》发表，1875年英国剑桥大学教授分期发表了它的译本，1924年英国《皇家医学会杂志》又重刊全书，以后又有英文单行本出版；1863年荷兰文译本发表；1908年德文译本出版；1950年左右苏联也发表了评论，称它是世界上最古老的法医名著等。总之，在人类科学史上，中国人虽也取得过不少科研成果，但是由中国人创立的学科非常稀少，其中能像法医鉴定学和《洗冤集录》这样引起长时间、大面积、系统性关注和跟进的科研成就就更是凤毛麟角了。这也是我们不惜牺牲本书幽默风格而坚持为宋慈写一篇科学家小传的主要理由，本回的部分内容可能会让你感到恶心。

好了，下面有请主人翁宋慈正式登场！

公元1186年，宋慈出生于理学大师朱熹的故乡——福建南平县。为啥要强调他与朱熹的关系呢？因为在创立法医鉴定学的过程中，宋慈其实打破了由其老乡领衔创立的程朱理学的桎梏，而这一点在当时是相当危险的。那时的程朱理学已是至高无上的绝对真理了，哪能容你怀疑，更不允许违犯。程朱理学对科学几乎没有推动作用，本回中宋慈在科学上的成功再一次佐证了这个观点。书中暗表，成吉思汗的第三子、元太宗窝阔台也在同年呱呱坠地了。此人可是南宋的重要掘墓者之一，这意味着新的改朝换代程序又要启动了，更多的人将死于非命，尸检和法医鉴定的现实需求将更大了。

宋慈肯定算得上名门之后。若查查他的家谱，你就不得不对其基因质量点一个大大的赞。在他的祖宗名单中，既有北魏吏部尚书宋弁，也有北齐吏部尚书宋钦道，更有被称为"唐朝四大贤相"之一的宋璟。对，宋璟就是那位经历武则天、唐中宗、唐睿宗、殇帝、唐玄宗等五朝，一生为振兴大唐励精图治，辅佐唐玄宗开创开元盛世的传奇人物。但是，待到宋慈出世时，家族的光荣早已成为了过去，不过幸好吃穿还有保障，家境也算小康。非常凑巧的是，宋慈竟然还是"刑二代"，他老爸曾任广州节度推官，负责辖区内的刑狱事务。这肯定会使宋慈有大把机会，从小就接触众多刑事案件。这不但有助于他克服对死尸的天然恐惧，而且没准儿有助于他从小立志长大以后要像爸爸那样呢。看来，宋慈创立法医鉴定学的军功

宋慈

章上还应该有他老爸的一半。

宋慈的启蒙教师就是他的父亲宋巩。直到10岁时，他才正式进入学堂读书。不过，也许是出生于圣人故乡的原因吧，他的小学教师一个比一个牛，不但有黄干、李方子等名师，更有朱熹的得意弟子吴稚等。19岁时，宋慈进京入太学。由于其文章感情真挚，发自内心，故他深得太学博士真德秀的赏识。而这位真博士可是当时的“社科院院长”、著名理学家、朱熹的再传弟子哟。后来，宋慈干脆拜真院长为师。从此，宋同学便跟着这位真老师学到了不少真本领，既包括高深的理论知识，也包括丰富的实践经验。

屡考屡败、屡败屡考的宋慈终于在31岁勉强考中了乙科进士，被任命为“宁波市公安局长”（浙江鄞县县尉）。但不幸的是，这刚好又赶上他父亲病故。按当时的规定，他必须放弃此次机会，回家守孝。于是，直到40岁，宋慈才再一次有机会出山，担任江西信丰“县政府秘书长”（主簿）。因此，从官场角度来看，咱们的宋秘书长真可谓大器晚成啊！

进入官场后，宋慈的履历就让人眼花缭乱了。简而言之，他今天协助张三平匪，明天与李四一起治乱，后天又独立处理各种天灾人祸，再后来又巧断冤假错案。按照惯用的“古代好人模式”，对皇帝来说，他是忠臣；对百姓来说，他是清官；对坏蛋来说，他是“包青天再世”。我们没兴趣赘述这些千篇一律的老套话，不过冥冥之中好像始终都有一条主线若隐若现地贯穿他的一生，那就是无论担任什么角色，他都与刑狱之事脱不了干系。

好了，时间到了公元1245年，已经年近60的宋慈开始利用担任“常州市市长”（常州知州）、广西或湖南“法院院长兼检察院检察长”（提点刑狱）以及“政府秘书长”（直秘阁）的机会，撰写《洗冤集录》。由于他已拥有近20年的丰富实践经验，再加上其雄厚的文笔功底、良好的品德和深厚的医药学知识等，在短短的两年之内，法医鉴定学的开山之作《洗冤集录》在公元1247年正式问世了！一时间洛阳纸贵，这本奇书迅速传遍全国司法系统。作者不但获得了学术界的充分肯定，差点就成了“院士”，而且在官场上也“坐上了直升机”，次年被任命为“副部级巡视员”（宝谟阁直学士），奉命视察各地，掌管刑狱。紧接着，他又升任“正部级巡视员”（焕章阁直学士）、“广州市市长”（广州知州）兼“广东军民融合办主任”（广东经略安抚使）等职。

当“宋市长”春风得意、正欲大展宏图时，意外却发生了！公元1249年3月7日，为南宋忠心耿耿奉献了一切的宋慈永远倒在了工作岗位上，享年仅仅63岁！

宋慈去世的原因虽然不详，但是有两点是肯定的。其一，他的病因源于上年参加祭孔典礼时的突发性头晕；其二，不是谋杀和他杀，故无须做任何法医鉴定，更不必尸检。若翻开皇历看看，这一年永远倒在工作岗位上的名人还真不少呢，比如苏格兰国王亚历山大（二世）和第43任威尼斯公爵雅科波·提埃波罗等。不过，对科学来说，这一年也有一个重大利好，那就是牛津大学成立了。由此可见，欧洲科学的复苏确实漫长而艰辛。

也许有读者会感到奇怪，为啥宋慈仅用两年时间就能撰成科学巨著《洗冤集录》？其实，虽然此书的正式写作确实只有两年，但是对“刑二代”和先后4次担任过高级刑法官的宋慈来说，各方面的准备工作早就开始了。本来是医盲的他在若干年前已开始刻苦研读医药著作，并有意识地将生理、病理、药理、毒理等知识及诊察方法运用于检验死伤的实践。他随时都在总结前人经验，以防“狱情之失”和“定验之误”。他非常清楚尸检的难度，为死者诊断死因的技术性很强，在一定程度上甚至难于给活人诊病。他长期从事司法刑狱工作，积累了丰富的经验，平反了众多冤案。还有一点也特别重要，那就是他极其重视法医鉴定。他认为：“刑事案件莫重于死刑，死刑莫重于初情，初情莫重于检验。”对待判案，他坚持慎之又慎，务必现场勘验。在进行法医鉴定时，他不放过任何可疑之处。在勘验女尸时，他并不回避羞耻之处，甚至连阴门也要认真检查，以防“自此入刀于腹内”。若死者是富家女，则为了表示公开、公正、公平，避免贿赂之嫌，他甚至要把女尸抬到室外，当众进行法医鉴定。总之，对于宋慈来说，撰写《洗冤集录》之事其实早就胸有成竹，而正式动笔的这两年只不过是绘出其胸中的“成竹”而已。

喜欢思考的读者也许会问：与包拯和狄仁杰相比，宋慈的断案技巧并不更强嘛，甚至其断案的名气还不如他们呢，可为啥只有宋慈才是科学家呢？问得好！因为技巧不等于科学，甚至若干技术（哪怕是高精尖技术）的堆积也不等于科学。宋慈的英明之处在于，他将技巧提升成了技术，再从若干技术中凝练出了知识点，又把知识点组成了体系，从而找出了相关事物的基本规律，最后把相关的规律融合成一个全面、系统、可用的学科，虽然只是一个边缘交叉学科。

其实，我国法医检验的历史相当悠久。早在先秦时的《礼记》中就已有相关记载了，翻译成白话便是“伤皮为伤，伤肉为创，伤骨为折，骨肉皆绝为断。斗殴未致死者，当以伤、创、折、断、深浅、大小判断罪之轻重”。早在周代时就已有专门的法医，而且对骨肉皮伤等都有较严格的分辨。五代时就有法医鉴定案例集《疑狱集》（4卷）；宋代时，类似的案例集就更多了，比如《续疑狱集》《谳狱集》《内恕录》《结案式》《折狱龟鉴》《棠阴比事》等。可惜，这些书的作者都称不上科学家，可见并不是有书就能成“家”。因为这些书仅是案例的堆积，形象地说，它们只是一盘散乱的珍珠，而不像宋慈那样贡献的是一串漂亮的项链，虽然该项链中的许多珍珠属于前人。

那么，宋慈的“项链”是啥样呢？从形式上看，《洗冤集录》一书分为5卷，共53项，包括法医学的主要内容，如现场检查、尸体现象、尸体检查以及各种死伤的鉴别，同时涉及生理、解剖、病因、病理、诊断、治疗、药物、内科、外科、妇科、儿科、骨伤和急救等方面的医学知识。从内容上看，《洗冤集录》主要由四大部分组成。

第一部分介绍检验官应遵守的纪律和注意事项。

第二部分介绍检验官的应有态度和原则。

对上述第一部分和第二部分，也许某些工科读者会不屑一顾，认为它们主要涉及管理科学，“硬货”不多。非也，它们其实很重要，因为如果缺少了这些“软货”，那么相关的“硬措施”就无法操作。法医鉴定学是一门交叉学科，准确地说是自然科学和社会科学的交叉学科。实际上，宋慈在“软货”部分的许多思想至今仍有重大影响。

第三部分介绍各种尸伤的检验和区分方法，它是“项链”的主体和精华。此部分对许多处于疑似之间、真假难辨的伤、病、毒死等给出了相应的具体分辨方法。比如，辨认刃痕到底是生前伤或死后伤时，他说：“活人被刀刺死时，创口处的皮肉会紧缩；若活人被肢解，筋骨皮肉会稠黏，受刃处的皮肉会露骨。若尸首被割截，则皮肉如旧，血不灌荫，被割处皮不紧缩，刃尽无血流，其色为白，即使痕下有血，但若洗检挤捺，肉内也无清血出。”在分辨自缢、勒死与死后被假作自缢、勒死状时，他说：“其人已死，气血不行，虽被系缚，其痕不紫赤，有白痕可验。死后系缚者，将无血荫，系缚痕虽深入皮，却无青紫赤色，但只是白痕。”这些方法都完全符合现代法医学的原理。关于分辨生前溺死与死后推尸入水时，他说：“生前溺水的尸首的口鼻内有沙泥、水沫及微小的淡色血污，或有擦损处。死后被抛入水内者，口鼻无水沫，肚内无水，不胀。”关于被烧死与焚尸的区别，他说：“活人若被烧死，其尸体的口鼻内有烟灰，手足皆蜷缩；若死后被烧，其手足虽蜷缩，但口鼻内无烟灰。若未烧着两肘骨及膝骨，手足亦不蜷缩。”关于中毒症状，他说：“中毒者未死前会吐出恶物，或泻下黑血……死后口眼多开，面紫黯或呈青色，唇紫黑，手足指甲为青黯，口眼耳鼻间有血出。”这些辨别方法至今也时有应用。

第四部分介绍各种处罚和救急措施。其中介绍了数十种行之有效的急救方法，包括自缢、水溺、饿死、冻死、杀伤、解毒等的应急处理方法。比如，书中所举的抢救缢死者的方法与今天的人工呼吸几乎完全一致。此外，关于尸体的四季腐化情况的介绍也与实际情况大体相符。书中还多处提到了用酒糟、醋、白梅、五倍子等敷洗局部伤痕，其实这是为了预防细菌感染，减轻伤口原有炎症，将伤口固定起来，也符合现代科学原理。

当然，由于历史的局限性，《洗冤集录》中也有若干错误之处。比如，人体本来应有206块骨头，但宋慈犯了一个低级错误。面对那么多死尸，他为啥不亲自去数一数呢？此外，书中还有许多迷信甚至荒诞之处，这里就不细说了。

第四十二回

侠客摇身变儒生，落榜神医朱震亨

公元1281年11月28日，在浙江义乌美丽的丹溪旁的一个书香门第诞生了一个大胖小子。爷爷一高兴就给孙子取了一个响亮的名字，叫朱震亨，字彦修。果然，这个孩子后来还真成了震动医学界的大亨。不过，朱震亨被后世更习惯性地尊称为“丹溪翁”或“丹溪先生”，他所创立的医学门派也被称为“丹溪学派”。朱震亨出生前，他的家族的情况本来很好，至少是大户人家。他的曾祖父精通医学，还著有《卫生普济方》一书，特别重视医德，口碑奇好；爷爷是远近闻名的乡绅，尤以孝顺著称；大爷爷是南宋咸淳年间的进士，晚年也是名医；父亲是读书人，满腹经纶；妈妈姓戚，也是名门之后，祖上曾为宋朝高官。自幼聪敏好学、尤能“日记千言”的朱震亨生活在如此医学世家，耳濡目染，自然为后来从医播下了种子。但覆巢之下，焉有完卵。朱震亨出生后，他的家族注定会迅速衰败。就在他出生前三年，南宋抗元名臣文天祥兵败被俘，后来从容就义；就在他出生前两年，南宋灭亡，元朝统一中国，朱震亨等曾经的南宋人一下子就全部沦为社会最底层的“南人”，位居蒙古人、色目人、北方汉人之下。在他出生前后几年内，忽必烈对周边地区发动了一系列战争，而相应的巨额开销最终都转嫁成了“南人”的沉重徭役。在朱震亨2岁那年，江南就发生了200多次起义。在他8岁那年，起义的次数超过400次。

面对天翻地覆的变化，作为前朝大户的朱氏家族当然会受到沉重打击。刚开始时，朱家还能靠老本勉强支撑，但压死骆驼的最后一根稻草很快就出现了。就在朱震亨15岁时，他的父亲因病去世，妈妈不得不独自一人照顾朱震亨和两个弟弟。父亲的生前好友也都纷纷躲开。小小年纪的朱震亨过早尝到了人情冷暖。接着，家族中的大伯、叔叔等顶梁柱相继因病去世，甚至连小弟弟也被庸医给治死了，家境从此一落千丈。男丁的纷纷故去，使朱氏家族备受欺凌。朱震亨此时尚未成年，便毫不犹豫地放弃学业，开始崇尚侠气，争强好胜，见义勇为，天天舞枪弄棒，四处打打杀杀。

刚开始，朱震亨还只是独孤大侠，重点捍卫自家利益，让街坊四邻谁也不敢上门欺负。后来，他成了江湖大哥，带领一帮小兄弟，整日里替天行道，让十里八村谈“朱”色变，甚至愿意为他们破财免灾。20岁那年，他又当上了最小的芝麻官——蜀山里的里长。于是，他的侠气更浓了，天不怕地不怕，甚至敢于和官府抗争。他对付恶官的办法既有“文一手”，又有“武一手”。他的“文”就是充分发挥文学天赋，用犀利的笔锋猛写告状信，一封比一封的杀伤力强。乡里不理，他就告到县里；

县里不理，他就告到州里。总之，他不搞得天翻地覆决不罢休。若告状长期不见效，他就开始动武了，带着一大帮人堵上门去，抗议示威。久而久之，他因刚正不阿成了远近闻名的朱大侠。22岁那年，郡府欲向村民强征“人头税”。虽然税额不大，但百姓本来就穷，哪有钱再额外交税，大家自然就想起了朱大侠。果然，朱震亨毫不犹豫跳将出来，并如愿以偿地被抓进了班房。原来他真正的目的就是当众面见郡守。只见他面对众衙役的杀威棒，“啪啪啪”一通慷慨陈词后，郡守不但判他无罪，还暗地里感谢他解决了问题。一方面，朱震亨指出郡府的做法可能会导致官逼民反，甚至影响郡守本人的乌纱帽。朱震亨指了指衙门外黑压压一大片的旁听百姓，意味深长地强调道：“郡守大人，您还可能被朝廷兴师问罪哟！”另一方面，朱震亨又给出了巧妙的解决办法：“既然税额不大，何不让富人稍微多交一点？若哪个富人胆敢说半个不字，那么我朱震亨愿意亲自上门，向他们宣传宣传纳税之光荣，保证一分不少。”从此以后，朱大侠深得民众拥护。百姓遇到任何困难时更愿找他帮忙，也愿听他指挥了。家乡有个大水塘，年久失修，堤坏水竭。但过去一直没人带头重修该塘，因为一来工程巨大，二来修好后更难管理，甚至连谁家该用多少水之类的纠纷都没人能摆平。结果，朱大侠振臂一呼，响应者云集，有钱的出钱，有力的出力，很快就修好堤防，并对用水量进行了公平合理的分配。众人受益，皆大欢喜。

其实，朱震亨压根儿就没想过要当大夫，直到30岁那年才被迫首次接触医书。原来这一年他妈妈生了一种怪病，请了不少名医，吃了不少好药，但始终不见成效。作为世世代代“以孝治家”的朱氏传人，他想起爸爸、大伯、叔叔和小弟等都枉死于庸医之手，这次可真急了。他连大侠也不当了，干脆撸起袖子，翻箱倒柜找出祖传医书，自己从零开始刻苦钻研《素问》等经典医学著作。缺什么知识就补什么知识，遇到什么问题就解决什么问题。三年后，他终于有了医学心得，又过了两年，竟能自己开处方抓药，真的治愈了妈妈的旧疾。这为他日后行医打下了基础，他也发现了自己的天赋。但即使如此，这时他也没打算从医，因为就在他33岁那年，元仁宗恢复了科举制度，开始举办三年一次的科举考试。于是，与天下所有读书人一样，朱震亨急不可耐地脱掉大侠服，一个猛子就扎入了科举的滚滚洪流中。可惜，第一次科举考试时，他不认识考题；第二次科举考试时，考题不认识他。两次参加科举考试，两次名落孙山。这样，6年时间被荒废了。要不要参加第三次科举考试呢？这是一个问题，是一个大侠也解决不了的问题。谁能解决呢？对，只有算命先生！有一天，本地官员设宴招待应举之士，朱震亨手持“准考证”正欲入席，突然走来一位算命先生，不由分说就给他算了两卦，均言不利。谢天谢地，朱震亨总算找到了“借坡下驴”的机会，遂以天命为由，断绝了科举念头。他重修了废弃已久的家族学堂，一来自己可以在这里潜心研读儒学经典，二来同族子弟可以在这里读书，以待有朝一日重振家族雄风。此时元朝已基本稳定，持续百年的乱世总算暂告一个段落。

36岁那年是朱震亨的人生转折点，虽然这仍与医学无关。当时，理学大师朱熹的四传弟子、被尊称为“北山四先生”之一的许谦正在附近讲授正宗理学。哇，一时间“许旋风”刮得天旋地转，全国各地的粉丝发疯似的云集于此。远者从幽、冀、齐、鲁等地而来，近者也从荆、扬、吴、越等地而至。周遭旅店爆满，踊跃报名者数以千计。见此盛况，朱大侠感慨万千：唉，这才是大丈夫该做的事，理学才是正道，大侠梦简直是不务正业，科举更是瞎扯呀！于是，他毅然决然地背起行囊，虔诚地拜入了许谦的门下。当许谦讲到“天命人心之秘，内圣外王之微”时，朱震亨更加悔恨昔日之“沉迷颠沛”，不由得羞愧难当，汗如雨下。他自此茅塞顿开，日有所悟，学问渐长。他每天都用功到深夜，不以一毫苟且自恕。4年后，他的学业猛进，他精通文哲，终成许谦的得意弟子，甚至他后来的一部医学著作都因带着理学基因而取名为《格致余论》。

真正将朱震亨推上医学之路的人也是许谦。原来，许谦平时在教育弟子时都强调不以名利为重。考虑学生前途时也认为“随其才分而定”才能有所大得。更重要的是，许谦叫过朱震亨，直接对他说：“我卧病久矣，非良医不能治之。你聪明异常，肯否从医？”在那个一日为师、终身为父的年代里，老师把话都说得如此明白了，弟子哪有不从之理？于是，已经年逾40的朱震亨便瞄准医学，重拾当年精读过的《素问》等经典医学著作，日夜攻读不止。当然，最终促使他献身医学的重要因素还有另外两个。其一是他的侠客思想，因为他始终都怀有惠民之心，坚信要使德泽远播四方，只有学医济世才是最佳选择。其二是为他养育了两个儿子和四个女儿的妻子此前也因患“积痰”病而被庸医给治死了。难怪朱震亨在《格致余论》的序言中沉痛地回忆说：“因追念先父之内伤，伯考之瞀闷，叔考之鼻衄，幼弟之腿痛，室人之积痰，众皆殁于药之误也。心胆摧裂，痛不可

《格致余论》

追！”看来，庸医既害了朱震亨一家，又激发了朱震亨的行医侠气。

还真是有志不在年高，已过不惑之年的朱震亨仅仅依靠自己的天分和自学，不但读懂了医学经典，而且在42岁那年治愈了老师许谦的多年顽疾。此时，朱震亨也明显感到自己碰到了“医术天花板”，若无名师指导，恐怕很难更上一层楼了。于是，在许谦的积极鼓励下，已经45岁的朱震亨告别老师，告别老母和子女，踏上了千里寻医拜师之路。他先是渡过钱塘江，千里迢迢来到苏州，后来又到安徽宣城，再到江苏镇江，接着辗转南京等。一路上千辛万苦，但他始终没能找到合适的名师。

后来，朱震亨偶然打听到一位隐士高人，即“金元四大家”之首刘完素的再传弟子罗知悌。于是，他不顾夏日炎热，昼夜兼程，匆忙赶到数百里之外的杭州拜师。可意外的是，这位时年82岁的罗知悌虽然医术高明、学问精湛，但为人怪僻，既高傲又偏执，只让门童冷冰冰地送出来两个字：不见！更意外的是，大师的果断拒绝反而激起了朱震亨的侠气。于是，他每天早出晚归，恭恭敬敬地拱手立于大师门口。无论风吹雨打，他都不管不顾；无论门童如何恶语斥责，他就是不走。只要拜师没成功，他就誓不离开。双方对峙三个月后，曾经宣称永不收徒的罗知悌终于被朱震亨的诚意感动了。大师就是大师，罗大师针对朱震亨的具体情况，只是稍微来了一个“蜻蜓点水”，就给弟子“开了光”，让弟子在理论和实践两方面都得到了提升。一年半后，罗知悌去世，朱震亨安葬了师父后便回到义乌老家，开始正式面向社会行医，为民治病，很快成了远近闻名的“神医”。四方求治者、求学者盈门不绝，而他总是有求必应。若用“药到病除”来形容其医术，那就已经不够了。凡找他看病者，皆是“一剂病除”，根本不用复诊，故他被誉为“朱一贴”和“朱半仙”。他成为整个元朝最著名的医学家。

晚年时，朱震亨开始整理自己的行医经验，并在66岁时写成代表作《格致余论》，后来又陆续完成了《局方发挥》和《丹溪心法》等著作，最终创立丹溪学派。该学派不仅在国内影响深远，而且在15世纪对日本也产生了影响，至今日本还有专门研究朱震亨的丹溪学社呢。

1358年夏，朱震亨在丹溪与世长辞，享年77岁。临终前，他没留下别的遗嘱，只是教育众弟子道：医学很难，务必认真研习。说罢，他端坐而逝。后人将他与妻子和长子合葬一墓。

第四十三回

药学王子李时珍，本草纲目撰书人

有一个美丽的传说，精美的石头会唱歌；它能给当事者以智慧，也能给众读者以欢乐；只要你懂得它的珍贵啊，山高那个路远也能获得……

哈哈，本回为啥要先来一首改编的现代歌曲呢？在中医界确实有这样一个著名的传说：公元1518年7月3日，在湖北蕲春县，有一位名叫李言闻的“医二代”，由于行医收入太少，再加上妻子二胎即将分娩，不得不前往雨湖打鱼，以贴补家用。可一整天下来全无收获，最后一网感觉很沉，他心中暗喜，以为是条大鱼，结果却是一块石头。李大夫叹道：“石头呀石头，我与你无冤无仇，你为何捉弄我，叫我愁上加愁？”哪知这石头突然说话了：“李老头呀李老头，石头贺喜不用愁。你的娘子快落月，不知先生有何求？”原来这石头就是雨湖神。李大夫急忙赶回家，正好老二呱呱坠地，于是便给儿子起名“李石珍”。当晚他又梦见道教八仙之首的铁拐李前来道喜说：“时珍时珍，百病能诊。做我高徒，传我名声。”于是，李大夫又赶紧将儿子更名为“李时珍”，字东璧，别称李三七。那位聪明的读者嘴一撇说道：胡说！现在的读者真精，这么神奇的传说都骗不过你！其实，关于李时珍的诞生，还有其他版本，比如出生时有白鹿入室，或有紫芝产于庭中。总之，神人出世都要有一点异象嘛。不过，传说归传说，李时珍的出生日期可是准确无误哟。

李时珍

其实，父亲并不希望李时珍学医，因为他不愿让后代都像自己这样，虽已是名医，但既受穷又受官绅欺侮，而是希望儿子走科举之路，既荣华又富贵。李时珍从小就很聪明，学龄前认了不少字，尤善写对联。他8岁入学时，私塾先生望着郁郁葱葱的远山，刚出上联“远声隔林静”，李时珍就脱口对出了下联“明霞对客飞”，因为他看见朝霞明媚，旅客来去匆匆。可李时珍并不热衷科举，而是喜欢医学，咬定自己是“铁拐李的徒弟”，一心要修习“神仙之学”，要像师父那样成为“药王”，不但要重演“八仙过海”，更要再显神通。不过，为了给父亲一个交代，体弱多病的他自14岁中了秀才后就走上了长达9年的科举之路，但连考三次都名落孙山。连番的落榜打击使李时珍身心崩溃，患上了一种名叫“骨蒸病”的怪疾，连日高烧不退，数度濒临死亡。他父亲竭尽全力才将他从鬼门关抢回。23岁那年，李时珍下定决心放弃科举，专心学医，并向父亲坦承：“身如逆流船，心比铁石坚。望父全儿志，至死不怕难。”面对冷酷的现实，父亲只好勉强同意了儿子的请求，并精心传授医技。

李时珍博览群书，再加上出身于医学世家，自幼受到耳濡目染，故在父亲的指导下，只经过了短短三年就在26岁那年开始独立行医，很快成了一位“三怪神医”。一怪是别的神医最多能把死人医活，而他能把活人医死。据说，有一天某位公子大吃大喝后，纵身翻越柜台来请他为其诊脉。哪知李时珍却说：“公子，你活不过三个时辰了，赶快回家办后事吧。”众人都不信，这位公子更是破口大骂。结果，不到三个时辰，这位公子真的就死了。原来，这位公子吃得过饱，纵身一跳，肠子断了，因内脏受损而亡。

二怪是李时珍很重视民间经验，既认真收集小偏方，也适时运用之。有位老婆婆患习惯性便秘达30年之久，虽经多方治疗，终不见效。而李时珍只以适量牵牛子配药，很快就药到病除。还有一位妇女鼻腔出血，整夜不止，众医无奈，而李时珍则只用大蒜切片敷贴足心，很快就见效了。

三怪是李时珍不但能治身病，而且能治心病。据说有位秀才暗恋上了药店老板的闺女，可这位老板的选婿条件很特别，要求会写对联。刚开始，秀才信心满满，结果一看上联就傻眼了。原来药店老板给出的竟是一串药名“玉叶金花一条根”。秀才冥思苦想数日后，只好带着相思病前来求助好友李时珍。哪知李时珍脱口就对出了下联“冬虫夏草九重皮”。药店老板一见甚是欢喜，但又担心这只是秀才撞上了大运，故又加试一题，再出一上联“水莲花半枝莲见花照水莲”。这次秀才干脆直奔李时珍而来，果然瞬间又得到了下联“珍珠母一粒珠玉碗捧珍珠”。药店老板还不肯罢休，又出一上联“白头翁牵牛耕熟地”。这回药味不太浓，秀才自己稍假思索，当场就对出了下联“天仙子相思配红娘”。于是，秀才的相思病就治好了。此类传说自然不必当真，但李时珍确实具有深厚的文学功底，因为《本草纲目》中到处都是诗，读起来赏心悦目，难怪被后人戏称为“以诗为药”，被赞为“千古妙文”。

32岁那年，李时珍发现以往本草书籍中错误百出，便下定决心要为中草药正本清源，写一部《本草纲目》。次年，他就因治好了明朝富顺王子的怪病而名声大噪，甚至被另一位王爷聘为王府的奉祠正，兼管良医所事务。38岁时，他又被推荐到太医院当御医。三年后，他升任太医院判。在皇家医院的工作经历对李时珍一生的影响很大，更为他后来编写《本草纲目》打下了基础。在此期间，他积极从事药物研究，经常出入太医院的药房和御药库，认真对比鉴别各地药材的形态和特性等，并加以详细记录。他还搜集了大量医学资料，饱览了众多珍藏典籍，广泛参考了经史百家、方志类书、百官野史，获得了大量本草信息。他看到了许多罕见的药物标本，开阔了眼界，丰富了知识。但是，只是躲在书房里，显然不能完成《本草纲目》。为了尽早实现自己的梦想，李时珍竟然辞去了皇家医院的金饭碗，回家自主创业去了。

40岁那年，李时珍开办了自己的“东璧堂”，一边坐堂行医，一边研究医典，致力于药物考察，为撰写《本草纲目》收集素材。为此，他以《证类本草》为蓝本，参考了925部医典。但他很快就发现医典名著中的药名太乱，根本搞不清药物的形状和生长情况等，许多解释显然只是作者们的“纸上得来之物”，经多次转抄后漏洞百出，读起来让人莫衷一是。于是，在父亲的鼓励下，李时珍从48岁起便在已经读万卷书的基础上，开始了行万里路的长征。他既要“搜罗百氏”，又要“采访四方”。为了广泛收集药物标本，他身背药篓，手持药锄，翻山越岭寻找药材，先后到过庐山、茅山、武当山、牛首山等名山，足迹遍布湖广、安徽、河南、河北等地。为了获得众多散落在民间的处方，他广拜渔人、樵夫、农民、车夫、药工、捕蛇者等为师。在此期间的各种轶闻趣事举不胜举。

有一次，他看到医书上说北方有一种药物，名叫曼陀罗花，食后使人手舞足蹈，甚至出现麻醉症状。为了寻找这种曼陀罗花，以验证其药效，他离开家乡来到北方，终于找到了这种花。此花独茎直上，高有四五尺，叶像茄子叶，花像牵牛花，早开夜合。为了体验曼陀罗花的药性，他竟亲自尝试，并在后来的《本草纲目》中记下了“割疮灸火，宜先服此，则不觉苦也”，给出了一种新的小手术口服麻醉药。他还证实：若单独使用大豆，则不能对该药解毒，但若再加上甘草，就有良好效果。

还有一次在野外考察的路上，在一个驿站投宿时，他遇到了几个马夫，看见他们正围着一个小锅煮食连根带叶的野草。他当然不会放过此等机会，赶紧上前询问。马夫说：赶车人常年在外奔跑，难免损伤筋骨，若将这药草煮汤喝了，就能舒筋活血。该草名叫“鼓子花”，又叫“旋花”。于是，《本草纲目》中便记下了旋花有“益气续筋”之用。

李时珍在研究药性时只问真理，决不盲目崇拜权威，甚至连皇权也不顾。当时的嘉靖皇帝迷信仙道，大炼所谓的“不死仙丹”，从而在全国掀起了炼丹热潮。李时珍深知，所谓仙丹多用水银、铅、丹砂、硫黄、锡等剧毒物质炼取。所以，他勇敢地站出来，以实例大声疾呼：丹药绝无长寿功能！当时，许多人搬出古书记载来反驳，声称：“水银无毒，服食可以成仙。”更有人抬出皇帝做榜样，但李时珍重申：前人之言可以参考，但不能照搬。李时珍并未全面否定炼丹术，只是坚决地反对服食仙丹。他甚至借用炼丹术，亲自研制出了用水银医治疮疥等病的方法，还把相关成果写入了《本草纲目》。

除了植物外，李时珍还验证了众多动物的药性，甚至冒着生命危险展开实地考察。据说有一种蕲蛇可以医治风痹、惊搐、癞癣等症。李时珍虽对该蛇早有研究，但其标本只是来自蛇贩子。后来内行人提醒他，蛇贩子的蛇并不是真的蕲蛇，而是旁边山里的蛇。为了找到正宗的蕲蛇，他虚心请教捕蛇者，终于知道：蕲蛇的牙尖含有剧毒，但因它也有治病奇效，州官便强迫百姓冒着生命危险上山捉蛇，以向皇帝进贡。百姓无奈，只好鱼目混珠。其实，正宗的蕲蛇只生活在龙峰山上。于是，李时珍请求捕蛇者带他前往龙峰山，在怪石嶙峋的山崖上，总算见到了缠绕于石南藤上的蕲蛇，并在捕蛇者的协助下清晰地记录了后来出现在《本草纲目》中的捕蛇、制蛇全过程。

通过亲身考察，李时珍还纠正了古代权威的若干错误。比如，关于药用穿山甲，南北朝时期的名医陶弘景曾说：穿山甲系水陆两栖，白天上岸，张开鳞甲装死，引诱蚂蚁进入甲内，再闭合鳞甲，潜入水中将蚂蚁食之。李时珍在樵夫和猎人的帮助下，真的上山捉到了一只穿山甲。他确实从其胃里剖出了许多蚂蚁，证实穿山甲的食蚁特性；但发现穿山甲是扒开蚁穴舔食，而非诱蚁入甲。因此，《本草纲目》在肯定陶弘景的同时，也纠正了相应错误。

这样，李时珍记录了数百万札记，历经27年艰辛，在“考古证今，穷究物理”之后弄清了许多疑难问题，终于在61岁时完成了长达192万字的巨著《本草纲目》的初稿。随后又经十余年的三次修改，《本草纲目》总算在他去世后的第三年由其儿子及弟子等在南京正式刊行，前后共耗时40多年。如今看来，《本草纲目》吸收了历代本草著作之精华，纠正了前人的不少错误，弥补了许多不足，确有很多重要发现和突破。《本草纲目》是到16世纪为止，中国最系统、最完整、最科学的一部中医药学著作，它系统地记述了各种药物知识，提示了植物之间的亲缘关系，统一了许多植物的命名方法，特别是首创了按药物的自然属性逐级分类的纲目体系。这种分类方法至今仍是现代生物分类学的核心。《本草纲目》不仅为中国药物学做出了重大贡献，也对世界医药学、植物学、动物学、矿物学、化学等产生了重大影响。它先后被翻译成日语、法语、德语、英语、俄语、拉丁语、朝鲜语等十余种文字在国外出版。

公元1593年，即意大利科学家伽利略发明温度计的那一年，李时珍终于像他幻想中的"药王师傅"铁拐李那样，用《本草纲目》大显了一回神通，被后世尊为"药圣"，然后安然去世，重演了"第九仙过海"，享年75岁。至此，中国的名医中又多了一位虔诚的道教徒。

第四十四回

外科正宗顶天松，播种作者陈实功

伙计，说起中医，你肯定不陌生，但是说起中医外科，恐怕就未必了。其实，与中医内科相比，中医外科的历史可能更长，毕竟在远古时代头痛发烧等并不一定会被认为是疾病，反而与野兽打斗时所受的外伤才会被当成需要及时处理的病症。就算略去史前情况，中医外科（以下简称外科）仍拥有数千年的历史，也经历了起源、形成、发展和成熟等阶段，只是它过去一直扮演着“路人甲”的角色而已。在早期，若外伤很轻，身体就会自然痊愈，无须外科；若外伤太重，则只能顺其自然，简单的外科处理也没用。本回主角陈实功及其代表作《外科正宗》是外科成熟的第一标志，所以这里才有机会回顾一下外科简史。

外科的起源：最早的外科手术可能是应急性的伤口包扎，或拔去体内异物等无意识行为。早在公元前1600年的殷商甲骨文中就已记载了若干外科病名，如疾目、疾耳、疾齿、疾舌、疾足、疥、疮等;《山海经·东山经》还记载了最早的常规性外科手术工具砭针，即尖锐的石针，用于刺破脓疮排出脓汁。到了周朝，外科已独立成科。比如,《周礼》中就记载了外科医生“疡医”的职责是用炼制的外贴膏药和刮除脓血腐肉等方法治病。

外科的形成：马王堆汉墓出土的《五十二病方》记载，从春秋至秦汉时期，外科已能医治感染、创伤、冻疮、虫咬等疾病，能针对不同的疽病，采取不同的疗法和剂量；能用水银治疗皮肤病，用切割法治疗痔疮等。先秦的《尸子》中记载了首位有名有姓的外科医生——医竘。《黄帝内经》中记载了近30种外科疾病及针砭、按摩、膏药等疗法，提出了用截肢手术治疗脱疽，全面论述了痈疽的病因、病机、诊断、治疗、预防等理论和方法。东汉张仲景的《伤寒杂病论》提出了外科急腹症的治疗方法，它至今对急性阑尾炎的治疗还有参考价值。至于外科始祖、三国时期的神医华佗嘛，他不但能做大型手术，而且会施行药物性的全身麻醉。晋代皇甫谧的《甲乙经》记载了30多种外科病症，尤其对痈疽的论述最为详细。东晋时期葛洪的《肘后救卒方》记载了狂犬咬伤的免疫法。东晋刘涓子的《鬼遗方》给出了诸如止血、止痛、镇静、解毒等外科方法。

外科的发展：隋唐时期，外科发展较快。比如，隋太医巢元方的《诸病源侯论》总结了此前的外科治疗经验，且对肠吻合手术制定了操作规范。唐朝孙思邈的《千金方》记载了许多外科内治的方剂和疗法，同时还有麻风病的医治方法、葱管导尿法、下颌关节脱位整复法等外科技术。唐朝的《仙授理伤续断方》记载了各种骨折的正骨手法，诸如复位、牵引、固定等，使骨科从外科中分离出来。金元时期刘完素的《河间六书》提出了名叫托里、疏通、营卫的治疮三法。元朝的《世医得效方》提出了治疗脊柱骨折的悬吊复位法等。

外科的成熟：经过数千年的探索，到了明清时期，外科总算基本成熟，其主要标志就是形成了诸多外科学派，包括本回主角陈实功创立的正宗派以及随后出现的全生派和心得派等。其中，正宗派以《外科正宗》为代表作，注重全面掌握传统外科的基本理论、基本知识和基本技能，临症以脏腑经络为辨证纲领，治疗时内外并重，内治讲究“消托补”三法，外治讲究刀针手法，必要时可实施截肢等多种手术。全生派以《外科证治全生集》为代表作，它以阴阳为辨证论治纲领，治疗时主张以消为贵，以托为畏，反对滥用刀针及丹药。心得派以《疡科心得集》为代表作，主张以补为主，攻补兼施。

好了，下面有请《外科正宗》的作者、本回主角登场。

公元1555年1月23日子夜，发生了史上罕见的关中大地震。当时陕西华县一带山崩地裂，枉死梦中者超过80万，严重外伤者更是不计其数。大慈大悲的观音菩萨一看，赶紧指派荷花徒儿下凡，以外科医术拯救人类。这样，陈实功（字毓仁，

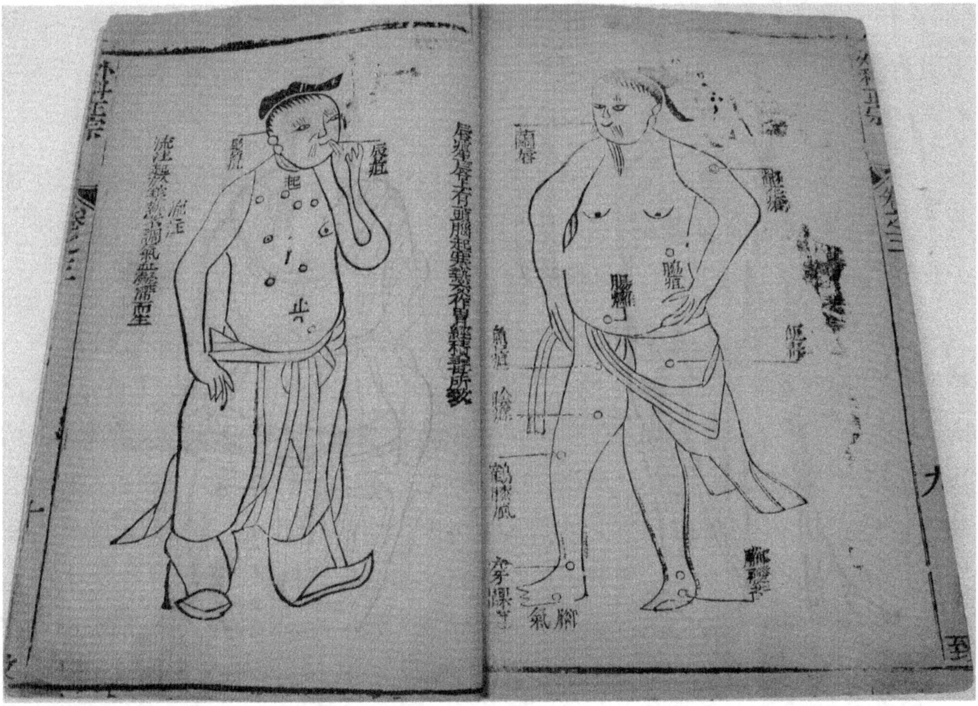

《外科正宗》插图

号若虚）就于同年某日降生于江苏南通市的某个普通人家。

早在幼年时，陈实功就开始勤奋攻读《内经》《难经》等医典，少年时正式习医，尤其精研外科医术，并在实操方面进步很快，以至“心习方，目习症，或常或异，动辄应手而愈”。更为重要的是，不知从何时开始，陈实功幸运地拜到了一位名师——著名的文学家兼医学家李沧溟。这位名师对陈实功的影响可谓是全面、长久且深刻。在选择学科方面，老师说：“医之别，内外也；治外较难于治内。何者？内之症或不及外，外之症则必根于其内也。”所以，陈实功便选择了比内科更具挑战性的外科作为钻研对象。他终生都将老师的这些话作为座右铭，以至最终改变了过去几千年来外科只重技巧而不深究医理的落后状况，使外科得以成熟。在积累背景知识方面，老师告诉陈实功，要想成为优秀的外科医师，不但要掌握深厚的医学知识，而且要掌握广泛的文学和哲学理论。于是，陈实功博览群书，精研经典，对重要内容“印之在心，慧之于目，细细参明，融会贯通”，终于成了一名精通文学、理学、哲学和医学的全才，以至现在网上还流传着他那首名叫《山后闲步》的优美诗篇。此诗曰：“游山不问径，历险自攀跻。憩足坐危石，探奇走曲谷。鸟声村落外，树影夕阳西。席地共长啸，烟霞满袖携。”怎么样，单看这首300多年前的五言诗，你会想到它的作者其实是外科大夫吗？不过仔细想来，该诗不仅是登山采药的纪实，也是作者对自己独辟蹊径攀登外科高峰的总结，其成功的喜悦溢于言表。

其实，有关陈实功的生平事迹非常少，但相关传说甚至神话传说很多，下面只介绍几个有代表性的靠谱传说，它们从不同侧面呈现了陈实功的相关形象，至少表明了后世百姓对他的怀念与崇敬。

在人品方面，陈实功可谓继承和发扬了观音菩萨的乐善好施精神，他被时人赞颂为：“慷慨重言诺，仁爱不矜，不张言灾祸以伤人之心，不虚高气岸以难人之请，不多言夸严以钩人之贿，不厚求拜谢以植己之私。”据说，他行医积累下来的钱财多用于慈善事业。他给穷人看病时，不但送药，还量力微赠，以贴补其生活。若赤贫者死了，他还施棺购墓，助其入土为安，他常救灾赈饥，兴建慈善院，置义田，造义宅，建祠堂以祀先贤等。在修路建桥方面，他更是出手大方。相关地方志记载，南通城南的许多桥梁（比如段家桥、永丰桥、白塘桥等）的修建或多或少地受捐于他。据说，他做好事简直上了瘾，不但自己做好事，而且抓住一切机会，动员社会各方力量做好事。《通州志》记载，他曾治愈了苏州巡抚之母的疑难重症，该巡抚欲以重金酬谢，他却婉拒，只求巡抚能帮助他将破旧的通济桥改建为石桥，以利行人安全往来。该桥终于在1621年修成。后人为了感谢陈实功，便称此桥为“纪功桥”。

在医德方面，陈实功认为医德乃医家之本，所以他以身作则，对同道谨慎谦和，对青年提携爱戴，对患者一视同仁。据说，他特别关心老年患者，曾主动登门治好了一位背生恶疮、已奄奄待毙的老妇。乡人称颂他时，他却说：“吾不过方伎中一人耳，此业终吾之身，施亦有限，人之好善，谁不如我？”他坚持认为：“医者仁术，惟在一点心，何须三寸舌。”无论这些传说的细节是否准确，但千真万确的是，陈实功留下了著名的、有关医德的《五戒十要》，美国近年出版的《生物伦理学大百科全书》认为它是世界上最早成文的医学道德规范。《五戒十要》在国内外产生了较大影响，在医患关系有待大力改善的今天可能更有现实意义。所以，此处不妨重温一下350多年前封建社会的一位外科大夫所发出的倡议。

《五戒十要》中的“五戒”大意是：一戒出诊迟缓，无论病家大小贫富，有请便往，勿得延迟厌怠；二戒男医单独做妇科检查，须有第三者在旁；三戒贪婪病家珍贵，或巧立名目索取钱财；四戒玩忽职守，诊病不加思索，杜撰方药；五戒图谋不良，以求邪淫之报。《五戒十要》中的“十要”大意是：一要先学文后学医，旦夕勤读名医论著，做到手不释卷、参明融化；二要用药必遵雷公炮炙方法，汤散宜近备，丹丸需预制；三要谦虚谨慎，和气待人，碰到疑难病症，须与高明众议；四要勤俭治家，切忌奢华浪费；五要对后辈尽力荐拔，对前贤及近时新刊，认真参阅，以进学问；六要量入为出，俭省节约；七要有怜悯之心，馈赠方药于穷人；八要将积蓄用以扩大业务；九要物具齐备，以防急需；十要奉公守法。当然，若对患者也能提出类似的《五戒十要》，也许就会更和谐了。

在医技方面，陈实功的创新也颇多。他巧妙地将内服药品、食品和营养品融为一体，让患者在享受美食的同时也医治了相关病痛。据说他创制的“八仙糕”不但成了糕中珍品，还能健脾养胃、益气和中，以至后来竟成了慈禧太后常服的补药之一，畅销至今。他在外科手术方面尤为突出，在理论上主张“开户逐贼，使毒外出为第一”；在技术上主张将外科手术与内服相结合；在行动上，他成功地实施过鼻息肉摘除术、食管吻合术、指趾断离术等当时的若干高精尖手术，特别是成功地抢救过十余位气管被割断的危急病人，因而，他的名声大震，登门求医者络绎不绝。

当然，陈实功最大的医学成果是，他在62岁那年完成了《外科正宗》。此书总结了他行医40多年的经验，归纳了明朝以前的主要外科成就，具有里程碑意义，被人称为“列症最详，论治最精”。全书共有20多万字，分157篇，对痈疽、疔疮、流注、淋巴腺结核、瘿瘤、肠痈、痔疮、白癜风、烫伤、疥疮等外科疾病进行了详尽分析和精辟论证，并附有若干医案，可谓是“分门逐类，统以论，系以歌，效以法，则微至疥癣，亦所不遗”。书中介绍的许多思想和技巧至今也颇有参考价值。比如，针对肿瘤，他认为只有及早发现，才能摸清病源，以便有效治疗；针对淋巴癌转移、鼻咽癌等，他也有超前观点；针对下颏骨脱臼的治疗整复手术，他的做法完全符合现代医学要求，一直被沿用至今。

据不完全统计，《外科正宗》自1617年首次印行到1921年的300多年间就被刊印了至少46种版本，并于乾隆年间传至日本，分别于1706年和1791年在日本刊印过两种刻本，甚至在1954年后还先后以5种版本由相关出版社正式出版发行。

1636年，即皇太极称帝正式建立大清的那年，陈实功以81岁的享年安然逝世。为纪念其生前功德，百姓建造了陈公祠和报功祠等祠堂，常年供奉陈实功夫妇。

第四十五回

千古抗疫第一人，及时著书瘟疫论

本回主角本该是瘟疫学的鼻祖吴有信（又称吴有性），但我们不得不临时变卦，将镜头锁定在其唯一医学著作《瘟疫论》上，因为有关他的生平信息几乎为零。对于一位生活在明末清初的伟大医学家和救人无数的大功臣，《明史》中竟然只字未提，《清史》中也全无他的踪影。直到约300年后的1927年，民国北洋政府在编修《清史稿》时才专门为他写了一篇300字的空泛传记，其中涉及生平的只有二十余字，即“吴有性，字又可，江南吴县人。生于明季，居太湖洞庭山”，其他内容则是在介绍和评价《瘟疫论》。为了写好本回，我们搜遍了网上的几乎所有资料，观看了以吴有信为男一号的电影《大明劫》，阅读了至少5个白话版的《瘟疫论》原著、注释和科普资料等，但非常遗憾，竟然没找到一个可靠的支撑点，只得到了众多文学性的或相互矛盾的资料。比如，关于他的生卒日期，至少就有4种证据不足的说法：1572年至1652年，1582年至1652年，1592年至1672年，以及生卒不详。关于他的死因，也漏洞百出，说法众多；关于他的行医细节等，一看就是后人的编撰。总之，这些内容都不宜被本回采纳，毕竟本书在科学方面相当严谨，只不过有时在写法上在可以轻松处会适当调皮一下而已。

但将镜头瞄准《瘟疫论》后，又该怎么办呢？过去的所有传记，包括前面《清史稿》中的那篇传记，几乎都是在《瘟疫论》的内容上下功夫，比如介绍他如何巧妙诊治瘟病，有哪些创新思想，比前人的成果如何先进等。客观地说，这些写法都很正确，但都不适合本书的风格，更不适合本书的读者群。作为300多年前的医著，其中的许多内容难免早已过时，即使还有参考价值，那也主要是对医学专业而言。因此，本章将另辟蹊径，跳出《瘟疫论》来给《瘟疫论》写传记，以充分彰显《瘟疫论》的里程碑地位，从而更加怀念瘟疫学鼻祖吴有信。

“给我一个支点，我就能撬动地球。”可为《瘟疫论》写小传的支点在哪儿呢？挖地三尺后，我们总算找到了一个支点，那就是《瘟疫论》的自序落款“时崇祯壬午仲秋姑苏洞庭吴有信书于淡淡斋”，即该书的精确完成时间是公元1642年。下面的所有内容都将基于这个时间来展开，并以严谨的逻辑推理来努力探索吴有信的生平信息。比如，他为什么要写《瘟疫论》，为什么能写《瘟疫论》，为什么明朝和清朝都未给他立传，《瘟疫论》的里程碑意义在哪儿，它对后世都有什么影响，等等。

关于创作《瘟疫论》的必要性和可行性，过去大家只聚焦于《瘟疫论》诞生前后两年的情况。1641年，全国瘟疫横行，十户九死；一巷百余家，无一家幸免；

一门数十口，无一幸存。当时其他医生都按伤寒法来治疗，结果毫不见效；而吴有信在亲历了多地疫情后，推究病源，潜心研究，依据治验所得，撰写了《瘟疫论》，开创了瘟疫学先河。但此类描述的说服力不够，因为我们在阅读《瘟疫论》原著时发现，它其实是一本内容相当丰富、体系相当严谨、创新性也很强的医学巨著。一句话，哪怕全力以赴，该书都不可能在2年内完成，因为它必须基于实践和理论两方面的长期积累。瘟病与其他病症完全不同：疫情未发时，医生根本连病例都没有，更甭说进行相关研究或实践了；若疫情爆发，医生可能连出诊都来不及，哪有时间著书呢？因此，必须有多轮疫情的爆发和间隙时段，才可能激发作者的著书动机，才可能最终完成著述，才可能对相关药方和医技进行实践检验，并在必要时进行适当优化和调整等。据不完全统计，与过去数千年的情况相比，从《瘟疫论》诞生前62年开始，我国就处于历史上瘟疫爆发范围最广、时间最长、频度最高的时期。换句话说，无论吴有信的出生日期是什么，他的整个前半辈子甚至在出生前都一直笼罩在瘟疫的死亡威胁之中。比如，1580年大瘟疫严重到“病者不敢慰，死者不敢吊”的程度。在《瘟疫论》诞生前的10年至诞生后的2年间，竟发生了6次特大瘟疫。其中，1633年的山西鼠疫在1641年蔓延到华北，然后在1644年杀死了北京的两三成军民，以至出现了“人鬼错杂，日暮不敢行”的人间地狱景象。史学家甚至认为，鼠疫帮助李自成摧毁了北京防线，才最终逼死崇祯，灭了明朝。当然，这些长期且频繁的瘟疫也为吴有信提供了撰写《瘟疫论》的必要性和可行性。

《瘟疫论》诞生2年后，明朝就灭亡了。而此前的吴有信只不过是一名普通的游医而已，当然不会被写入《明史》。最奇怪的事情是，清朝官方为啥没给吴有信这样的救世主立传呢？要知道清军入关后，各种瘟疫并未消停，甚至愈演愈烈，而《瘟疫论》就成了当时拯救全民甚至包括皇帝本人的唯一专著，其功劳之大，堪称绝无仅有。史料记载，清军入关后的第一位皇帝在位期间，几乎每4年就会发生一次大疫：1644年怀来大疫、龙门大疫、宣化大疫，1648年抚州大疫，1652年万全大疫，1656年西宁大疫，1660年涿州大疫。特别是1661年，康熙在登基前1年的7岁时就差点因天花而夭折。康熙在位的61年间，各种瘟疫闹得更欢，大小流行病近30次，平均每2年就爆发一次。总之，直到1681年开始人痘接种前，《瘟疫论》作为几乎唯一的抗疫宝典，竟独立支撑清政府长达37年之久。如此救民于水火的伟人竟没能进入清朝官方正史，这肯定另有原因，至少可断定吴有信系非正常死亡。难怪民间有一种传说：顺治八年（1651年），即《瘟疫论》诞生9年后，吴有信因拒绝剃发而被清政府杀头，其妻也携子投河殉情。但该传说的后一部分“其妻也携子投河殉情”值得商榷，因为考虑到《瘟疫论》所涉及病症的系统性和丰富性，它的作者当时绝不可能是年轻大夫，至少该是中年人或更老一些。在此基础上又过了9年，那他更该是一位老人了。在这种情况下，妻子殉情还有可能，但“携子殉情”就说不通了，成年儿子咋可能为父殉葬呢？

《瘟疫论》的学术价值对后世来说体现在哪儿呢？一方面，作为首部奠基性瘟疫学专著，它开创了一个新领域；另一方面，它激发了随后的“清代温病四大家”，形成了盛况空前的温病学派。实际上，《瘟疫论》著成后在当时的医学界引起了极大的震动，一时间大家争相传抄、学习、翻刻、评注、增补，大有洛阳纸贵之势。仅仅是现存的清朝刻本就有80多种；至于各种补注，其版本就更多了。公元1769年后，它在日本刊刻的版本至少有7种。

最后，重点介绍一下《瘟疫论》的里程碑意义，以事实证明所谓的人类历史其实是一部人类与各种瘟疫艰难博弈的血泪史。早在殷商甲骨文中就已有“疥”“疟”等文字，还提到了麻风病。周朝时，人们就已意识到瘟疫和季节的关系。春秋时，人们更准确地知道春夏之交多疾疫。此时，人们已掌握了一些对付瘟疫的初级办法，比如出现了洗脸、洗手、洗脚的器具，采用了“挖除井中积垢淤泥”等维护水源清洁的办法。秦朝已有了下水道、公共厕所、洒水车等卫生设施，且知道了沿用至今的、对付疫情的“设坊隔离”法。但同时，各种疫情也开始向人类疯狂进攻。公元前243年（秦王政四年），出现了首次有记录的大型疫情。随后的情况更加惨烈，人类几乎只有招架之功，全无还手之力。

瘟疫对人类的第一波全面攻击持续了大约200年。直到约公元200年，人类才总算有了第一次还手机会，即华佗开始用蒿草治疗流行性黄疸病。今天从青蒿中分离的青蒿素仍是疟疾的克星，屠呦呦还因此获得了诺奖呢。同时，张仲景著《伤寒杂病论》，开始治疗包括传染病在内的某些外感病。在此期间，人类可以说被疫情打得鼻青脸肿。比如，公元2年，大旱和蝗灾引发瘟疫；公元11年，发生大疾疫，疫区死者过半；公元38年，会稽发生大疫，死者万数；公元44年，恶性疟疾从越南传入，致使军中死者十之四五；公元89年，时有疾疫；公元119年，会稽大疫；公元151年正月京师发生大疫，二月九江等发生大疫；公元171年、175年、182年、185年，瘟疫大流行；公元183年，张角三兄弟趁大疫之机发动黄巾起义；终于在3世纪初，大瘟疫导致东汉灭亡。

刚刚消停区区8年，瘟疫又对人类发起了持续约150年的第二波全面攻击，直到约公元341年东晋葛洪著《肘后备急方》，人类才开始向结核病、天花、狂犬病和恙虫病等多种传染病回敬了一记“左勾拳”。在此期间，人类被疫情打得遍体鳞伤。比如，公元208年，血吸虫病致曹操惨败于赤壁大战；公元215年，吴国发生疾疫；公元217年至235年，魏国频发瘟疫；公元225年，诸葛亮远征云南，兵士多染疟疾，死者甚众；公元275年大疫，京都死者十万人；公元291年，雍州发生疾疫；公元296年，关中发生大疫；公元310年，秦州等地发生饥疫；公元322年，疫区死者十有二三；公元330年，大饥且疫，更惨的是此时天花传入中国。

也许是瘟疫累了，也许是葛洪的“左勾拳”厉害，也许是人类运气好，当然也许是记录不全，总之，按文字记载，瘟疫在暂歇了6年后，又开始了一次短短15年的反扑。比如，公元347年，兴古现瘴气；公元356年，时多疾疫，致使朝廷几乎停摆，因为百官染病，皆不能入宫。接着便是罕见的、长达256年的“中场休息”，然后瘟疫又开始袭击人类。公元612年，河南发生疾疫，山东灾情尤惨；公元636年，关中等地发生大疫；公元641年，泽州发生大疫；公元643年，谭州等三州发生大疫；公元648年，卿州发生大疫。终于，这次人类只让瘟疫猖狂了40年，然后便在约公元652年，由孙思邈的《千金方》回敬了一记“右勾拳”，给出了许多防治瘟疫的药方，首次提出了“防重于治”的思想，首次研究了麻风病的病因、病机和治疗方法等。

哪知瘟疫却躲过了这记“右勾拳”，在仅仅3年后又开始向人类发动了长达530年的持久战，直到公元1186年刘完素的《素问玄机原病式》才让人类暂时稳住了阵脚，提出了对付瘟疫的“治热以寒”思路。公元655年，楚州发生大疫，天花从西往东传遍海中；公元682年，大疫爆发，两京死者相枕于路。而人类也展开了一些“地道战”，比如在长安修建了疏散污水和雨水的下水道，以改善卫生状况。于是在公元707年至891年的约200年间，疫情总体较少，只发生过8次较大疫情。在北宋期间，疫情整体也较平稳：在整个167年中，只发生过14次规模不大的疫情，这可能是因为朝廷很重视防疫工作，比如出现了商业性浴室，设置了专门掩埋无名尸的机构等。不过南宋时期，疫情又开始猖獗了，平均5年多就发生一次。

元明时期，疫情迅速恶化，元末更甚，明朝则达到新高峰。比如，公元1308

年，绍兴等地发生大疫；公元1313年，京师发生大疫；公元1331年，衡州发生疫灾，死者十之有九；公元1408年，江西等地发生大疫，死者约9万人；公元1410年到1414年，连续4年大疫不断，明廷官方忙于“颁方赐药，急行埋葬”；公元1453年，建昌府等地发生大疫；公元1455年，西安等地发生大疫；公元1456年，桂林发生疫情，死者2万余人，湖广等地瘟疫大作；公元1457年，顺天府等地瘟疫大作，一户或死八九口，或死六七口，全家倒卧无人扶持，传染不止；公元1470年和1471年连续两年发生疫情，河间等地受灾严重；公元1475年，福建发生大疫，延及江西，死者无算。总之，在被瘟疫狂揍了160多年后，人类才终于在公元1481年，由朱震亨的《丹溪心法》进行了一次悲壮的反击，总结出了治疗瘟疫的三法：宜补、宜散、宜降。

可人类还没来得及喘口气，瘟疫的重拳又像雨点般砸将过来，平均每三年便有一次大瘟疫。比如，公元1507年，湖广等地疫死者四千余人；公元1513年，江西瘟疫流行；公元1517年，泉州发生大疫；公元1521年，北直隶、山东等地疠疫流行，军民死者无算；公元1522年至1525年，陕西等地连续发生疫情；尤其是公元1554年和1565年，京城发生两次大规模瘟疫，死者塞道。唉，太惨了，不说了。1642年，由本回主角吴有信祭出抗疫神器《瘟疫论》后，人类才总算能与瘟疫基本上打个平手。当然，最终人类还得依靠各种疫苗才能基本控制瘟疫。实际上，控制疫情无非四招：一是弄清并消灭传染源；二是充分利用原始的隔离法，防止更多的人被感染；三是分离病毒，找到有效药物；四是研制相应疫苗，从根本上解决问题。

第四十六回

四千言辟地开天，瘟热论开卷有神

“中国古代十大名医”有许多版本，其中某些名字时有出入，但有几个名字则雷打不动，比如扁鹊、华佗、李时珍等。但奇怪的是，在这些不变的名单中，至少还有一个可能比较陌生的人物，他就是本回主角叶桂。更奇怪的是，叶桂成为“十大名医”的资本竟是只有区区四千字的几页小册子《瘟热论》，它甚至都不包含任何具体方剂，只是总结了临床常见瘟热的病状与传染规律。最奇怪的是，这本小册子也不是由叶桂本人撰写的，而是由他口述，弟子执笔记录、整理而成的。可见，真正的科学巨著贵精不贵多，贵创新不贵厚薄。至于《瘟热论》一书到底都讲了什么，又有多么神奇，这些不是本回的重点，因为此类问题过于专业。业界普遍认为，仅仅是书中的“瘟邪上受，首先犯肺，逆传心包”这12个字就概括了瘟病的特殊发展规律，从理论上最贴切地诠释了现代医学中常见的由肺炎导致心肌炎的现象。业界还认为，该书作为瘟病学说的奠基作，在吴有信（上回主角）成果的基础上，开创了瘟病治疗的新途径，是瘟病学的必读书籍。该书标志着中医辨证水平的一次飞跃，它至今仍被临床医生推崇备至，仍是现代中医临床诊断热性疾病的重要依据。那么，《瘟热论》的作者、清朝最著名的临床医学家到底是如何炼成的呢？且听下面慢慢道来。

伙计，你也许知道，不同的文化有不同的数字迷信。比如，在西方文化中，“666”就是魔鬼的象征，因而1666年就被时人称为恐怖的世界末日，而后来的事实也证明，这一年真的成了魔鬼之年，对伦敦市民来说更是如此。先是黑死病泛滥，让五分之一的人口染病而死，伦敦城中哀嚎一片，人人自危。包括牛顿在内的大量市民狼狈外逃，原本繁华的街道空空如也，只剩下不敢出门的居民和堆积如山的尸体。接着又发生了举世震惊的伦敦大火，整个城市瞬间变成一座焚尸炉，大火肆虐数日不熄，将全城五分之四的地区夷为平地，整个城市沦为废墟。但意外的是，大火在摧毁了伦敦的同时也终止了瘟疫的蔓延，因为全城的老鼠和来不及掩埋的尸体都被烧成灰烬，鼠疫杆菌被意外消灭，黑死病的传播也就此消停。这一年对全人类来说，更大的意外可能是，由于瘟疫致使大学关门，总算逃回乡下的牛顿竟意外地完成了自己的主要科学成就，发明了微积分，发现了光谱原理和万有引力定律等，打开了现代科技的大门。对中国文化来说，“666”则意味着六六大顺，因而康熙五年（1666年）就该有喜事。果然，这一年在苏州的一个医学世家诞生了后来的瘟病学宗师叶桂（字天士，号香岩，别号南阳先生，晚年自号上官老人）。事后诸葛亮们分析说，这里可能还出现了第三个意外。观音菩萨见伦敦瘟疫如此猖獗，本来是派弟子“天医星”下凡到英国消灭瘟疫，但在投胎过程中，“天医星”阴差阳错地降生在中国。书中暗表，此处提及伦敦瘟疫，其实是想指出全球瘟疫有时也是同步的，即使是在交通还很落后、人际交流还不密切的年代。比如，中国的明清和同期的欧洲也都笼罩在各种瘟疫之中。这肯定另有原因，此处暂且按下不表。

回头再说那呱呱坠地的叶桂，他只是象征性地“哇哇”了几声后，就破涕为笑了。他发现自己真投对了胎，竟然生在一个名医之家！祖父擅长儿科，行医40多年，以医德高尚、医技精湛而名噪全城，更是备受敬仰的大孝子；父亲满腹经纶，既好琴棋书画，也爱收藏，还喜饮酒赋诗，更精于医理，所治病症广泛，尤精儿科，颇受乡里推崇。生活在如此医学世家的叶桂从小就受到耳濡目染，接触了许多医学知识。早在读私塾时，每天晚上，只要爸爸在家，他都会赖上去，缠住爸爸讲授基本医技。由于叶桂聪颖过人、闻言即解、一点就通，加上勤奋好学，他早在12岁时就已通读了《内经》《难经》等经典医学著作，并能对历代名家之书旁征博采，为日后成为贯通古今的医学大师打下了扎实的基础。

可天有不测风云，就在叶桂14岁那年，英年的父亲却意外早逝，家境随之急剧衰落。为了挣钱养家，叶桂放弃学业，拜父亲生前的一位得意弟子朱先生为师，从祖传儿科开始，学医应诊。由于叶桂的记性很好，过目不忘，再加上异常刻苦、神悟绝人，更因朱先生的感恩式精心培养，所以不几年，叶桂的医术就超过了朱先生，甚至练就了手到病除的绝世神功，被患者称为叶半仙，登门求医者络绎不绝。未满30岁时，他就已名著朝野，下至贩夫走卒，远至邻省外服，无不知晓其名。他最擅长治疗时疫和痧痘等症，是中国最早发现猩红热的人。据说，他只需通过切脉望色、听声究原就能揭示病症，言之确凿，好像能透视五脏六腑一样。他治病时奇招百出，对于疑难病症，或就患者平日嗜好找到救治之法，或就其他医生的药方略加变通，就化腐朽为神奇；甚至有时并不开处方，仅用三言两语就使患者康复；有时还能未病先知，甚至预断数年后的病势等。人们都说，疑难杂症一经他诊视，瞬间便暴露无遗。至于他的医术到底有多高，按惯例也只能复述若干民间传说，其中某些传说显然不靠谱。我们姑妄说之，各位也姑妄听之。

一个神话传说是，叶桂治愈奇疾怪症的事迹惊动了某位神仙。于是，该神仙摇身变成一个老大爷拄着拐杖来到了诊所。叶桂号脉后，提笔狂书8个字“六脉调和，非仙即怪”，羞得那位神仙仓皇逃遁，从此不敢再来骚扰叶神医了。

另一个貌似合理的传说是：某位慢性病患者的疾病经常复发，他十分苦恼。叶桂诊毕，开出一方，并吩咐按方服满100天。可当服完80天后，病情就消失了，且全无复发迹象，于是患者偷懒，停止了服药。不料，一年后，病情又复发，患者再次求助叶桂，并坦承自己的偷懒事实。叶桂无奈，只好再开一方并强调道："从今天起，必须服够40天，否则后果自负。"果然，遵医嘱后，患者就彻底痊愈，病症再未复发了。

第三个评书式的传说讲的是叶桂以奇治盲的故事。有一次，某位官员意外高升，暴喜而盲，急忙差人来请叶桂出诊疗疾。叶桂听罢介绍后，一改谦和态度，傲慢地对差人说道："我乃一方名医，怎能如此低调请我！至少得全副仪仗，敲锣打鼓，方可前往。"差人回禀，高官大怒，众人全力相劝，才勉强依允行事。这位高官暗想："哼，若治不好本官目疾，老子再加倍重罚不迟！"于是，他令仪仗相迎。可当众人吹吹打打来到诊所后，叶桂却并不上轿，反而又临时加码道："回去禀报，必须由他自己沐浴更衣后，亲自来请！"高官这次怒不可遏了，咆哮如雷，可就在即将气炸之时，眼前突然一亮，目盲竟然好了。正在这时，气喘吁吁的叶桂也赶到了官府，上门请罪解释说："我并非故意摆谱，而是为了治好大人的病。"高官恍然大悟，由怒转喜，重礼相酬。于是，"叶桂不药而愈，以奇疗盲"的佳话就传开了。书中暗表，有专家剧透，此类传说也有"华佗版"，只不过其中华佗的疗法是将患者气得"吐血数升而病愈"。

还有一个"心理疗法治难产"的传说。一次，有个孕妇难产，别的医生早已开好药方，可这孕妇只迷信叶桂，非要请他复诊。叶桂诊断后发现前面的医生完全正确，但又恐孕妇心里不踏实，便信手在处方上加了一味毫无作用的梧桐叶，果然婴儿很快顺产。家属带着厚礼前来致谢时，叶桂才将真相如实告之，家属更是感谢不已。

有关叶桂的故事还有很多，无论它们是否属实，但有一点是肯定的，即叶桂的口碑非常好，特别是在虚心求学方面更是有口皆碑。任何医者只要在某个方面有一技之长，叶桂都要千方百计拜其为师。据不完全统计，仅在18岁前，叶桂就正式拜过至少17位老师。即使在成名后，他的拜师热情也丝毫未减，甚至还不乏化装拜师的逸闻趣事。所以，他的老师中既有长辈，也有同行，还有病人，甚至更有和尚等世外高人。难怪后人称其"师门深广"，难怪他不但精通家传儿科，还对妇科、内科、外科、五官科等无所不精，更成了瘟病学派的奠基人。史上留下的有关他奇法拜师的故事很多，这些故事基本靠谱。

比如，一个故事说曾经有位患者危在旦夕，叶桂原以为此人必死无疑，可一年后又意外见到此人。原来，一位老和尚治好了病人的绝症。得知此事后，第二天一早，叶桂就赶往和尚处求教。他隐姓埋名，从学徒做起，挑水担柴，劳动之余就精研学问。几年后，老和尚对他说："你已学到了我的所有本事，可以下山了。以你现在的医术，完全可以独立行医，你的水平甚至已超过了江南名医叶桂。"闻听此言后，叶桂连忙伏地叩首，将真相告诉了老和尚，请师父原谅。结果，师父不但没埋怨他，反而被他的行为感动不已。

还有一个戏剧性的故事。叶桂与当时的另一位瘟病专家薛雪的学术观点相左，两人彼此排斥，甚至常有争执，以至薛雪把自己的书房叫作"扫叶山房"。当然，叶桂也针锋相对，把自己的书斋命名为"踏雪斋"。一次，叶桂的母亲病了，高热大汗，面赤口渴。叶桂连开数方，却不见效。他虽知母亲之病该用猛药，但又担心老人体弱，承受不起强力方剂。薛雪闻听此事后笑道："老夫人之病，本该用那猛药，何愁承受不起呢？"叶桂闻言顿悟，改用猛药，果然母亲很快痊愈。于是，叶桂亲自前往薛雪家中诚心请教，薛雪也十分感动。从此，二人尽弃前嫌，成了至交，相互学习，共同进步。叶桂也逢人便说薛大夫的水平比他高。

第三个故事讲的是叶桂如何曲线拜师。据说山东有位名医刘大夫擅长针灸，叶桂一直想前往求教，却苦于没人介绍。有一天，恰巧那位名医的外甥来找叶桂看病，自然药到病除。患者很感激，欲重金酬谢，叶桂当然不受，只趁机请求患者介绍自己拜刘大夫为师。成了刘大夫的匿名弟子后，每逢临症开处方，叶桂都虚心学习。对于师父安排的任何事情，他也谨慎行之。一天，一位昏死的孕妇被抬来急诊。刘大夫把脉后摇头叹息。叶桂在一旁细察，发现孕妇只是假死，仅因胎位不顺，剧痛而致。于是，叶桂在孕妇脐下只扎了一针，就让家属马上回家准备接生。果然婴儿顺产，母子平安。刘大夫惊讶不已，追问后才知道：天哪，这个徒弟原来竟是早已名震江湖的叶桂呀！刘大夫颇受感动，便把自己的针灸医术毫无保留地传授给了叶桂。

叶桂不但醉心拜师，还精心授徒。他要求学生精益求精，博采众长，兼收并蓄，但反对盲目效仿，反对过分迷信书本，更反对以人试药。在做人方面，他要求学生"内行修备，交友以忠信；以患难相告者，倾囊相助，无所顾忌"。他不但将两个儿子培养成了名医，而且带出了一大批济世救人的弟子，甚至形成了中医史上的一个重要流派——叶派，其影响力持续了200多年！叶桂始终坚持严谨治学，他手不释卷，博览群书，学究天人。他对医技和医德都非常重视，以至临终前还告诫子女和弟子说：“医可为，也不可为；必天资敏悟，读万卷书，而后可借术以济世。不然，鲜有不杀人者，是以药饵为刀也。”

1745年，叶桂在家中安然去世，享年79岁。后来，弟子们选取师父生前的行医案例，编撰了一直被沿用至今的《临证指南医案》等经典，再现了叶桂辨证之细致，下药之神奇。从中依稀可见他当年如何叱咤医坛，在“小方治大病”方面如何挥洒自如，这才是中医达到至高境界时的“四两拨千斤”。总之，叶桂的众多事迹至今仍在医界传为佳话。

第四十七回

王清任医林改错，武秀才尸体解剖

特别提醒：本回的部分内容胆小者不宜，可自行跳过。但作为中国古代解剖学的重要里程碑，本回主角的小传必不可少，否则就对不起此类科学家的伟大贡献，对不起他们为追求科学真理而承受的难以想象的巨大压力。想想看，“身体发肤，受之父母”是中国几千年传统孝道的核心，别说主角当时要解剖人体，就算是此后100多年仍有许多人宁愿被杀头，也不愿剪掉自己的头发。别说当时还盛行阴魂附体和鬼魅之说，即使今天许多人恐怕也不敢在月黑风高之夜独自一人躲在乱坟岗中，趴在令人恶心的传染病患者的尸体上，津津有味地搜肠刮肚。若你只是阅读本小传就已被吓得心惊胆战的话，那是不是更该为主角当年的勇气而点个大大的赞呢？

好了，胆大的读者们，请先听一道考试题。请问下面三个年份中哪个是古代，哪个是近代，哪个是现代？年份一，乾隆三十三年；年份二，法国著名数学家、物理学家、当今任何先进的信息系统几乎都离不开的傅里叶变换的发明者傅里叶诞生之年；年份三，莫扎特D大调《第7号交响曲K.45》诞生之年。估计许多人都会答错！其实，这三个年份是同一年，即公元1768年。也是在这一年，在河北玉田的一个普通人家诞生了本回主角王清任，他又名王全任，字勋臣。他的祖父是秀才，后来转行当了医生，日子过得紧巴巴的。所以，他的父亲便弃医从武，成了本地小有名气的练家子，以至大家都忘了他的本名，只称他为“鸿桥王公”，因为他家门口有一小桥，名曰“鸦鸿桥”。

王清任从小就跟随父亲舞枪弄棒，并且很有拳脚天赋。一次，父亲自己摸索出了一套“王家拳”，本想独门传授给儿子，但王清任竟然不乐意，因为他嫌“王家拳”不是古人传下来的著名拳术。父亲只好启发道：“古人拳术也是他们早年摸索出来的呀，何必迷信书本。做任何事情都要根据实际情况，敢于突破前人的框框，甚至敢于纠正前人之错，才能一代更比一代强。”父亲的这席话不但让王清任当时茅塞顿开，更让他终身受益，以至后来胆敢撰写《医林改错》这类“大逆不道”的医著，胆敢纠正古代权威的千年之错。果然，在父亲的精心指导下，再加自己的勤学苦练，凭借“王家拳”，王清任打遍乡邻无敌手，轻松考取了当年的武秀才，成为十里八村的唯一“邑武庠生”。后来，他又自己花钱捐了个下级军官名衔，当上了所谓的“千总”。

王清任向来以胆大著称，不但敢于刺刀见红，而且敢于顶撞上司。早在当“千总”时，他就因过于耿直，得罪了许多官员。比如，有一年，当地官坤翻修了他家门口的鸦鸿桥后想借机勒索百姓，按次收取过桥费，并美其名曰“官桥官渡”。

村民当然群起反对，主张“善桥善渡”，免收过桥费。官司打到县衙后，县官也想收费，于是巧妙地与村民打起了体力消耗战，故意让原告们在堂下长跪不起，而自己则稳坐太师椅。时值盛夏，酷暑难耐。良久，县官自己也汗流浃背，便摘下官帽扇风。可就在这当口，王清任带领众人“嗖”的一声就站将起来，声称老百姓只跪皇家官帽，不跪县官本人。如此反复数次，不敢摘帽的县官终因体力不支，无奈只好让步。但从此以后，王清任的“小鞋”就被官坤穿定了，20岁那年，他不得不辞去“千总”之职，弃武从医。在认真研读了《内经》《伤寒杂病论》和《本草纲目》等医典后，他便在村里开了一个小药铺，很快就因医技精湛而誉满玉田。据《玉田县志》的记载，他仅用一个药方就治好了两位病情完全相反的失眠患者：前者必须胸压重物才能成眠，后者则不得盖任何衣被才能入睡。正当药铺的生意红红火火时，王清任却同时遇到了内外两个不同的难题。

内部问题是，他在阅读医典时发现古人的脏腑理论及所绘之图“立言处处自相矛盾”；而在临床实践中又感到“行医诊病，须先明脏腑”，否则就会“本源一错，万虑皆失”。他洞见到解剖知识不足所造成的各种弊端，坚信“著书不明脏腑，岂不是痴人说梦；治病不明脏腑，何异于盲者夜行”。于是，他开始大胆怀疑医典，大胆探索人体结构。可他虽有更正前人差错之心，但没机会观察真实的脏腑。在最初10年中，他只能以家禽家畜为观察对象，左邻右舍凡有杀猪宰羊者，他都热心前往帮忙，并顺便悄悄细察动物脏腑。有时，他也买回几只鸡鸭等亲自动手解剖，并记下相关脏腑的结构。可畜生的脏腑与人类的脏腑相同吗？哪一种更像人呢？毕竟禽兽的脏腑彼此也不同。这些悬念始终挂在他的心中，直到若干年后才偶然获得了考察机会。

外部问题是，不知何故，王清任的药铺竟然犯了忌。原来，他的药铺本名为“正中堂”，但在请人书写匾额时，把“中”字写小了，以至从远处猛然一看，就好像是“正堂”两字。于是，这便被文字狱的热心告密者们解释成了公然挑衅衙门权威——“正堂”实质上是想暗指药铺才是主持正义之堂。官府一听，当然不干了，但又不便公开指责，只好暗地发动群众，不惜采取鼓励告密等卑劣手段，千方百计收集王清任的“罪状”，甚至指使某些与他有矛盾的患者三天两头到县衙击鼓鸣冤。面对官府的百般刁难，王清任只好在29岁那年离开家乡，前往唐山和沈阳等地继续行医。

可哪知这一走，王清任意外获得了观察人体脏腑的众多机会。当他在唐山行医时，适逢温疹痢症猖獗，小孩大批死亡。更恐怖，也对王清任更便利的是，按当地习惯，婴幼儿死后不能深埋，甚至最好不用棺材，只用草席裹尸浅埋了事，以便婴儿的灵魂早日转世投胎。于是，茫茫坟场就成了野狗们的免费食堂。它们老练地将一具具婴幼儿尸体从地下扒出，互相争食。刚开始时，王清任只能白天到坟场，连续十余天，逐一观察野狗们的残羹剩饭。虽然这些尸体的内脏早已残缺不全，但在详细对比了300多具尸骸后，他还是发现小孩的脏腑结构与书上的描述完全不同。为了验证这一结论，他迈出了更大胆的一步，甚至冒着在当时可能被判死刑的风险，在月黑风高之夜，独自一人悄悄潜入荒野坟场，刨坟掘墓，打开完整的幼儿尸体，就着阴森森的磷光，连看带摸地又考察了30多具幼尸，终于绘出了较完整的幼儿脏腑图，并以事实证明了古书的错误。比如，关于人体脏腑的位置、大小和重量等最基本的事实，古书都多有不实。

小孩脏腑问题基本解决后，就该解决更难的问题了，那就是大人的脏腑是什么样呢？这样的问题对今人来说，根本就不是问题，因为只要学过相关常识课，连小学生都知道：无论大人或小孩，其脏腑结构并无本质差别。但古书上说“小儿五脏六腑，成而未全”，即小儿的脏腑还会逐年成长，直至成年后才稳定。情况真的是这样吗？为了找到答案，这次可不能再刨坟掘墓了。一方面，成人死后都埋得很深，单凭一己之力，很难挖出尸体，更难无痕迹地回埋。另一方面，对成人坟墓来说，其家属还有很多规矩，特别是刚刚入土的前几天，随时都会有人前来扫墓，甚至晚上也有人守墓，毕竟墓中也许还有贵重的陪葬品。但若入土太久，即使能被挖出来，其脏腑等也早已腐烂不堪，根本无法辨认了。

咋办呢？冥思苦想后，王清任终于想到一个奇招，那就是到刑场去考察。可绝大多数死囚犯都只是犯了杀头罪，压根儿就看不到其脏腑情况。就算再加判了暴尸街头，也无济于事。盗尸或当街解剖尸体本身也是杀头罪。幸好，除了最残忍的“五马分尸”已被淘汰外，当时还保留着另一种极其残忍的死刑，可在一定程度上帮助王清任，那就是凌迟处死，即所谓的千刀万剐，行刑后犯人仅剩一副骨架。但这样的重犯非常罕见，王清任只好耐心等待。终于大约在31岁那年，当他在沈阳行医时，偶然得知将有囚犯被凌迟处死。于是，他不顾一切赶赴刑场，不听那撕心裂肺的惨叫，不闻那恐怖血腥的味道，不看那残忍无比的场面，只目不转睛地盯着犯人的腹腔，仔细观察了行刑的全过程。散场后，他还大胆走到骨架前反复核对，结果发现成人与小儿的脏腑结构大致相同。为保万无一失，他在32岁时又在北京观察了另外两例相同的行刑过程，终于确认古书又错了。

后来，他在北京开了一家名叫“知一堂”的药铺，一边行医，一边继续研究人体脏腑结构。这时，他又遇到了另一个难题，那就是动物的腹腔内有一种薄薄的膈，人体内也有这样的膈吗？这个问题仅通过凌迟行刑就无法解决了，一来在行刑过程中，远距离观察根本看不清；二来行刑完毕后，单从骨架上看，膈早已被毁，既不知膈是否存在，也不知道它是正还是斜，是在心脏之上还是在心脏之下等。咋办呢？冥思苦想后，王清任又想到一个奇招，那就是请教那些经常与残肢断体打交道的人。此时的王清任已是活血化瘀方面的权威专家，并因发明了多种奇效药方而名噪京师。他不但医术精深，而且好交朋友。终于，他有意识地结交了当时的一位著名将领、满洲正蓝旗人恒敬。此人经常在战场上厮杀，见过无数死人或被开膛剖肚的活人。在恒敬的全力帮助下，王清任终于搞清了人体膈的情况，并绘出了准确的结构图。

这样，王清任一路过关斩将，克服重重困难，经过长达42年的不懈努力，以“非欲后人知我，亦不避后人罪我”的坦荡胸怀，抱着“唯愿医林中人临症有所遵循，不致南辕北辙”的愿望，结合临床心得等，最终著成了我国首部最全面的人体解剖学医著《医林改错》，内含大量的从今天来看也是较准确的人体脏腑草图，纠正了古书中的若干错误。比如，古书中的“人体内有两个膈，三个体腔”被他纠正为“体腔由膈分为胸、腹两腔”；古书中的“肺有六叶两耳二十四管”被他纠正为“肺有左、右两大叶，肺外皮实无透窍，亦无行气的二十四孔”；古书中的“肝为七叶”被他纠正为“肝有四叶，胆附于肝右第二叶”。此外，他还纠正了古书中的“脾闻声则动”等错误。关于胰腺、胆管、肠系膜、幽门括约肌等的描绘，他也比古书更符合实际。他还否定了胎养和胎毒等陈旧说法，特别是精辟地论证了以下观点：思维产生于脑而不在心；两耳通脑，所听之声归于脑；两目系如线，长于脑，所见之物归于脑；鼻通于脑，所闻香臭归于脑。这些看法都与现代解剖学及生理学非常接近。当然，由于他的观察都是基于死尸，难免会出现差错，比如，对于心脏左、右颈总动脉的分布，他就误认为动脉为行气的管道。《医林改错》一书对后世产生了极大的影响，甚至连梁启超也赞颂王清任是“中国医界极大胆的革命论者，其人之学术亦饶有科学精神”。

《医林改错》一书的出版时间也耐人寻味，也许是为了避免不必要的麻烦，也许有别的原因，王清任在临死前一年才将《医林改错》公之于众。1831年，王清任逝世于北京友人家中，享年63岁。

跋

若用IT语言来说，做任何科研，其实都可分为三大步骤：输入、处理和输出。关于科学和科学家，过去大家都主要聚焦于输入和处理两方面。比如，关于本书介绍的科学家，我们只重点介绍了他们如何博览群书，如何刻苦学习，如何认真观察，力图展现他们在“信息输入”方面是多么出类拔萃；或者介绍他们如何聪明绝顶，如何灵感爆棚，如何得到奇思妙想，力图展现他们在“信息处理”方面天赋异禀。

客观地说，在文理分科之前，一位成功的科学家只需要做好信息的输入和处理就行了。这里暗含了一个前提假设，那就是他的语文水平压根儿就不是问题。事实也正是如此。比如，本册中第二十六回介绍的农学家黄省曾其实更像文学家，他的科学著作读起来并不输于文学经典。又如第二十三回所介绍的茶神陆羽，他的诗篇至今还在广泛流传。再如第二十八回所介绍的陈淏子，他的科学专著《花镜》充满诗情画意。如果读者有兴趣，可以再仔细考察，中国古代科学家的文学水平其实相当了得。只可惜为了突出其科学特色，本书故意将他们的文学才华淡化了。总之，一句话，古代科学家在“信息输出”方面足以实现“茶杯倒元宵”，心里有啥，笔上就有啥。但反观今天的许多大学生，甚至是博士和教授，他们的语文水平还真不敢恭维，不但错别字连篇，还是“茶壶倒元宵”，心里有货，笔上无物。待他们将“茶壶里的元宵”勉强倒出来时，那“元宵”早已变得面目全非了。

咋办呢？本书对此当然无能为力。不过，一方面我们想明确指出该问题，提请今后希望成为科学家的理科生们尽早弥补短板；另一方面，也想在这篇跋中努力来倒一倒“茶壶里的元宵”，看看文科和理科是否真的水火不容。从语文角度看，最难“倒出的元宵”有两类：其一是信息量特别少的“元宵”，比如若写背影，那就很难超过朱自清的《背影》了；其二是信息量特别多的“元宵”，比如若要写清数百个人物，那就很难比肩曹雪芹的《红楼梦》了。我们当然不敢妄谈朱自清和曹雪芹，所以只选取了本书的主要创作之地——贵阳市花溪公园中的两类“元宵”：一是信息量最少的水，人们都说淡如水嘛；二是信息量最多的花，人们都说繁如花嘛。在下册的跋中，我们将写花，而在此册的跋中，我们来写水。作为理科生，我们的文字水平肯定很差，各位见笑了。

花溪水赋

花溪水，很美，很美！到底几多美？唉，难言之美！

徐霞客的《黔游日记》没能写尽其美，巴金的《憩园》也没能写尽其美；徐悲鸿、刘海粟等文人墨客无论是用诗还是用画，反正十八般武艺都试过后，最终也未能写尽其美。我们也明知描述其美不可为，但还得勉强而为之，谁叫我们与她为邻数载呢？

（一）

花溪水美如诗，美如用狂草写成的诗。

她从地下暗河神秘涌出，沿途又部分神秘消失。受河床杂礁牵引，她经花溪水库、天河潭、花溪公园、十里河滩等地，呈不规则的带状迂回数十道弯，时分时合，悠然回环，蛇行约20公里。其间，水道秀峰环抱，竹木夹岸，大小岛屿星罗棋布，孤丘傍水，溪泉依山，更有小桥、村寨、水碾等衬景。

花溪狂草，大气磅礴，奔腾自如。她想怎么弯就怎么弯，想往哪里窜就往哪里窜。跳下悬崖成瀑布，若遇旋涡就画个圈。至于横竖撇捺等规矩嘛，她压根儿就不管。反正，狂草之字，体势一笔而成，虽偶有湿地不连，却血脉不断，及其连者，气脉通于相隔的渊与滩。你说，这让古代狂草大家情何以堪？

特别是大坝溢洪时，巨龙翻腾咆哮，汹涌澎湃如万马奔腾，形成一道道飞瀑，翻起一排排浪卷。于是，一幅狂草中的狂草顿时就一气呵成，瞬间写满了十里河滩。

至于花溪水之诗的内容嘛，嘿嘿，她也许是陶渊明的“采菊东篱下，悠然见南山”，也许是李白那豪迈奔放的斗酒诗百篇。不同心境的你，读出的是不同的诗篇。比如，花溪公园之主、清代举人周际华读到的是“山村篱落隐斜晖，一径风花扑面飞”；清代云贵总督读到的是“始觉田园好，村烟带阁斜”；民国县长刘剑魂读到的是“水中华阁连瑶栋，云里清溪绕翠峦”；刘海粟大师读到的是“举世乡音最有情，花溪飞瀑唤归人”；朱德大元帅读到的是“东风送暖百花开，流水悠悠曲折回”;董必武读到的是“桥临坝上行观水，亭接岩头欲近仙”;陈毅元帅读到的是“十里河滩明如镜，几步花圃几农田”。

而花溪水她自己读出的诗篇永远只是“春风得意马蹄疾，一日看尽两岸花”。

（二）

花溪水美如画，美如一幅以碧绿为主色调的画。

此画有三绝。半山有洞，深入而下行，横穿花溪河床，可谛听流水之声，此乃一绝;有蛇山、龟山对峙，中间隔一水，水上搭桥，过桥则为深藏不露的碧云窝，置身其间，恍若与世隔绝，此乃二绝;花溪河上的百步桥，有石磴百具，弯弯曲曲，一步一磴，微露水面。游人经此必鱼贯而行，望水中倒影，飘飘欲仙，此乃三绝。

在花溪水之画中，沙洲古坝千姿百态，跌水深潭相间布展。山夹水，水带山；山中有水，水中有洞，洞中有桥，桥下有潭。日照蓝天铺白浪，月映北斗漂清波。深渊处，现翡翠；浅滩处，露珍珠；沼泽处，积明镜；陡坡处，挂瀑布。

花溪水之画，集全球各大流派之精华于一身。花前月下的情人们在这里绘的是浪漫主义，细雨钓翁绘的是写实主义，苗寨炊烟绘的是古典主义，芦花飘雪则绘的是超现实主义。蜻蜓点水是立体派，古村遗韵是印象派，奇峰怪石是抽象派。至于偶尔出现的猴群戏游人嘛，哈哈，那当然是不折不扣的野兽派。

花溪水之画，还融中国山水画之杰作于一体。春天百花争艳，不输于郭熙的《早春图》；夏日荷风送爽，活脱脱一幅董源的《夏山图》；金秋桂子飘香，重现了赵孟頫的《鹊华秋色图》；隆冬梅花清馨，哦，原来黄公望《富春山居图》的模特儿竟然隐藏在这儿呢!

花溪水之画对游人来说，是范宽的《溪山行旅图》；对居民来说，是倪云林的《渔庄秋霁图》；对我这样的过客来说，则是夏圭的《溪山清远图》或王蒙的《青卞隐居图》。

（三）

花溪水美如歌，美如天仙之歌。

她以其自然的原始风貌，独具神秘特色。这是因为花溪水进苗寨，入侗村，与布依族的帅哥和美女们更是感情深。相伴于能歌善舞的少数民族之中，岂有不受同化之理？

于是，在滚滚稻花里，情歌、酒歌、儿歌、劳动歌，她无事不歌。

在古藤绕崖的山寨中，拦路歌、琵琶歌、飞歌，她无处不歌。

在山涧的螃蟹井边，老者教歌，少者唱歌，幼者学歌，歌师传歌，无人不歌。

在葱葱草坪上，芦笙舞、板凳舞、铜鼓舞，她样样能舞。

在绿树成荫处，月琴、竹琴、葫芦琴，都是她演奏的琴。

在古老的百步桥旁，洞箫、短箫、姊妹箫，全是她的箫。

在麒麟山下，跳花、跳洞、跳场，她啥都能跳。

如果再碰上活路节、三月三、四月八、六月六、尝新节、林王节、牛神节、芦笙节、花炮节、大雾梁歌节、四十八寨歌节、斗牛节等传统节日的话，好家伙，那更是歌声无边，热闹非凡，铜鼓震天。

（四）

花溪水美如曲，美如沁人心脾之曲。

与花溪水之歌相比，花溪水之曲就恬静多了。除了瀑布昼夜不停地向铜鼓挑战之外，整体上来说，花溪水之曲应该属于轻音乐。

星光下的泉水们互相切磋技艺，只是“叮咚，叮咚”；鱼儿们跃入空中与泉水伴奏，也只是“扑通，扑通”。

不懂事的小鸟们虽然也叽叽喳喳，但起床洗漱完毕后，它们也都冲着各自的美味虫儿，匆匆出发。

就算是吵闹不休的知了，在花溪水恬静的感染下，也只是象征性地叫几下，然后就再也不好意思嚷嚷了。

涓涓细流，小心翼翼地潺潺而过；习习和风，束手束脚地在密林中穿梭。芙蓉洲的薄雾，从晨曦中轻轻升起；芦苇荡的鸳鸯，只是悄悄嬉戏；优雅的鹭鸟在水面滑翔，成群的彩云在湖底飘扬。

沿岸的大将山脉也一言不发，只是支起它那一个个耳朵般的延绵驼峰，静静地聆听着，聆听着。

大家之所以鸦雀无声，其实是在享受美妙的天籁之音。

（五）

花溪水很美，美如无瑕宝玉。

奔腾撞岩时，她飞珠溅玉；瀑布卷潮时，她像羊脂白玉；波平浪静后，她又像翡翠绿玉；若水再深一些，她就更像玉中珍品祖母绿。

卧龙潭的花溪玉优雅高贵，柔若无骨，委婉而不失大气；放鹤洲的花溪玉晶莹剔透，色泽鲜明，令人开朗而神清；飞瀑里的花溪玉颜色纯正，质地均匀细腻，让人越看越喜欢；百步桥的花溪玉摸起来滑如凝脂，略有阻力感。当你用掌划水时，花溪玉还有压手感呢。

难怪许多游客和居民会返老还童，跳入水中翻跟斗；娃娃们则更是惊叫着泡进这琼浆玉液之中，甚至都顾不上脱掉衣裤。

（六）

花溪水似丝，是闪闪发光的苏杭精品丝。

挂在瀑布上时，她是丝，是已被织成白练的丝，随风飘逸。

缓慢流动时，她是丝，泛起丝绸微波，优裕而从容。

凉雾扑面时，更有丝般润滑的感觉，宛若她在天然氧吧中用丝裙撩人。

垂柳的倒影也是丝，软软的样子，像是在水中播放慢镜头。

细雨纷纷落下时，那景象分明就是栩栩如生的丝，是嫦娥正在从花溪水中优雅地、一点点地抽丝。那雨丝像烟一样轻，像云一样软，更像丝一样滑。

仰躺在水面随波逐流时，望着蓝天里的白云丝团，你就更像躺进了丝的怀抱。她抚摸着你的肌肤，让你呼吸舒坦，而她也沉醉于缠绵。

花溪水之丝，线条分明，无须人工粉饰，便能耀眼一方。她冷艳、含蓄、内敛，像娇弱的病西施，让人如何不怜香，怎忍不惜玉？

花溪水之丝，始终泛着一脉睡莲的清气，散发着绿的味道、欣然的味道、清晨推开窗户的味道。她让燥热慢慢凉爽，让心境徐徐平静。

花溪水之美，闻起来很香，属于清韵典雅之浮香。

花溪水之美，尝起来很甜，甜得让人欲醉欲仙。

那么，这花溪水为什么如此之美呢?

（七）

花溪水之所以美，那是因为她既勤劳又勇敢。

其实，花溪河床是典型的薄层碳酸岩裸露地块，褶褶频繁，断裂交错，沟壑纵横。但是，她不惜千万年的辛勤劳作，愣是仅仅依靠沉淀就把裸岩变成了全国最宽的钙化滩。

面对断崖绝壁，她勇敢地纵身一跳，竟把险境变成了美丽的瀑布。

面对奇形怪状的石灰岩溶洞，她或迂回婉转，或奔腾跳跃，机智地打造出了美水、浣沙洲、仙女出浴等绝美景点。

丰水季节，她如脱缰的野马轰鸣而下，势不可当，在冲坑溶潭下溅起漫天水雾，蔚为壮观。枯水季节，她则如丝如缕，在微风吹拂下，洋洋洒洒。

在卧龙湖稍作休息后，她又毅然翻过长长的百步龙脊，毫不留恋那清澈如镜的湖水以及岸上的桃红柳绿，哪怕那里是人间仙境。

在苗寨，她热心帮助村民推水磨、摇水车；在侗乡，她没日没夜，一边唱歌一边磨水碾；在布依族的稻田旁，她更使出拿手绝技，噼噼啪啪磨香粑。她精心养育着沿岸的各族村民，是名副其实的母亲河。

花溪水不但风姿绰约，魅力诱人，还能夏消酷暑，冬灭严寒，确保四季如春，为打造“高原明珠”立下了汗马功劳。

（八）

花溪水之所以美，那是因为她既自信又大方。

她不但自己美，还敢于让周围的环境与她一起美；她既欢迎西施来沉鱼，也乐意昭君来落雁。于是，秀美的小山峦便耸立于花溪两岸，楼台亭榭、步磴飞桥、草庐别墅便在这里环山绕水。

也不知从哪里得来的神通，花溪水天生就是绝顶的艺术家，她总能化腐朽为神奇。面目狰狞的断崖被她点成人间仙境，令人叫绝；九曲十八弯的野谷被她点出了曲线美，令人惊叹；犬牙交错的巨岩被她点成了团团碧翠；层叠的堰塘、横穿的溶洞、嶙峋的怪石、漫径的古藤等干脆被她点成了一座座天然的大型动态盆景。

在她的精心打造下，蜿蜒曲折的花溪河变得流水清清、婀娜多姿。河水穿山过崖，越桥撞壁，形成了许多湖潭、瀑布、湍流、河滩。山麓中，小桥飞架，河水奔腾；瀑布下，河水渐缓，碧绿成渊。

更加令人心动的是，据说在她与月老的共同努力下，花溪已被点化成了“中国第一爱河”。

到这里来谈恋爱，成功率很高哟。伙计，别怨我没告诉你！

（九）

最后，还有一个小秘密：花溪水之所以美，是因为她本身就是美猴王转世。

与美猴王一样，她也是从石头缝中蹦出来的！不过，更神奇的是，哪怕是在娘胎里，她也一刻未曾清闲过：不知戳空了多少座山，溶解了多少个洞，钻通了多少条暗河，挖塌了多少个天坑，雕塑了多少个玲珑剔透、形态各异的石钟乳、石笋、石柱等，然后她才最终从深不见底的阴潭里，以莲花状喷薄而出，直奔王母娘娘的瑶池仙境。转瞬间，她又一个猛子扎入地心，消失得无影无踪。

至于那七十二变嘛，她更是不在话下。独善其身时，她化为滴露，隐卧于睡莲之侧；兼济天下时，她又化作细雨，滋润青山；盛夏烈日时，她化为无形，腾云驾雾；中秋满月时，她又变为瑶池，供嫦娥出浴。总之，她遇渊变翡翠，逢滩变珍珠，凭空生奇景，摇身有变无。

若问观音菩萨赐的那三根救命毫毛在哪里？嘿嘿，早已被她一口气吹成了沿岸的苗寨、侗寨和布依山寨。事实也证明，千百年来，这些勤劳善良的少数民族确实保护了花溪水的生命，维持了她的美。

啊，我们爱你，花溪水！